Fantômes rouges

Tania Branigan

Fantômes rouges

Chine : la mémoire hantée de la révolution culturelle

Traduit de l'anglais par Lucie Modde

Stock

TITRE ORIGINAL :

Red Memory: The Afterlives of China's Cultural Revolution

Design de couverture © Tom Etherington
Peinture de couverture © Xu Weixin
Réalisation de la couverture : Le Petit Atelier

ISBN 978-2-234-09506-9

À mes parents, Nong and Keith
Branigan, avec toute ma gratitude
et encore plus d'amour.

« La fin de la révolution culturelle remonte à plusieurs [décennies]. Il n'est évidemment pas acceptable que nous comment[ions] la rancune, les raisons et les torts du passé. Mais nous pouvons passer en revue quelques photos de cette époque… Le sens historique de ces peintures est pour le souvenir et l'oubli. »

Jeu de cartes « Fantômes rouges »
acheté à Pékin

« Le point de vue historique aussi bien que le point de vue non historique sont nécessaires à la santé d'un individu, d'un peuple et d'une civilisation. »

Friedrich Nietzsche,
Seconde considération intempestive
– *De l'utilité et de l'inconvénient des études historiques pour la vie*, traduit de l'allemand par Henri Albert [1874], Flammarion, « GF », 1988, p. 79

« Pour détruire un pays, il faut d'abord supprimer son histoire. »

Xi Jinping reprenant les mots de
Gong Zizhen, lettré de la dynastie Qing

Prologue

« Mais ce n'est pas encore fini. C'est un héritage
qui doit être transmis à la génération suivante.
Comment devra-t-il être transmis ?
Si ce n'est pas dans la paix,
alors ce sera dans le désarroi[1]. »

Mao Zedong à la fin de sa vie sur
la révolution culturelle et la relégation
du Kuomintang[2] à Taïwan

Au cœur de la cité, la glace emprisonnait les lacs, la couleur avait déserté les rues et le ciel, le brouillard de pollution se confondait avec les nuages, l'horizon n'était plus qu'un souvenir. Les gingkos du parc semblaient dessinés à l'encre. Ce matin-là, les chiens engoncés dans des manteaux chauds trottaient à

1. Philip Short, *Mao Tsé-Toung*, traduit de l'anglais par Colette Lahary-Gautié, Fayard, 2005, p. 546.
2. Le Kuomintang (KMT), littéralement « Parti nationaliste », voit le jour en 1912. Son dirigeant le plus connu, Chiang Kai-shek, est vaincu par le Parti communiste en 1949 ; le KMT se réfugie alors à Taïwan, où il est encore aujourd'hui un des principaux partis politiques. (*N.d.T.*)

petits pas, affichant un air résolu et impassible que je connaissais bien. J'avais beau être à l'intérieur, emmitouflée dans plusieurs couches de laine, le froid parvenait à s'insinuer. Bientôt, je fus glacée jusqu'à la moelle. Les bâtiments industriels du nord de Pékin, qui avaient à une époque servi de manufactures d'armes, faisaient le bonheur des artistes avec leurs murs de ciment nus, leurs plafonds hauts et leurs immenses surfaces vitrées. Mais c'était précisément ce qui faisait régner un froid de chambre mortuaire dans l'atelier.

On m'avait parlé de la taille des toiles, mais je ne m'attendais pas à ça. En plus de mesurer 2,5 mètres chacune, elles étaient accrochées en hauteur, ce qui me faisait me sentir encore plus petite et me donnait l'impression que c'étaient elles qui m'observaient. À cette échelle, en noir et blanc, même les sourires paraissaient maussades. À première vue, on aurait pu les prendre pour des photographies. Les visages, à l'instar des photos d'enfants disparus, semblaient contenir en germe leur destin, comme s'ils savaient aussi bien que moi ce qui les attendait. Quand on s'en approchait, les lignes claires redevenaient un déchaînement de coups de pinceau, de taches et de traînées de cendres et de charbon. Les tableaux s'imposaient tout en restant à distance. L'épaisse couche de peinture formait une croûte hérissée de quelques poils de pinceau. Je reculai et identifiai certains des visages qui me scrutaient. Un auteur connu, avec ses grosses lunettes. Une actrice au regard noir. Des héros communistes. D'autres ne me disaient rien. Qu'ils soient illustres, tristement célèbres ou inconnus, tous étaient peints de la même manière, à la même échelle démesurée. Tragédie et bassesse se côtoyaient sans rien pour les distinguer. « Les hommes et les femmes les moins recommandables restent des hommes et des femmes », me dit le peintre.

Lui-même était un homme sans prétention, caparaçonné ce jour-là d'une veste chaude en vinyle noir et d'un pull orange qui auraient pu rappeler la tenue d'étudiants deux fois plus jeunes que lui mais qui lui allaient plutôt bien. Il enfila des gants en coton pour partir à la recherche de la toile que je lui avais demandée, finit par la tirer d'une pile et l'installa sur un chevalet avant de la dépaqueter. Un visage fit son apparition, l'air inflexible malgré une ébauche de sourire – affable ? triomphant ? Le président Mao regardait droit devant lui et moi, je le regardais. J'avais l'habitude de le voir en grand : son immense portrait surplombait toujours Tian'anmen, cette monumentale porte rouge au cœur de la capitale. Il y avait quelque chose de saisissant à ce que les autres tableaux fassent la même taille que lui. Xu Weixin me confia que, sur la centaine de toiles qu'il avait peintes, un seul portrait manquait à l'appel. Sa toute première œuvre, réalisée alors qu'il n'était qu'un enfant. Il avait grandi au fin fond du nord-est de la Chine. Mlle Liu, son institutrice, lui avait toujours paru gentille, il s'était donc senti choqué et honteux lorsque tout avait éclaté et qu'il s'était rendu compte de sa naïveté – elle était une ennemie de classe, lui avait-on dit, la fille d'un propriétaire terrien. Scandalisé, il avait endurci son cœur et fait ce qu'il fallait : une horrible caricature qu'il avait accrochée au tableau. Il se souvenait encore, comme si la scène avait eu lieu le matin même, du moment où elle était entrée dans la classe et de son visage soudain livide lorsqu'elle avait aperçu le dessin. Elle savait ce que cela voulait dire et ce qui risquait d'arriver. Lui était trop jeune, mais il avait grandi vite. Bientôt, il les vit brûler des tableaux, briser des bouddhas et battre des gens à coups de bâton et de barre en métal. Il entendit les hurlements et écouta les silences qui suivirent.

Malgré des souvenirs « très, très précis », il ne s'appesantit pas sur son récit et se contenta d'un résumé efficace. « Vous aviez huit ans… » commençai-je. Je voulais seulement m'assurer de son âge, mais il pensa que je l'interrogeais sur sa culpabilité ou que je cherchais à le rassurer alors que ça ne l'intéressait pas.

« Je suis quand même coupable. La question, c'est de savoir à quel point. »

Suffisamment pour que, aussi longtemps après, il consacre cinq années de sa vie à ces tableaux géants, passant plusieurs jours sur son escabeau à retoucher ici une implantation de cheveux, là un sourcil. Chacun des sujets de Xu avait eu son rôle à jouer dans cette folie : victime, criminel, souvent les deux à la fois. Certains avaient attisé la colère et la haine. D'autres étaient morts dans les persécutions. Les peindre l'aidait à assumer ses responsabilités, disait-il ; tous étaient liés à ce premier dessin, dont il se sentait encore coupable mais qui l'avait aidé à comprendre comment les êtres humains pouvaient se dresser les uns contre les autres. Il pensait que son œuvre pourrait en aider d'autres à comprendre.

La Chine moderne a donné naissance à des artistes ne mâchant pas leurs mots, voire très provocateurs – certains font des doigts d'honneur sur la place Tian'anmen, d'autres des sculptures représentant Mao à cru sur un cochon. Ni la provocation ni les déclarations n'intéressent Xu. Il ne fait pas la satire des démolitions forcées, ne se targue pas de manger des fœtus et ne simule pas de scènes de sexe. Il occupe un bon poste dans une des universités chinoises les plus prestigieuses. Son moyen d'expression, la peinture à l'huile, est pour le moins conservateur. Même après qu'il m'eut parlé de son enfance, il y avait quelque chose d'étonnant, de singulier à tout ce dont il investissait ses portraits. Il espérait qu'un jour ils pourraient être exposés dans des musées, où ils inciteraient peut-être les visiteurs à réfléchir, à s'intéresser à leur passé, et ainsi à aider leur pays à aller de l'avant. Mais le titre prudent qu'il leur avait donné, *Personnalités historiques chinoises*, avec son bornage temporel qui ne laissait planer aucun doute – *1966-76* –, trahissait les difficultés inhérentes au projet. Ces dates sont celles de la révolution culturelle, une décennie de fanatisme maoïste pendant laquelle deux millions d'individus ont été tués pour de prétendues fautes politiques, et trente-six millions ont été traqués.

Certains étaient coupables de crimes de pensée : soit qu'ils aient critiqué Mao, le Parti ou ses politiques, soit qu'ils aient formulé des remarques interprétées en ce sens. D'autres, comme l'institutrice de Xu, étaient des coupables héréditaires puisque leur lignée suffisait à les condamner. La Chine moderne a été façonnée par l'hystérie, la violence et la misère, et pourtant on parle très peu de ce mouvement aujourd'hui. Il n'est pas non plus un sujet complètement tabou, à l'inverse de la réponse sanglante adressée aux manifestants prodémocratie sur la place Tian'anmen en 1989. Par le passé, la révolution culturelle a même fait l'objet de grandes discussions, mais toujours dans un certain cadre. En 2008, l'année où je suis arrivée en Chine, elle attendait dans l'ombre, désormais marginale. La peur, la culpabilité et la répression institutionnelle l'avaient cantonnée à la sphère familiale et aux rayonnages d'archives les plus poussiéreux.

Une seule fois, quelques années plus tôt à Pékin, Xu avait pu exposer tous ses tableaux ensemble. Selon les mots de Carol Chow, l'expérience avait été « spectrale ». Elle est la fille d'un des personnages représentés. Elle s'était arrêtée devant le visage de ce père dont elle ne se souvenait plus et qui était mort dans le tumulte, un visage-souvenir figé dans le temps. Étant donné tout ce qu'elle m'avait raconté, je voulus le voir lui aussi. Xu m'apporta la toile : dessus, un beau jeune homme aux yeux interrogateurs et vêtu d'un blouson fourré esquissait un sourire – sans doute un peu trop – confiant. Zhou Ximeng était issu d'une vieille famille de lettrés et ne déméritait pas puisqu'il avait toujours excellé dans les études. Pendant des siècles, l'ascension sociale en Chine s'était faite par ce biais-là. Mais pendant la révolution culturelle, cela pouvait être synonyme de fin de parcours. Il ne fallait surtout pas se distinguer[1]. Une bande de gardes rouges, les jeunes garants de la pensée politique de Mao, l'avait arrêté à la suite d'une remarque qu'il avait faite et l'avait emprisonné dans un village des environs de Pékin. Il avait vingt-sept ans, il venait de se marier et d'avoir un enfant. Le contrôle de sa vie lui avait alors échappé, racontait sa fille. « Il fallait d'abord renoncer à celui qu'on était, puis à sa famille et à ses amis. Je pense que, à ce stade-là, il s'est complètement fermé. »

Chow n'avait à l'époque que quelques mois ; elle ne l'a jamais revu. Son père échappa brièvement à ses ravisseurs avant de se jeter sous les roues d'un train. Trente ans plus tard, la mère de son père se suicida elle aussi. La nuit précédant son passage à l'acte, sa famille l'entendit lancer dans son sommeil : « Ximeng, maman arrive... »

C'était l'histoire de Chow qui m'avait menée à l'atelier de Xu. Elle m'avait été rapportée par son mari, un investisseur et observateur politique avisé. Nous

1. Dans *What Really Matters: Living a Moral Life Amidst Uncertainty and Danger* (2006), Arthur Kleinman cite un médecin brutalisé pendant la révolution culturelle : « Pour survivre en Chine, il ne faut rien révéler aux autres... il faut que son moi public soit comme du riz lors d'un repas : du riz nature passant inaperçu et prenant le goût des autres aliments plutôt qu'ayant le sien propre. »

nous étions rencontrés un midi dans un bistrot italien autour de paninis. Nous échangions les bruits de couloir du moment et les dernières nouvelles pékinoises ; au moment du café, il mentionna un voyage qu'il avait fait avec sa femme quelques années plus tôt dans le village où son beau-père avait été retenu prisonnier. Les fermiers avaient été plutôt gentils. Ils se souvenaient du jeune homme en question. Ils se rappelaient comme il s'était tenu tranquille ce matin-là. Ils expliquèrent qu'ils étaient allés chercher le corps et l'avaient enterré non loin. Mais ils balayèrent la demande de transfert formulée par la famille Chow, comme s'ils ne la comprenaient pas. Il y avait trop d'ossements qui dataient de cette époque, tout s'était mélangé. Comment auraient-ils pu identifier précisément son squelette à lui ?

C'était une histoire cruelle mais j'en avais entendu de bien pires. Était-ce pour ça que cette époque me hantait ? Je savais que les dix années de la révolution culturelle, qui n'avait pris fin qu'à la mort de Mao Zedong, avaient été terriblement destructrices, d'une implacable sauvagerie. La violence et la haine qui s'étaient déchaînées avaient terrorisé le pays tout entier, annihilé la plus grande partie de sa culture et coûté la vie à des dirigeants et des penseurs de premier plan. En empereur impitoyable, Mao avait lancé le mouvement pour affirmer son pouvoir et l'avait dirigé de manière à faire disparaître toute opposition au sein du Parti. Il s'agissait également d'une croisade idéologique, d'une volonté de reformater les cœurs et les âmes comme avaient été transformées la politique et l'économie. Ceux qui ne jouaient pas le jeu se feraient éliminer. Mao fut l'étincelle qui mit le feu à un mouvement de masse plein de ferveur. Un mouvement universel parce que contrasté, voire parfois contradictoire. Au nombre de ses victimes, on compte notamment les deux héritiers présomptifs de Mao, quelques-uns des intellectuels et des artistes les plus admirés du pays, mais aussi des écoliers et des fermiers sans le sou originaires de lointaines provinces. Aucune région n'en est sortie intacte, et aucune partie de la population indemne. La campagne avait pour objectif la pureté spirituelle et la mise en place d'une société communiste parfaite ; il fallait nettoyer le Parti – et le pays – de la contamination bourgeoise qui l'entachait depuis la prise de pouvoir de 1949. C'était un mouvement plein d'idéalisme et d'espoir. Mais il était aussi nourri par les rancunes du quotidien et l'ambition personnelle, chacun cherchant à profiter de l'occasion pour tirer son épingle du jeu. Il atteignit un tel degré de folie qu'il anéantit temples et vestiges du passé, fit fermer écoles et universités et mit en pièces familles et amitiés.

Avant cette conversation autour d'un déjeuner, la révolution culturelle et son mélange de terreur et d'absurdité, de violence sadique et de films de propagande stylisés dans lesquels des ballerines chargeaient, la baïonnette croisée, appartenaient pour moi à l'Histoire. J'avais beau connaître les faits, je ne saisissais pas à quel point tout ceci était récent, proche. J'avais lu des récits sur cette époque mais ses terribles excès, qui s'étaient traduits à certains endroits par des actes de cannibalisme et des massacres de masse, n'étaient à mes yeux pas de ce monde. Les plus détaillés et les plus crus étaient trop horribles pour être vrais. L'histoire de Chow me fit l'effet d'un électrochoc. C'était une histoire horrible mais c'était aussi une histoire prosaïque, si banale que certains ne voyaient pas l'intérêt de partir à la recherche du corps de la victime. C'était une histoire qui vous collait à la peau au point qu'on la mentionnait au café. C'était l'histoire d'une femme à peine plus âgée que moi qui avait perdu son père avant de savoir ramper et qui ne le connaissait que grâce à une poignée de photos et d'anecdotes. Une femme qui chaque jour de sa vie avait été consciente de cette absence et qui était donc incapable, alors même qu'elle était devenue mère, de se représenter comment combler ce vide. Sans lui, elle était sûre qu'elle serait une tout autre personne.

Ce n'était pas ça, l'Histoire. Ça, c'était la vie.

*

On ne peut pas comprendre la Chine d'aujourd'hui sans comprendre la révolution culturelle. Retirez-la et le pays n'a plus ni queue ni tête, un peu comme la Grande-Bretagne sans son empire ou les États-Unis sans la guerre de Sécession. Malheureusement, il est presque impossible de comprendre ce mouvement. La nature imprévisible de Mao, ses tactiques changeantes et ses déclarations délibérément cryptiques ; les intrigues politiques au sommet du Parti ; les intérêts et les objectifs contraires à tous les niveaux ; l'enchaînement très rapide des nombreuses phases et l'ampleur même du mouvement – chacune de ces dimensions est une énigme à part entière. Ensemble, elles rendent le tout incompréhensible à bien des égards. On peut y voir plusieurs mouvements en lieu et place d'un seul. On peut le rapprocher des génocides les plus affreux du XXe siècle. On peut également y voir un écho des purges staliniennes, à ceci près qu'il a suscité une participation de masse enthousiaste. Ce qui rend unique ce massacre à la chinoise, c'est que des gens d'une même catégorie se sont entretués et que la ligne séparant les victimes des criminels n'a eu de cesse de se déplacer. À l'inverse d'autres tragédies survenues sous le règne du Parti communiste chinois (PCC), celle-ci a touché la population tout entière.

Le contrôle que Mao exerçait sur son parti avait été mis à mal par le Grand Bond en avant, une campagne d'industrialisation et de collectivisation de l'agriculture extrêmement risquée[1]. Une terrible famine s'était ensuivie, à l'origine de quarante-cinq millions de morts, que le camp pragmatique du Parti avait fini par maîtriser. À sa tête, Liu Shaoqi, le successeur présumé de Mao, et Deng Xiaoping (qui, des années plus

1. Voir *Stèles. La grande famine en Chine, 1958-1961* de Yang Jisheng (traduit du chinois par Louis Vincenolles et Sylvie Gentil, Seuil, 2012) et *Mao's Great Famine* de Frank Dikötter (2010).

tard – après la mort de Mao – devint le chef suprême du pays, mit en place des réformes radicales et lâcha la bride aux forces du marché qui créèrent la Chine d'aujourd'hui).

Face à cet échec et au désaccord qui régnait au sein du Parti, Mao lança une double campagne, supposée restaurer son pouvoir absolu et remodeler l'esprit chinois. Il mit à contribution les masses pour qu'elles outrepassent les structures trop rigides du Parti sur lesquelles il s'était pourtant appuyé et pour anéantir toute forme d'opposition. Il avait pour alliés Lin Biao, ministre de la Défense et un des instigateurs principaux du culte de la personnalité, Kang Sheng, le redoutable chef de la police politique, ainsi que des membres du Parti connus pour leur radicalisme qu'on appellerait plus tard la Bande des quatre[1] – dont sa quatrième femme, Jiang Qing, qui n'avait jamais pardonné aux têtes pensantes du Parti de l'avoir mise sur la touche et avait des comptes à rendre. Mais la base sur laquelle s'appuyait Mao était la population chinoise, ou plutôt la jeunesse chinoise. Pendant la première phase de la révolution, les enfants de l'élite du Parti prirent le nom de « gardes rouges » et formèrent des groupes de jeunes fanatiques qui s'abattirent sur Pékin puis sur d'autres villes, lançant des assauts violents voire meurtriers, forçant les gens à manifester leur loyauté envers

1. Nom donné à quatre personnalités politiques proches de Mao à la fin de sa vie, placées à des postes clés pendant la révolution culturelle et arrêtées à la mort du dirigeant. (*N.d.T.*)

Mao et fustigeant la « vieille culture » : les temples, les livres, les vêtements traditionnels. Le palais des anciens empereurs – la Cité interdite, qui se situe au cœur de Pékin – ne fut épargné que grâce à l'intervention du Premier ministre Zhou Enlai en personne. La spirale des destructions et de la violence s'intensifia rapidement, prenant pour cibles les « cinq catégories noires » : les propriétaires fonciers, les paysans riches, les contre-révolutionnaires, les « mauvais éléments » et les droitiers. Dans le district de Daxing, en banlieue de Pékin, des familles entières furent assassinées[1].

Parmi les membres plus âgés du Parti, nombreux furent ceux à encourager ces premières attaques car ils n'avaient pas anticipé jusqu'où cette campagne irait. Bientôt, eux aussi tombèrent en disgrâce auprès de Mao, qui désirait un changement plus radical encore. Une deuxième vague de gardes rouges « rebelles » se constitua après l'envoi de délégations de cadres à l'école et à l'université, œuvrant tantôt à freiner la jeunesse et tantôt à la pousser de l'avant[2]. Liu Shaoqi,

1. Voir *Collective Killings in Rural China During the Cultural Revolution* de Yang Su (2011), le terrible *The Killing Wind: A Chinese County's Descent Into Madness During the Cultural Revolution* (2017) de Tan Hecheng et "Chronology of Mass Killings During the Chinese Cultural Revolution (1966–1976)" de Song Yongyi, Encyclopédie en ligne des violences de masse : sciencespo.fr/mass-violence-war-massacre-resistance/en/document/chronology-mass-killings-during-chinese-cultural-revolution-1966-1976.html.
2. *Fractured Rebellion: The Beijing Red Guard Movement*, l'ouvrage d'Andrew Walder sur les gardes rouges (Harvard University Press, 2009), a bouleversé la croyance populaire selon laquelle les factions

que Mao avait choisi pour lui succéder et qui était à l'origine de purges récentes, fut à son tour évincé. Les enfants des dirigeants de premier plan qui avaient fanfaronné dans leur costume de gardes rouges furent désavoués, persécutés et emprisonnés. La confusion grandissait au fur et à mesure que les groupes de rebelles s'en prenaient les uns aux autres pour des broutilles, idéologiques ou autres. À certains endroits, les combats avaient tout de la guerre civile, avec des batailles rangées au cours desquelles chaque faction tentait de surpasser l'autre dans sa dévotion à Mao. L'Armée populaire de libération (APL) succomba elle aussi à ces convulsions politiques.

Quelques années plus tard, une fois que son pouvoir absolu sur les dirigeants de l'ancienne garde fut rétabli, et lui-même quelque peu ébranlé par les signes laissant présager que le mouvement risquait d'aller plus loin que prévu, Mao œuvra à un retour à l'ordre. L'APL prit les choses en main et des millions de gardes rouges furent exilés à la campagne. La stagnation succéda au chaos, mais la terreur demeura et les tueries continuèrent : les citoyens accusés de traîtrise, d'espionnage ou de corruption étaient désormais condamnés par des comités révolutionnaires, de nouveaux organes politiques censés remplacer

---

rebelles se composaient d'individus disposant d'un moindre capital social. Il semblerait en effet que le phénomène ait été autrement plus complexe et difficile à prévoir.

la bureaucratie centralisée du Parti mais en réalité noyautés par l'APL et les cadres établis de longue date.

*

Cette deuxième phase de la révolution culturelle peut paraître plus prévisible que la première et sembler présager d'un retour à la normale. En effet, les écoles rouvrirent leurs portes et les livres prohibés se remirent à circuler sous le manteau. La Chine fit quelques pas en direction de son pire ennemi, les États-Unis, ce qui laissait entendre qu'elle s'intéressait à nouveau au monde extérieur. Mais cette période fut à certains égards plus déroutante et agitée que les premières années. En 1971, la disgrâce et la mort dans des circonstances mystérieuses de Lin Biao, le deuxième héritier présomptif de Mao, ébranla beaucoup la foi de ceux qui croyaient encore dans le mouvement. Soit le chef suprême, malgré toute sa sagesse et sa grandeur, avait commis une erreur de taille en l'élevant aussi haut, soit il avait abattu un homme qui l'avait loyalement servi. Jusque-là, on faisait l'éloge de la dévotion que Lin vouait à Mao ; s'il était l'infâme traître qu'on prétendait désormais, comment croire à la ferveur de quiconque ? La mort de Lin marqua également le déclin du contrôle du Parti sur l'armée. Partout, à quelque niveau que ce soit, des luttes pour le pouvoir éclatèrent, plus âpres que jamais, ciblant des conspirations fictives ou telle ou telle campagne en fonction de la nouvelle faction sur laquelle Mao avait jeté son dévolu. Seules la mort du Grand Timonier et l'éviction de la Bande des quatre peu de temps après mirent un terme à la tourmente.

En Corée du Nord, le supposé frère idéologique de la Chine, on eut toutes les peines du monde à trouver une logique à ce chaos : les représentants du régime le tournèrent en dérision, le qualifiant d'« immense folie sans le moindre lien avec la culture ni avec la révolution[1] ». À bien des égards, notamment du fait de sa cruauté et de sa croyance en la possibilité – voire en l'obligation – de transformer la culture chinoise, la révolution culturelle marque l'apogée du maoïsme. Mais elle est bien plus étendue, plus déroutante et plus complexe que les mouvements précédents.

En Chine, la mort et la violence sont présentes à une échelle sidérante. Au XIXe siècle, la révolte des Taiping s'est soldée par vingt millions de morts, ce qui est à peu près l'équivalent du coût humain total de la Première guerre mondiale. Dans les années 30, les Japonais mènent une occupation brutale qui entraîne la mort de quinze millions de personnes. La famine résultant du Grand Bond en avant de 1958 en emporte environ quarante millions. Le bilan est si énorme

1. « The Soviet Embassy reports on the deterioration of Chinese–North Korean relations as a result of the Cultural Revolution in China », digitalarchive.wilsoncenter.org/document/114570, cité en conférence par James Person, enseignant à la Johns Hopkins University School of Advanced International Studies.

que le nombre de morts causées par la révolution culturelle paraît dérisoire; et pourtant, elle a touché le pays tout entier. Aucun lieu de travail n'a été épargné. Aucun foyer n'a pu faire valoir son innocence. Tout le monde a été complice, un terme qui paraît trop doux pour décrire le camarade s'en prenant à son camarade, l'ami à son ami, le mari à sa femme, l'enfant à son parent. Certains ont fait carrière de ces trahisons, jusqu'à ce que les règles changent et qu'ils se retrouvent à la merci de leurs victimes passées. Fourberies intimes et retournements abrupts ont usé jusqu'à la corde la trame chinoise, qu'il s'agisse de l'idéal confucéen d'obéissance familiale ou des nouveaux serments de fraternité communistes. À la fin des années 60 fut dénoncée une prétendue conspiration: l'un de ses aspects les plus « sinistres » était que certains des plus éminents conspirateurs ignoraient jusqu'à son existence[1]... La flagornerie ne protégeait personne, encore moins les plus haut placés. Le dévouement à Mao était le seul moyen d'évoluer, même si brandir cette arme politique de manière trop visible vous valait autant de méfiance que d'approbation de sa part.

Le maoïsme se voulait le remède à la maladie chronique dont souffrait la Chine. Le diagnostic avait été

1. Voir *La Dernière Révolution de Mao. Histoire de la Révolution culturelle, 1966-1976*, de Roderick MacFarquhar et Michael Schoenhals, traduit de l'anglais par Pierre-Emmanuel Dauzat, Gallimard, 2009.

posé par Lu Xun[1] qui, au début du XXe siècle, avait abandonné ses études de médecine pour sauver sa patrie par la littérature. Il avait été marqué par une photo sur laquelle une foule de Chinois attendait que des Japonais décapitent un camarade accusé d'espionnage. Voilà ce qu'il écrivit sur ces compatriotes « au physique robuste mais au regard apathique » venus profiter du spectacle : « Quoi qu'on fît pour renforcer leur corps et les rendre robustes, tous ces citoyens faibles et stupides ne pourraient servir que de matière première ou de contemplateurs à un spectacle absurde[2]. » Le même constat fut dressé dix ans plus tard par le sociologue Fei Xiaotong : « Au vu de ces phénomènes, l'égocentrisme apparaît certainement plus répandu en Chine que la stupidité et la maladie. De bas en haut, il semble que personne ne soit indemne de ce vice[3]. »

Et pourtant, le maoïsme a légué un vide encore plus grand à la Chine du XXIe siècle. Il a détruit l'architecture morale certes imparfaite qui dominait et a cherché à la remplacer par des bâtiments construits

1. Lu Xun (1881-1936), un des pères de la littérature chinoise contemporaine, est l'auteur de textes courts (essais ou fictions) souvent très critiques. Il œuvre notamment à la transformation du chinois écrit, jusqu'alors l'apanage des lettrés, en une langue plus proche du chinois parlé. (*N.d.T.*)
2. Lu Xun, *Nouvelles et poèmes en prose*, traduit du chinois par Sebastian Veg, Rue d'Ulm, 2015, préface, p. 21.
3. Fei Xiaotong, *Aux racines de la société chinoise*, traduit du chinois par Yann Varc'h Thorel et Huang Hong, Presses de l'Inalco, 2021, p. 43.

à la va-vite (dévotion à Mao, égalitarisme radical, engagement communiste prenant le pas sur les liens familiaux ou amicaux), qui furent par la suite rasés à leur tour.

La cruauté et la froideur existent partout dans le monde ; aucun risque qu'elles soient sous-représentées dans un pays de 1,4 milliards d'individus. Pendant les sept ans que j'ai passés en Chine, j'ai été autant frappée par la générosité et le courage, qui se paient parfois d'un coût personnel exorbitant, que par l'indifférence et l'inhumanité. Peut-être ne manque-t-il rien d'autre que des systèmes de valeurs et de pratiques, nécessaires si on veut avoir l'occasion de faire ce qui est juste – s'arrêter et aider un parfait inconnu sans courir le risque de débourser des sommes folles en frais médicaux, ou encore bénéficier d'aides soi-même afin de ne pas sombrer dans la violence et la malveillance qui sont les armes du désespoir. Mais ce pays si sensible aux affronts infligés par les autres se juge lui-même avec la plus grande dureté. La petite ritournelle de la honte s'entend partout en Chine, même dans la bouche des personnes au patriotisme véhément et agressif : *Les Chinois ne valent rien. Les masses sont ce qu'il y a de pire. Les Chinois sont insensibles. Il n'existe pas de conscience individuelle. Il n'y a pas de croyance fondamentale – personne ne croit en rien ; tout ce qu'il y a, c'est un esprit malade*. Interrogés sur la menace la plus pressante pour leur pays, les Chinois répondent « déclin moral » plutôt que pauvreté ou crime. Le même diagnostic est répété jour après jour : crise de confiance, décadence sociale.

« Notre société n'a pas d'éthique, écrit un survivant. Si nous remontons aux racines de ce problème, elles devraient nous amener à la révolution culturelle[1]. »

*

L'homme qui a déchaîné cette révolution surveille encore son pays depuis Tian'anmen. La pensée Mao Zedong est sanctuarisée dans la Constitution chinoise. Rien ne semble ébranler les centres du pouvoir, qui contrôlent désormais un territoire en plein rattrapage. Les dirigeants vivent derrière des murs vermillon, comme l'empereur en son temps. Les grands rassemblements politiques ont lieu juste à côté, au palais de l'Assemblée du Peuple. En novembre 2012, installée au pied de l'estrade à la moquette rouge, je vis Xi Jinping y « recevoir le témoin de l'Histoire » et accepter le commandement de la Chine. À l'époque, nous pensions qu'il s'agissait d'un moment historique, comme il n'en arrive qu'une fois par décennie. En effet, le Parti donnait l'impression d'avoir remplacé la tyrannie et les caprices de Mao par un système bureaucratique où les dirigeants étaient choisis par consensus et renouvelés tous les dix ans. L'assurance

1. *The Cowshed: Memories of the Chinese Cultural Revolution* de Ji Xianlin (2016) est un ouvrage percutant et éclairant ; il s'agit d'un récit à la première personne qui se passe pendant la révolution culturelle.

de Xi tranchait avec le ton appliqué de son discours à la fois bref et chargé de passé. Fils d'un révolutionnaire adulé, il parla de « devoir hérité » et de « difficile mission à venir » ayant encore « plus de poids que le mont Tai », selon les mots que Mao avait emprunté à un historien antique[1].

« L'histoire est écrite par le peuple », entonna Xi dans un nouvel écho à Mao. Il avait douze ans au début de la révolution culturelle. Son père avait fait l'objet de persécutions violentes et lui-même avait dû défiler sous les moqueries de la foule – selon des sources proches de lui, sa propre mère avait été obligée de le dénoncer. Par la suite, envoyé en exil à la campagne, il connut de longues années de misère. Sa demi-sœur aurait mis fin à ses jours après des années de pressions politiques. Voilà pour l'histoire écrite par le peuple. Voilà les faits qu'il ne pouvait pas aborder en s'installant au pouvoir. Depuis, il a éliminé des rivaux puissants, remis la pureté idéologique au goût du jour et conquis les masses grâce à une vision nationale grandiose. La Chine cherche à nouveau sans se dissimuler à jouer un rôle prépondérant au niveau mondial. Loin de se retirer en 2022, Xi a raffermi sa position : son mandat est désormais illimité – et pourrait bien être un mandat à vie. On lui donne même du « Grand Timonier », un titre jusque-là réservé à Mao. Mais son goût pour l'ordre tranche avec les brèves

1. Sima Qian (145-86 av. n. è.) est notamment l'auteur des *Mémoires historiques*, dans lesquels il retrace l'histoire de la Chine. (*N.d.T.*)

plongées dans le chaos voulues par Mao. Le pays qu'il gouverne est plus éduqué, plus sophistiqué et plus cynique qu'avant. L'histoire ne se répète pas. Mais il paraît qu'« elle rime », parfois.

En 2012, les observateurs pensaient que son discours sur l'histoire annonçait sa volonté d'élargir sa vision du « rêve chinois » afin que la richesse et la puissance chinoises soient dignes de figurer dans les annales. Il fallait pourtant le prendre au pied de la lettre. Xi est davantage conscient de l'utilité et des limites de l'histoire qu'aucun autre dirigeant chinois avant lui – si ce n'est Mao. Fin 2021, alors qu'il préparait hors de tout cadre constitutionnel son troisième mandat, il a réécrit le passé du Parti et produit un nouveau récit pour ses cent ans. Et voilà qu'à peine six mois après avoir été reconduit, il a averti ce même Parti que le « nihilisme historique » était une menace existentielle aussi dangereuse que la démocratie occidentale. Comme si le contrôle du PCC sur le pays le plus peuplé et sur la deuxième économie du monde, un pays plus puissant que jamais sur la scène internationale et soutenu par d'énormes dispositifs de sécurité sur la scène intérieure, pouvait réellement être fragilisé par ses fantômes et leur histoire.

Et s'il avait raison ?

La Chine a littéralement été poussée vers l'avenir par des forces pesant sur elle de tout leur poids, surtout une. Des centaines de millions de personnes, dont beaucoup n'étaient pas encore nées à la fin de la révolution culturelle, en ont payé le prix (familles et psychés brisées ; pulsions de survie exclusivement individualistes ; ruée vers un capitalisme acharné ; cynisme absolu) sans jamais avoir l'occasion d'en parler. Ce mouvement a surtout existé en creux, comme ses victimes, devenant notamment visible dans ce qui n'était pas dit, ce qui n'avait pas été vu, consigné, attesté[1]. Les morts et les souffrances ont été si nombreuses. La Chine est une scène de crime où il ne reste plus que des contours à la craie et des curieux gardant leurs distances. Ceux que la période fascine malgré tout, presque contre leur volonté, veillent à ne surtout pas marcher sur ces traces.

*

Tant de choses ont été reléguées dans l'obscurité pour que la Chine puisse poursuivre sa course effrénée. Le rythme de ce rattrapage, à la fois exaltant et implacable, était grisant pour l'étrangère que j'étais, attirée par cette énergie et cette puissance. Pour ceux qui le vivaient de l'intérieur, il était certes excitant mais tout aussi accablant. J'étais arrivée comme correspondante pour *The Guardian* l'année où Pékin devait accueillir les Jeux olympiques. Il n'y avait pas de meilleur endroit à couvrir : la ville regorgeait de

1. Pour Susanne Weigelin-Schwiedrzik, le débat sur la révolution culturelle est « à la fois partout et nulle part » ; voir « Coping with the Cultural Revolution: Contesting Interpretations », *Political Science*, 1er septembre 2008.

possibilités. Les vies les plus ordinaires débordaient de péripéties et d'action. Semaine après semaine, mes cahiers se remplissaient de portraits de magnats hauts en couleur, d'activistes tenaces, d'ouvrières en usine et de fermiers, le tout dans un contexte d'explosions, de scandales de corruption et du premier concours de beauté chinois pour les gays[1]. Tout le monde était en mouvement – certains quittaient la campagne, d'autres s'installaient en ville, changeaient de travail, trouvaient la foi, perdaient leurs amis de longue date. Tant d'efforts, de luttes, d'espoirs projetés sur ce que l'avenir contenait en germe : un nouveau site de construction, un doctorat ou une arnaque pyramidale. Il fallait simplement continuer. Tenir bon. Pas le temps de regarder en arrière. Emplois, conjoints, maisons, quartiers pouvaient disparaître en un clin d'œil. Les échoppes de nouilles et les petites épiceries autour de chez moi se vidèrent progressivement, jusqu'au soir où, de retour du travail, je ne vis plus que des décombres. Le terrain vague qui s'étendait de l'autre côté de la route s'était transformé en parc en quatre jours, le temps que je revienne d'une mission. J'avais pris l'habitude des disparitions, mais cette matérialisation me déstabilisa tellement que je crus m'être perdue. Des chemins, des bancs, des arbres majestueux, des pelouses et des plates-bandes fleuries composaient ce tableau qu'on avait comme

1. De façon peut-être prévisible, la police annula l'événement une heure avant son lancement.

précipité dans l'existence. De loin, l'herbe semblait douce et verte, mais en la foulant, je sentis les gravats dont je me souvenais. Car les bulldozers avaient beau effacer Pékin, ensevelir des rues entières, le passé, ou au moins une certaine version du passé, perdurait. Des kilomètres de maisons traditionnelles à cour intérieure avaient disparu mais, chaque été, des grenadiers se couvraient de fruits dans les coins épargnés. Le rémouleur ambulant annonçait sa venue en criant, doublant à bicyclette une Lamborghini couleur crème. Des publicités invitaient les classes moyennes à payer des soins dentaires esthétiques à leurs parents à coups d'injonctions recyclant les valeurs d'un autre temps, les incitant à faire preuve de « PIÉTÉ FILIALE POUR LES DENTS ».

Les grands événements et les personnages historiques étaient à portée de main, si proches qu'ils en paraissaient irréels. Une survivante me confia l'épreuve qu'avait été la Longue Marche pour elle – cette terrible retraite des années 30 au terme de laquelle Mao avait établi sa suprématie – dans un contexte de guerre contre le rival et l'ennemi juré du PCC, le Kuomintang de Chiang Kai-shek, officiellement à la tête d'une Chine divisée[1]. Un octogénaire me raconta les danses et les jeux de cartes avec les dirigeants au début des années 40, une époque à

1. Interview de l'autrice avec Liu Tianyou. Pour en savoir plus sur cette retraite, voir *La Longue Marche* de Sun Shuyun, traduit de l'anglais par Patrick Sabatier, J.-C. Lattès, 2006.

laquelle tout le monde plaisantait avec tout le monde et les taquineries allaient bon train[1]. (« Mao jouait, lui aussi, précisa-t-il. Mais personne ne s'en prenait à lui. ») Une photographe m'expliqua que, pour qu'elle puisse saisir sans tomber de l'estrade le moment où Mao déclarait la création de la République populaire de Chine en 1949, Zhou Enlai, alors Premier ministre, l'avait retenue par la chemise[2]. La fille de la secrétaire de Mao se rappelait que le gentil « oncle » leur faisait faire des tours dans sa Jeep, à elle et aux autres enfants[3]. L'avocat chargé de défendre Jiang Qing, la femme de Mao, à la fin de la révolution culturelle, se souvenait de son air de défi et des manquements du procès[4]. Cette proximité avait à mes yeux un aspect presque fantastique, une impression renforcée par la distance qui me séparait des dirigeants dont je parlais dans mes articles. À une époque, le Parti avait jugé utile de se rendre accessible à l'occasion afin que ses mythes gagnent une certaine patine. Mao et Jiang avaient ainsi longuement parlé avec des journalistes étrangers triés sur le volet. Dans les années 80, avant

1. Interview de l'autrice avec Sidney Rittenberg. Voir « Sixty years on: veterans of Chairman Mao's China remember », *The Guardian*, 30 septembre 2009, ainsi que ses remarquables mémoires, *The Man Who Stayed Behind*, coécrits avec Amanda Bennett (1993).
2. Interview de l'autrice avec Hou Bo, la photographe personnelle de Mao. Voir « Sixty years on: veterans of Chairman Mao's China remember ».
3. Interview de l'autrice avec Hu Muying.
4. Interview de l'autrice avec Zhang Sizhi.

le massacre des manifestants prodémocratie, il arrivait aux dirigeants de rencontrer les quelques journalistes étrangers présents sur place. Mais en 2008, l'année de mon arrivée, ce genre d'interactions était impensable. Je venais de passer trois ans comme correspondante politique à Westminster – un monde à part, bien plus étranger pour moi que ne l'était la Chine, mais où déjeuner avec des ministres et d'autres figures de premier plan faisait partie du travail. Ici, nous nous battions pour les miettes d'une table à laquelle nous n'étions pas invités. Chercher à obtenir une réponse du service de presse d'un ministère était une entreprise ardue et souvent vaine.

Cette frustration n'était rien en comparaison de celle qui grandissait en moi. Je savais que l'information était quelque chose de crucial, ici plus que nulle part ailleurs, que la vérité – ou en tout cas ce qui s'en approchait – importait plus que tout et que nous étions souvent bien loin du compte. Pourtant, alors que j'enquêtais, événement après événement, récit après récit, j'étais de moins en moins satisfaite. Je prenais conscience qu'à dire certaines vérités, j'en omettais d'autres tout aussi importantes. Je parlais du présent et de ce qui expliquait pourquoi nous en étions arrivés là. Un reporter se concentre sur l'action plus que sur la longue et lente accumulation de temps entre chaque événement. Dans nos écrits, chaque purge, chaque désastre est le dernier maillon de la chaîne, le résultat de décisions, d'erreurs, de circonstances plus ou moins anticipées. Mais ce qui compte réellement se trouve dans les intervalles. Nous donnons l'impression que, quel que soit le bouleversement, tout peut reprendre comme avant ; nous ne nous posons pas la question de savoir ce que signifie « reprendre comme avant » pour celles et ceux qui, un an, dix ans, cinquante ans après, seront toujours là. Tout ce que nous proposons, c'est de reconstruire brique par brique des vies en miettes afin d'obtenir des jolies maisons en Lego pour des bonshommes en plastique tout propres, intacts et prêts à prendre un nouveau départ.

*

L'histoire de Chow cherchant vainement à récupérer le corps de son père cristallisa ma gêne croissante. Je me mis à voir la révolution culturelle dans tous les sujets que je traitais. Comme le jeune intellectuel disparu depuis longtemps, elle était un silence, un espace qui structurait tout le reste. C'était cette décennie qui avait coupé la Chine moderne en deux, c'était elle qui avait servi de pivot entre l'utopisme socialiste et la frénésie capitaliste, entre une uniformité implacable et un individualisme sans pitié. Sa fin signait celle du maoïsme, complètement discrédité par ce mouvement. Sa radicalité aurait à la fois donné naissance à la lutte pour la démocratie des années 80 et à la répression qui y a mis un terme[1]. La révolu-

1. Voir *The Red Guard Generation and Political Activism in China* de Guobin Yang (2016).

tion culturelle a apposé sa marque sur l'économie, la politique et la culture chinoise, et plus encore sur les esprits et les cœurs – si profondément d'ailleurs que beaucoup l'ignorent. Elle explique énormément de choses, des ambitions des magnats à la prudence des réalisateurs. Elle a causé le malheur de bien des familles tout en donnant forme à l'amour romantique dans sa définition actuelle, à l'appât du gain, mais aussi à l'amertume et à l'espoir. Il s'agit d'une époque déterminante pour la Chine.

Son omniprésence me troublait. J'arrivais à la voir du coin de l'œil mais pas d'un bloc. Beaucoup de survivants n'en parlaient jamais, pas même à leurs proches. Ils continuaient à se protéger et à protéger leurs enfants. Mais même – ou surtout – quand il n'est pas verbalisé, un traumatisme peut passer d'une génération à l'autre. Même sans rien dire, des parents peuvent transmettre à ceux qu'ils aiment le plus leur peur et leur douleur. Un décès dissimulé peut affecter leur vie et celle de leurs enfants avec, voire celle des enfants de leurs enfants : l'histoire traumatique « s'immisce violemment dans le présent et donne l'impression que la tragédie se répète et qu'on ne peut pas y échapper », écrit Elena Cherepanov dans son travail sur l'héritage transgénérationnel du totalitarisme[1]. Les victimes et les bourreaux s'efforcent de continuer à vivre malgré ce qui leur est arrivé et ce

1. Elena Cherepanov, *Understanding the Transgenerational Legacy of Totalitarian Regimes* (2020).

qu'ils ont fait, qui reste gravé en eux tout comme dans le corps de la nation. « La révolution culturelle et la Chine sont inséparables, un peu comme la viande et l'os », m'a un jour dit un historien.

Je voulais comprendre ce que la révolution culturelle avait fait à la Chine mais aussi la manière dont elle continuait à influer sur son développement. Le sujet n'a pas toujours été aussi sensible et des travaux de très grande qualité ont été menés sur place, la plupart du temps par des survivants faisant fi des risques encourus. Beaucoup de livres ont été publiés à Hong Kong, qui abritait alors des éditeurs indépendants très engagés, et à l'étranger. Mais les mémoires et les histoires que j'ai lus m'ont appris autant de choses qu'ils m'ont déroutée[1]. Ils n'ont jamais parfaitement répondu à mes questions : je ne cherchais pas à savoir ce qui s'était passé, de quelle manière et pourquoi,

1. On connaît surtout la révolution culturelle grâce à des mémoires, comme ceux de Nien Cheng (*Vie et mort à Shanghai*, traduit de l'anglais par Dominique Dill, Albin Michel, 1987) ou de Ji Xianlin (*The Cowshed*, un ouvrage d'une candeur folle et pourtant réfléchi, dont la première publication en Chine date de 1998). En élargissant mes lectures sur le sujet, j'ai découvert le travail mené par des intellectuels comme Ba Jin (au lendemain du mouvement) et (plus récemment) celui de Xu Youyu, qui porte sur les très nombreuses répercussions de cette époque. Du temps où j'écrivais ce livre, les presses universitaires de Cambridge ont publié *Red Shadows: Memories and Legacies of the Chinese Cultural Revolution*, un ouvrage sous la direction de Patricia M. Thornton, Peidong Sun et Chris Berry (2017) qui s'intéresse aux effets à long terme du mouvement sur la littérature scientifique, qu'elle traite des choix vestimentaires ou des jeunes instruits.

mais comment le pays avait réussi à vivre avec, ce que tout ça voulait dire et la raison pour laquelle c'était si important aujourd'hui.

On peut se demander comment des centaines de millions de gens font pour ignorer une décennie qui les a aussi durablement marqués. Certains n'ont pas le droit d'en parler. D'autres ont peur des répercussions pratiques s'ils abordent le sujet. D'autres encore sont incapables de revenir dessus. Certains le passent sous silence comme s'il s'agissait d'une malédiction car ils craignent de le voir jeter une ombre sur la paix et la prospérité actuelles. Pour tous, la période est indicible. Le Parti et ceux qu'il dirige conspirent donc dans une amnésie généralisée. Une décennie a disparu sans laisser de traces.

Le temps aidant, je trouvai le silence moins saisissant que les quelques tentatives de le briser. Ceux-là cherchaient les ennuis car la révolution culturelle avait au moins appris une chose à ses participants : faire profil bas, éviter de se distinguer ou d'attirer l'attention de quelque manière que ce soit. Mais, en ligne ou, plus osé, dans des ouvrages publiés, les anciens gardes rouges commençaient à parler de leur passé, et les familles, de ceux qu'elles avaient perdus[1]. Plusieurs étaient nostalgiques de la révolution, une époque à laquelle les communautés rurales avaient progressé à grandes enjambées en matière de culture

1. Voir par exemple « Former Red Guard breaks silence on murder », Bo Gu, *NBC*, 27 septembre 2011.

et de production et où on respectait les travailleurs. D'autres révélaient des secrets qu'ils avaient tus pendant des décennies : leurs peurs, leur sentiment de responsabilité et de culpabilité. Des échos se faisaient entendre. Internet offrait un nouvel espace à ceux qui avaient déjà commencé à raconter leur histoire, entraînant dans leur sillage les confessions d'autres personnes. Des médias officiels en anglais firent même paraître des papiers calibrés et prudents sur le phénomène[1].

Je me mis à la recherche de ces indices, persuadée que je ne voulais pas écrire un livre. Je trouvais absurde d'avoir la Chine comme « spécialité » : nous parlons d'un pays qui représente un cinquième de la population mondiale, qui abrite une stupéfiante diversité sociale, culturelle et ethnique et dont le territoire est environ quarante fois plus étendu que celui de la Grande-Bretagne. Chaque jour me montrait un peu plus l'ampleur de ce que j'ignorais et de ce qu'il me restait à investiguer. Une plaisanterie voudrait que, au bout d'un mois en Chine, beaucoup se sentent d'écrire un livre sur le sujet (et de fait, il existe un certain nombre de livres de ce genre) ; au bout d'un an, non plus des livres mais des articles ; et, au bout de cinq ans, à peine une phrase.

Mais je n'arrivais pas à passer à autre chose. J'interviewai des avocats, des romanciers, des

1. Voir par exemple Liang Chen, « Xu Xing rejects mainstream fame in quest for truth », *Global Times*, 11 avril 2014.

ouvriers, des survivants profondément marqués par leur expérience et d'autres qui étaient nostalgiques de cette époque. Je recueillis d'insoutenables récits de morts, des souvenirs heureux, des descriptions minutieuses de dissensions politiques obscures. Je finis par rentrer en Grande-Bretagne avec à la main une valise pleine de notes, de livres et de photos, et au cœur un sentiment d'échec. Au tout début de mes recherches, j'avais eu l'impression qu'un changement était peut-être à l'œuvre, que la base parviendrait peut-être, à la sueur de son front, à faire émerger un espace de discussion. Mais cet espace ne faisait que se réduire.

Les vies de celles et ceux sur lesquels j'écrivais étaient très éloignées de la mienne, mais nous n'étions pas si différents. J'aurais pu me retrouver à leur place. La famille de ma mère est d'origine sino-thaïlandaise; adolescente, ma grand-mère avait voulu fuir en Chine pour rejoindre le Parti, frustrée de ne pas avoir pu faire d'études et de voir peser sur elle tant de contraintes du simple fait qu'elle était une jeune fille ambitieuse. (Elle échoua mais une de ses amies y parvint.) Avoir un parent d'un autre pays que le sien vous enseigne qu'il ne faut rien prendre pour acquis, que votre famille et votre culture jouent beaucoup sur la personne que vous êtes et donc que votre identité ne tient pas à grand-chose. Un bateau parti plus tard, un oncle plus gentil, une meilleure maîtrise de l'anglais et vous auriez pu être là-bas plutôt qu'ici. Vous auriez pu être une autre version de vous-même – plus chanceuse, plus sage, plus hardie, plus désespérée – ou ne jamais voir le jour.

C'est pour cela que le sourire du père de Chow me troublait. J'ai plutôt eu de la chance dans la vie, comme lui au début. Je me rends bien compte de la dimension superstitieuse de mes questions et de l'espoir que je nourris : celui qui me fait croire que, confrontée au pire, je n'aurai pas à craindre de coup dans le dos. La révolution culturelle a été l'époque des choix moraux impossibles. Personne ne pouvait bien faire car il n'y avait pas de définition du bien. Pire encore, je retrouvais chez les jeunes gardes rouges une certaine soif de pureté. Personnellement, l'incertitude m'aurait peut-être plus retenue que la droiture. Pourquoi certains ne rompent-ils pas lorsque d'autres plient ? À quoi bon dire la vérité lorsque mentir est moins risqué ? Pourquoi est-ce que nous pardonnons ? Dans un autre lieu, à une autre époque, qu'aurions-nous fait, qui aurions-nous été ? Ce livre ne traite que partiellement de la Chine et des folies auxquelles son histoire l'a menée. Il s'agit d'un projet qu'un œil extérieur pourrait qualifier de voyeuriste, d'une tentative de rendre plus cosmopolite et plus présentable un thriller macabre inspiré de faits réels. J'ai surtout voulu parler de la manière dont on peut continuer à vivre lorsqu'on a connu le pire et, plus difficile encore, dont on peut continuer à vivre avec celui ou celle qu'on est devenu.

À l'échelle d'un pays et du peuple qui le compose, l'identité se confond avec la mémoire. Elle devient une accumulation partielle d'événements à laquelle s'ajoutent les histoires que nous tissons autour. Mais la mémoire est évidemment quelque chose de vivant: « le "présent" de l'homme inclut des projections tirées du "passé", une accumulation sélective temporelle[1] », écrit Fei Xiatong. Nous tentons bien de donner de la cohérence à ces faits et à ces intuitions mais nous sommes inévitablement aux prises avec un certain nombre de questions: de quoi nous souvenons-nous ? Quand et pourquoi cela nous arrive-t-il ? Qui aura le dernier mot ? Ce qui se passe au présent nous renvoie dans le passé et nous projette dans le futur. Changer la manière dont nous comprenons ce qui a eu lieu – ce que les événements, souvent, nous forcent à faire – revient à nous changer nous-mêmes.

*

Ce livre traite donc également des secrets que l'on garde pour soi et du besoin que l'on peut avoir de les partager. De la manière dont les représentants politiques utilisent les récits nationaux et du rôle que nous jouons là-dedans: un peuple choisit collectivement ses récits, il garde certaines choses, en abandonne d'autres, souligne tel fait ou le passe sous silence, le tout plus ou moins consciemment. Ce livre parle de la manière dont on se juge et dont on juge autrui. Des disputes face aux faits et du sens

1. Fei Xiaotong, *Aux racines de la société chinoise*, *ibid.*, p. 38.

que nous leur donnons. En commençant, je n'avais aucune idée de l'importance que prendrait l'histoire dans la Chine de Xi – dont le règne a débuté par une visite officielle au Musée national de Chine avant que, quelques mois plus tard, il ne se mette à lutter contre le « nihilisme historique »[1]. En me lançant dans cette entreprise, j'étais loin de me douter que l'histoire serait dans le même temps fétichisée et menacée. Je n'avais pas prévu que la mémoire serait déterrée, ranimée et nourrie – mais aussi surveillée, exploitée et censurée.

Je n'avais pas davantage vu venir, dans mon propre pays, ces ministres discréditant des experts et ces personnalités politiques courant après des guerres culturelles créées de toutes pièces, dans un contexte où la manipulation du peuple par les élites semble aller de soi. Je n'aurais jamais imaginé voir des journaux traiter les juges d'ennemis du peuple et un secrétaire d'État à la culture interdire aux historiens de « dénigrer le passé de ce pays » (avant, dans le même texte, de condamner « la certitude morale des régimes totalitaires »)[2]. Je ne pensais pas me retrouver face à un Occident si peu attaché aux faits, si enclin au fanatisme, si divisé et mis à mal par les théories conspirationnistes. Je ne m'attendais vraiment pas à

---

1. Chris Buckley, « China takes aim at Western ideas », *New York Times*, 19 août 2013.
2. Oliver Dowden, « We won't allow Britain's history to be cancelled », *Daily Telegraph*, 15 mai 2021.

ce que, dans un pays se vantant d'être la plus grande démocratie du monde, un démagogue aille chercher le soutien d'une foule violente pour empêcher un transfert pacifique du pouvoir. Tout comme vivre avec un parent étranger, vivre à l'étranger m'a appris à ne pas prendre trop de choses pour acquises et à éviter de me fier à ce qu'il y aurait d'universel entre les cultures ; cela m'a également aidée à me rendre compte que ce sont souvent ses proches ou ses voisins que l'on connaît le moins.

Plus on s'intéresse à la révolution culturelle, plus elle devient quelque chose d'extraordinaire et de bizarre – mais aussi de reconnaissable. Nous en sommes très éloignés, aussi bien dans le temps que dans l'espace. Céder à des comparaisons simplistes, en traçant par exemple un parallèle entre les mouvements étudiants de gauche en Occident et les gardes rouges, est stupide voire blessant. L'intention à la base de ces mouvements aurait difficilement pu être plus différente (si une analogie doit être faite, elle devrait plutôt porter sur Trump et sur ses manigances avec l'extrême droite). Entre commettre un meurtre et bannir quelqu'un des réseaux sociaux, il y a plus qu'une différence de degré. Mais on est toujours moins en sécurité qu'on ne le croit, et moins irréprochable aussi, ce qui devrait nous mettre la puce à l'oreille. Certains continuent à parler de démocratie comme s'il s'agissait d'une grossesse – on ne peut pas être « un peu » une démocratie, on en est une ou pas – alors que, partout dans le monde, elles se font rogner, voire dynamiter par des attaques systématiques et concertées et par une ruse instinctive quoique vacillante, ou plus simplement engloutir par notre indifférence et notre paresse. C'est moins une histoire de règles écrites ou d'usages élaborés au fil du temps qu'une question d'engagement, c'est-à-dire d'instinct et de pratiques, de ce que nous sommes prêts à accepter et à faire[1].

J'ai beaucoup plus appris sur mon pays en étant en Chine que ce que j'aurais pu imaginer. Je ne pensais pas, pendant ce déjeuner partagé il y a maintenant des années, que me lancer à la poursuite de ces vérités m'aiguiserait les sens, ni que je me lancerais à leur poursuite d'ailleurs – à l'époque, ce n'était qu'une histoire racontée autour d'un café. Même lorsque le mari de Chow m'encouragea à écrire un article sur les portraits de Xu, je n'avais pas l'intention de m'attarder sur le sujet. Je visitai l'atelier et interviewai certaines des personnes qu'il avait peintes ainsi que leur famille, mais j'étais décidée à passer à autre chose. Du haut de leur monde bien à eux, hors du temps, les sujets de Xu faisaient tache. Je ne comptais pas séjourner à leurs côtés. J'écrivais sur tout ce qui était nouveau. Mais le livre de photos que Xu m'avait donné, un lourd pavé couleur granite, se rappelait constamment à moi. Une image m'attirait particulièrement, je la trouvais

1. La personne à l'avoir le mieux formulé est selon moi John Lewis, ancien membre du Congrès, dans son essai posthume « Together, you can redeem the soul of our nation », *New York Times*, 30 juillet 2020 : « La démocratie n'est pas un état de fait. C'est un acte. »

plus intimiste que toutes les autres malgré ses dimensions. Elle représentait une fille au seuil de la puberté, coiffée du carré des écolières, affichant les dents du bonheur et un air d'impatience. Elle penchait la tête, comme si elle cherchait à entendre quelque chose, et donnait l'impression de vouloir parler ou de s'être tout juste ravisée. Elle avait treize ans et s'appelait Yu Xiangzhen.

Un[1]

« Osez penser ! Osez parler ! Osez agir ! »

Slogan des gardes rouges

Je la reconnus immédiatement. À bientôt soixante ans, Yu Xiangzhen avait la même coupe au carré, le même visage plein de jeunesse et la même silhouette menue que l'écolière du tableau, celle qui m'avait intriguée. Vêtue avec soin, elle se tenait bien droite, comme si nous nous trouvions dans une salle de classe plutôt que dans un café – un Starbucks installé dans une de ces tours modernes dont les grands halls résonnent du cliquetis des talons aiguilles des employées de bureau. Derrière ses lunettes, ses yeux laissaient entrevoir de l'inquiétude ; l'impatience que j'avais cru lire dans ceux du portrait avait disparu.

1. Si la majorité des descriptions sont tirées de mes entretiens avec Yu Xiangzhen, je me suis également inspirée de ses billets en ligne. Les souvenirs d'autres gardes rouges et de membres de leurs familles m'ont beaucoup aidée à me représenter cette époque.

Le peintre était tombé sur elle en cherchant sur Internet des sujets pour sa série de portraits : il voulait mettre en parallèle citoyens ordinaires, acteurs et personnalités politiques. Après une carrière au sein d'un groupe de presse officiel, Yu avait profité de son départ à la retraite pour créer un blog où elle chroniquait ses souvenirs d'ancienne jeune garde rouge – autant d'écrits que son précédent employeur n'aurait jamais publiés. Au départ, un peu hésitante, elle l'avait fait pour elle, sans réfléchir à ses potentiels lecteurs. Mais ses billets avaient suscité la curiosité du peintre et, après une première rencontre, ses tableaux à lui avaient poussé Yu à continuer à écrire. « Comme le vent ridant la surface d'une mare », ils avaient fait remonter des souvenirs oubliés ou en train de disparaître. Son passé avait beau se rappeler à elle, il restait hors de portée, jusqu'à ce qu'un élément s'en détache et se mette à flotter, enfin net mais toujours insaisissable. C'était ce que Yu recherchait, elle voulait attraper et démêler ces fragments de passion, de violence et de peur, mais sa mère et son fils s'inquiétaient pour elle. Au téléphone, son frère, un ancien haut fonctionnaire, lui répétait sans cesse qu'elle cherchait les ennuis et qu'elle risquait de les attirer sur toute sa famille. Cette pensée, qui ne l'avait jamais quittée, lui permettait de modérer ses écrits – même si, en réalité, elle semblait lui faire éprouver moins de peur que de curiosité. Un demi-siècle après les événements, on ne pouvait ni parler de certaines choses ni franchir certaines lignes.

Lorsqu'elle estimait mal ces limites, ses billets disparaissaient sitôt postés.

« Quand des gens très proches se retrouvent, comme d'anciens camarades de classe ou d'anciens collègues, ils peuvent en parler entre eux », m'expliqua-t-elle. Mais ses anciens camarades à elle, comme la plupart des Chinois, préféraient penser au présent : comparer les notes de leurs petits-enfants, leurs médecins et leurs voyages. Le passé était douloureux et honteux, il n'aurait pu être plus différent de l'époque de stabilité et de richesse dans laquelle ils vivaient. La Chine n'était plus un pays rongé par la violence – les terres agricoles avaient cédé la place à d'immenses usines et, dans les villes, les ruelles avaient disparu au profit de rangées de gratte-ciel. S'attarder sur les marées d'un autre temps paraissait à la fois étrange et inutile, voire saugrenu. Tout le monde était passé à autre chose. Pourquoi pas Yu ?

Après avoir récupéré nos boissons, nous nous installâmes dans un coin, au calme. J'avais déjà lu certains de ses billets mais elle n'avait pas besoin d'être beaucoup encouragée pour me raconter. Je lui demandai ici et là de préciser tel ou tel point même si, dans l'ensemble, son récit était clair et logique. Elle commença par le commencement. Elle était née un 26 décembre, le même jour que Mao Zedong. Sa famille appartenait aux derniers cercles de l'élite rouge ; à l'école, elle côtoyait les enfants de membres du Politburo. À l'entendre, Pékin avec ses millions d'habitants paraissait toute petite. Elle me raconta un détail qu'elle avait failli oublier : sa voisine, une ancienne camarade de chambrée de Jiang Qing du temps où Mao lui faisait la cour, avait assisté à son procès plus de quarante ans plus tard car on lui avait demandé de faire un rapport sur le rôle que Jiang avait joué dans la révolution culturelle – elle avait été frappée par sa chevelure, toujours aussi noire. Mais une telle proximité avec le pouvoir n'avait rien de remarquable. Le grand-père de Yu avait fait partie des premiers à rejoindre les rangs du Parti, qui ne comptait alors presque aucun membre et menait une existence périlleuse. Peu de temps après, le KMT avait veillé au bon déroulement d'un massacre qui avait coûté la vie à beaucoup de ses amis. Sa fille avait onze ans lorsqu'elle s'était engagée dans la 8e Armée de route pour lutter contre l'occupation japonaise puis contre le KMT. Le père de Yu n'avait pas grand-chose à envier à sa future épouse. En 1949, lorsque le Parti avait libéré la Chine, le couple s'était réjoui.

Yu était née trois ans après. Comme ses parents, elle avait rêvé de servir le peuple. L'avenir était plein de promesses. Son père et sa mère avaient tout risqué pour qu'un meilleur destin advienne. Selon la lecture que Mao faisait de Marx, tout était possible : les vrais croyants pouvaient transformer le monde à la seule force de leur détermination. La Chine était « une feuille blanche… [sur laquelle] on [pouvait écrire ou] dessiner ce qu'il y a de plus nouveau et de plus beau[1] ». Rien ne

1. Mao Zedong, « Présentation d'une coopérative » (15 avril 1958), *Textes choisis de Mao Tsetoung*, Pékin, Éditions en langues étrangères, 1972, p. 542.

servait d'attendre que les conditions évoluent : ceux qui optaient pour la « pensée correcte » agiraient « correctement » afin de créer l'« ordre correct ». En 1949, étonnamment, beaucoup trouvaient cela plausible. La victoire du Parti communiste et le contrôle qu'il avait mis en place dans un pays si divisé avait tout du miracle après des décennies d'invasions et de guerre civile[1]. Le gouvernement de Chiang Kai-shek s'était battu contre les seigneurs de la guerre, les Japonais et les communistes. Malgré l'important soutien des États-Unis, il avait été vaincu par la troupe en haillons de Mao, qui disposait certes d'armes soviétiques mais se déplaçait encore en chaussures en tissu ou en sandales tressées.

Pour des dizaines de millions de personnes, les premières années de la République populaire de Chine furent stupéfiantes dans le bon sens du terme[2]. Pas

1. L'ouvrage de Tony Saich intitulé *From Rebel to Ruler: One Hundred Years of the Chinese Communist Party* (2021) décrit l'extraordinaire ascension du Parti et la manière dont, en cent ans, une assemblée secrète de treize jeunes Chinois est devenue un monstre à la tête d'une superpuissance.

2. À l'évidence, nombreux étaient également ceux – sans être forcément des partisans du KMT – à redouter une victoire du Parti communiste. (Pendant la guerre civile, le Parti avait en effet assiégé et affamé des villes comme Changchun pour que leurs habitants se rendent.) Dans son ouvrage *The Tragedy of Liberation: A History of the Chinese Revolution, 1945-57* (2013), Frank Dikötter estime qu'en 1951, près de deux millions de personnes – dont des enfants en bas âge – avaient été assassinées pour des raisons politiques. Les nouvelles perspectives furent cependant accueillies avec un enthousiasme sincère, notamment de la part de ceux qui n'étaient pas acquis à la cause du Parti. Un grand nombre d'intellectuels quittèrent les pays où ils s'étaient installés et

besoin d'être communiste pour préférer la paix à la guerre. Les règles étaient strictes, la pauvreté omniprésente mais révolution allait de pair avec justice et dignité. Les paysans opprimés s'emparèrent des terres qu'ils labouraient pour leurs propriétaires. Les femmes n'étaient plus soumises aux mariages forcés. Le degré d'instruction progressa et l'espérance de vie s'allongea. Les ouvriers s'enorgueillissaient de leur contribution. Les conditions de travail et les salaires s'améliorèrent, travailler à la mine et en usine inspirait le respect plutôt que la pitié. Les propriétaires terriens furent assassinés en même temps qu'on les dépouillait de leurs parcelles, mais les vies des paysans n'avaient-elles pas toujours rien valu ? Le mouvement antidroitier envoya certes les intellectuels en camps de travail, mais les opposants au Parti ne se montrèrent pas beaucoup plus tendres : le PCC n'avait pas le monopole de l'autocratie. Pour ne citer que lui, Chiang Kai-shek, qui avait mis en place une purge et massacré les communistes en 1927, récidiva vingt ans plus tard en étouffant un soulèvement populaire qui coûta la vie à au moins dix-huit mille civils taïwanais.

En 1958, Mao lança le Grand Bond en avant, un projet extraordinaire censé transformer la nation

---

revinrent en Chine ; ce furent les premières victimes du mouvement antidroitier et de la révolution culturelle. (Selon les mots de Zhou Youguang, économiste et linguiste de renom : « L'histoire nous a induits en erreur. »)

agraire qu'était la Chine en une économie avancée[1]. L'objectif était de dépasser la Grande-Bretagne en matière de production industrielle et de prendre la direction du communisme à l'échelle internationale. Une collectivisation des terres fut mise en place, au cours de laquelle tous les foyers furent rattachés aux immenses communes créées pour l'occasion. La vision de l'abondance à venir provoqua un enthousiasme sincère, mais le projet pécha par excès d'ambition et devint pure folie. Le fanatisme ou la peur poussèrent les cadres à gonfler les rendements des récoltes ; aussi, lorsque leurs supérieurs appliquèrent les réquisitions, fallut-il au moins dans un cas leur fournir plus de grain qu'il n'en avait été récolté. Comme les lanceurs d'alerte étaient torturés ou tués, la plupart des gens ne virent les fissures apparaître qu'à la fin de cette année-là. En ville, les estomacs grondaient et les visages s'émaciaient, prenant un teint cireux. À la campagne, les ventres ballonnaient comme pour mieux se moquer. On mangeait de l'écorce, de l'herbe, des feuilles de maïs et, en tout dernier recours, les morts. La catastrophe avait beau être flagrante, Mao refusa de revenir en arrière.

« Les paysans mouraient de faim sans rien pouvoir faire », me raconta Yu. Son arrière-grand-père et d'autres membres de sa famille faisaient partie des victimes. Mais à l'époque, personne ne connaissait

1. Voir *Stèles* de Yang Jisheng et *Mao's Great Famine* de Frank Dikötter, *op. cit.*

l'ampleur du désastre (45 millions de morts), d'autant que la propagande en attribuait la faute aux inondations, aux sécheresses et à l'Union soviétique, qui demandait à la Chine de payer ses dettes. Aujourd'hui encore, la Chine parle des « trois années de difficulté » – quand elle en parle – lorsqu'elle fait référence à une des pires catastrophes d'origine humaine de l'Histoire.

Peng Dehuai, un révolutionnaire adulé, fut éliminé pour avoir averti du désastre à venir. Mais les dirigeants ne pouvaient pas laisser leur pays mourir de faim. Appuyé par des pragmatistes comme Deng Xiaoping, Liu Shaoqi, le président de l'époque et l'héritier présomptif de Mao, corrigea le pire. L'emprise de Mao sur la Chine se desserrait enfin, alors même que ce dernier craignait par-dessus tout que le pouvoir lui échappe. La dénonciation posthume de Staline par Khrouchtchev, son successeur, apporta de l'eau au moulin de sa paranoïa et consomma la rupture entre la Chine et l'URSS. Qui ferait honneur à son héritage ? Les révisionnistes « sont formés pour être nos successeurs [...] ; ils se trouvent à présent au milieu de nous[1] », lança-t-il en 1966 dans ce qu'on appelle aujourd'hui la Circulaire du 16 mai, un document qui présente ses arguments en faveur de la révolution culturelle. Cette fois encore, son obsession de la discipline et du contrôle l'emporta sur son désir de révolte, comme il l'explique dans une de ses lettres à

1. *La Grande Révolution culturelle prolétarienne. Recueil de documents importants*, Pékin, Éditions en langues étrangères, 1970, p. 142.

Jiang Qing datant de la même année : « Il y a en moi un peu de tigre – c'est le principal – et aussi un peu de singe – c'est secondaire[1]. »

Mao n'était pas le seul à souhaiter un changement. Derrière des apparences trompeuses, le mécontentement grondait. « Le contrôle était très strict, on avait l'impression de vivre sous un seau en métal », décrivit Yu. Les longues heures de travail et la faim perpétuelle épuisaient les individus et sapaient leur volonté de se plaindre. « Ceux qui le faisaient quand même étaient désignés comme contre-révolutionnaires avant d'être enfermés ou envoyés en camp de travail. Personne n'osait penser, personne n'osait dire ce qu'il avait sur le cœur. » L'espoir qui avait grandi en même temps que le Parti se faisait de plus en plus mince. L'indifférence avec laquelle les cadres traitaient leurs concitoyens était une source de frustration. Lorsque Mao trouva une nouvelle vision pour remplacer le rêve brisé du Grand Bond en avant, sa promesse de chasser les responsables paresseux et abusifs fut accueillie avec beaucoup d'enthousiasme. Il s'engagea à instaurer une belle démocratie au sein de laquelle tout un chacun pourrait mettre en cause les cadres et les obliger à vraiment servir le peuple. Les idéaux salués par les communistes seraient enfin concrétisés.

Mao savait qu'il ne pouvait pas se battre seul contre tous ses opposants. Il mobilisa donc le peuple. Il fit

1. Alain Roux, *Le Singe et le Tigre. Mao, un destin chinois*, Larousse, 2009, p. 26-27.

d'élèves comme Yu, des innocents engagés dans une guerre qu'ils ne pouvaient pas comprendre, ses pionniers. Le président était le « soleil rouge dans leurs cœurs », ils grandissaient et s'épanouissaient sous ses rayons. Chaque année, il s'élevait un peu plus haut dans les cieux chinois, un Mao meilleur, plus généreux, plus glorifié.

Au printemps 1966, Yu prit son courage à deux mains et lui écrivit, demandant à rejoindre l'armée pour brandir la flamme de la révolution. Elle traça à caractères prudents ces mots de feu sur le meilleur papier qu'elle trouva, glissa le tout dans une enveloppe marron, colla un timbre à quatre centimes et inscrivit : *Président Mao (privé)*. La réponse qui lui parvint portait le sceau rouge du bureau général du comité central du Parti. Toute son école fut en ébullition : on lui avait écrit au nom du président ! On promettait de lui transmettre la lettre ! Mais le message était concis, décevant même. On l'enjoignait à respecter ses enseignants et à se concentrer sur ses études, de manière qu'elle puisse servir son pays le jour venu. C'en était fini de la révolution, de son ambiance électrique et enivrante ; le Parti était au pouvoir.

Quoi que ses représentants aient pu dire en son nom, Mao avait d'autres idées en tête. Il venait de lancer un nouveau cycle de purges. Il lui fallut tout juste quelques semaines pour ordonner à ses plus anciens compagnons de l'avertir s'ils débusquaient des ennemis cachés au sein du Parti, des ennemis qui « agitaient le drapeau rouge » tout en œuvrant en secret à rétablir la domination bourgeoise. Les éliminer serait une lutte à mort, conclut-il.

« Le peuple chinois tout entier [...] se lance avec fracas dans la révolution culturelle ! » Voici les mots qu'on put bientôt lire sur un *dazibao*[1], une protestation saisissante dénonçant la direction de l'université de Pékin. En quelques heures, suite aux ordres donnés par Mao, le texte fut lu à la radio. Attisé par le chef suprême, le feu prit ; bientôt, les murs des écoles et des universités se couvrirent de draps blancs noircis de gribouillis. Les cours furent interrompus et les élèves libérés. Ayant appris à se méfier des ennemis de l'intérieur comme de l'extérieur, Yu accusa rapidement un de ses enseignants. Ses camarades préféraient l'action. Lorsqu'elle les vit obliger des membres du personnel à se mettre à genoux, lorsqu'elle les vit leur crier dessus, les frapper, leur couper sauvagement les cheveux et leur verser des seaux de colle sur la tête, elle fut trop choquée pour rester. Elle était pourtant une enfant de la révolution et une des premières recrues parmi les gardes rouges.

Sa fierté était teintée de peur car personne ne savait jusqu'où il était permis d'aller. C'était la discipline léniniste du Parti qui l'avait porté au pouvoir, il ne reculait devant rien lorsqu'il était question

1. Littéralement, « affiche en gros caractères » : il s'agit d'affiches murales rédigées à la main qui furent largement utilisées comme supports de propagande pendant les campagnes nationales. Placardées dans les lieux publics, elles représentaient également le principal moyen offert aux masses pour exprimer leur opinion. (*N.d.T.*)

d'éliminer un rival potentiel. Pour Mao, la libération de 1949 ne représentait que la moitié de la transformation qu'il avait en tête, et peut-être la moitié la plus simple. L'inertie bureaucratique s'était mise en travers de sa révolution. En coulisses, les raisonnements féodaux prospéraient. Une nouvelle génération d'oppresseurs avait remplacé les propriétaires terriens : les cadres communistes, forts des mêmes privilèges, tombaient dans les mêmes abus. La révolution culturelle a été le moyen, certes anarchique, par lequel Mao a réaffirmé son contrôle personnel sur la Chine. C'est par une nuit d'été abêtissante que Yu et ses amis, les troupes de choc du président, sont entrés dans la danse.

*

À 3 heures du matin le 18 août 1966, prévenus à peine quelques heures plus tôt, la vingtaine de jeunes gens concernés se retrouvèrent devant leur école. Ils marchèrent en rang dans la nuit jusqu'à la place Tian'anmen, se frayant un chemin au sein de la foule toujours plus compacte qui envahissait l'avenue de la Paix éternelle. À l'aube, ils étaient un million d'élèves et d'étudiants à occuper l'immense esplanade. Les gardes rouges s'installèrent aux places d'honneur sur les tribunes en attendant que les dirigeants leur adressent la parole. Le portrait du président, dardant ses yeux sur eux depuis l'imposante porte, les surplombait. Et voilà que ce n'était pas n'importe quel haut dirigeant qui faisait son apparition mais le président Mao en personne ! Le président Mao qui se mit à faire les cent pas devant eux, lentement, sans parler mais en levant la main pour les remercier de leurs acclamations : « Vive notre grand dirigeant, le président Mao ! Qu'il vive longtemps, très longtemps ! » Yu vit une jeune fille à peine plus âgée qu'elle monter sur le podium et lui offrir un brassard des gardes rouges. Ce moment symboliserait à jamais le lancement de la révolution culturelle : la photo et le récit l'accompagnant furent relayés par les médias officiels afin que tout un chacun, même ceux qui n'étaient pas sur la place ce jour-là, puisse s'en souvenir. Le rassemblement dura plusieurs heures, les chants et les exhortations répondant aux discours sans que quiconque se soucie de la chaleur ou de la faim. L'Histoire était en train de se faire. Mao donna aux plus jeunes le nom de « soleil du matin » et ils se mirent à briller dans cette aube, à briller de fierté et de joie, tout en essayant de se rapprocher de l'estrade pour apercevoir leur dirigeant, saisis par l'immensité du moment, et brandissant bien haut le *Petit Livre rouge* contenant ses citations. Leurs voix se faisaient rauques d'avoir tant crié : « Vive notre grand dirigeant, le président Mao ! Qu'il vive longtemps, très longtemps ! »

Mao les saluait de la main tout en les observant. Il était à la fois poète et fin connaisseur de la langue de la rue. Les maximes du livre qu'on agitait sous ses yeux étaient souvent lapidaires : « Tous les réactionnaires sont des tigres en papier[1] », « le pouvoir est au bout du fusil[2] ». Néanmoins, il savait que le silence et l'absence sont des forces puissantes. Cette fois-là, dominant les masses, il garda le silence. Plus les étudiants hurlaient et moins il avait besoin de parler. Son uniforme militaire en disait long, tout comme sa présence stoïque et sa position surplombante, les discours qu'il présidait et le bon accueil qu'il avait fait au brassard écarlate.

« Après, c'était comme si, quoi que nous fassions, nous avions l'aval de Mao. On était tous ravis d'être des gardes rouges, m'expliqua Yu, la mine rayonnante à l'évocation de ce souvenir. Tout ce qu'on nous apprenait à l'école, c'était à être les bons enfants du président Mao, comme s'il était un dieu et que la seule mission qui comptait dans la vie était de prendre part à la révolution. » Rendre un culte au président Mao n'était pas en option : on l'exigeait de tous[3].

La pensée de Mao était une « bombe atomique spirituelle[4] » : il était le destructeur des mondes et les

1. Mao Zedong, *Textes choisis de Mao Tsetoung*, « Entretiens avec la journaliste américaine Anna Louise Strong » (août 1946), *ibid.*, p. 379.
2. Mao Tsé-toung, *Écrits choisis en trois volumes*, « Problèmes de guerre et de stratégie », vol. II, Éditions Maspéro, 1967, p. 66.
3. Les aspects quasi religieux du culte de la personnalité de Mao sont bien documentés. Daniel Leese écrit dans *Mao Cult: Rhetoric and Ritual in China's Cultural Revolution* (2011) qu'on poussait les gens à un « culte illimité ». Dans certains villages, on trouvait même des autels en son honneur.
4. Cette expression a fait son apparition dans un éditorial du *Quotidien de l'APL* avant d'être reprise par Lin Biao puis d'autres. Voir *Mao Cult: Rhetoric and Ritual in China's Cultural Revolution*.

étudiants étaient là pour le servir. Lin Biao, ministre de la Défense, fayot en chef et futur dauphin de Mao, leur expliqua comment. Il les poussa à faire la chasse aux Quatre Vieilleries, à savoir les idées, la culture, les coutumes et les habitudes des classes exploitantes. Le lendemain du 18 août, tout l'entourage de Yu s'était rallié aux gardes rouges. Ils tracèrent des caractères au pochoir sur leurs brassards et remplacèrent leurs hauts en coton fleuri par des vêtements aux teintes ternes. Les chiffres s'envolèrent au fur et à mesure que les groupes se multipliaient : la mission ne revenait pas aux élites, elle était celle des masses.

« Les gardes rouges ont commencé à s'en prendre aux Quatre Vieilleries et à confisquer les biens des gens, reprit Yu. Les 19 et 20 août, nous sommes descendus dans la rue et nous avons perquisitionné les boutiques : dès que nous voyions des bouddhas ou des sentences parallèles porte-bonheur sur les portes, nous ordonnions aux commerçants de les enlever. J'étais très investie. »

Les objets n'étaient pas la seule cible de ces meutes d'adolescents. Ils s'en prenaient aussi à leurs semblables, encerclant leurs proies, prolétarisant les longues chevelures à coups de ciseaux, tailladant les pantalons moulants, raccourcissant les chaussures à bout pointu. Les victimes avaient trop peur pour résister ou se plaindre. Yu, qui se tenait généralement en retrait, vit des groupes de passants encourager les gardes rouges. Elle ne se disait pas qu'ils faisaient quelque chose de mal, simplement elle n'avait pas envie de regarder. Elle finit par insister auprès de ses camarades pour qu'ils montent dans un bus et lisent des extraits du *Petit Livre rouge* aux passagers. « On nous laissait nous asseoir, on nous complimentait. » Elle sourit brièvement. « Qui aurait osé ne pas soutenir le mouvement ? »

Les jeunes filles passèrent la semaine suivante à déclamer des citations de Mao en parcourant les artères les plus connues de Pékin, comme la route L'Orient est rouge ou la rue Antirévisionnisme[1]. Partout sur la chaussée, des montagnes de livres étrangers, d'arbres généalogiques, de lettres venant d'autres pays et d'habits bourgeois partaient en fumée. Les gardes rouges fracassaient les objets précieux en porcelaine et confisquaient les bijoux. La ville n'était plus la même : les tenues étaient grises, les enseignes des commerces et les panneaux de signalisation vandalisés, les adultes n'avaient jamais été aussi rapides à baisser les yeux ou à sourire d'un air approbateur lorsqu'un groupe de jeunes gens passait.

« On vous persécutait pour un rien, glissa Yu. Les gardes rouges entraient chez vous, vous frappaient et repartaient avec ce qu'ils voulaient. »

---

1. Le chaos fut évité de peu grâce à Zhou Enlai qui mit son veto à ce que, dans le code de la route, le rouge – la couleur révolutionnaire par excellence – symbolise le fait d'avancer plutôt que de s'arrêter. Dans *Renverser ciel et terre. La tragédie de la Révolution culturelle, 1966-1976* (traduit par Louis Vincenolles, Seuil, 2020), Yang Jisheng note que les agents de la circulation avaient remplacé leur bâton par le *Petit Livre rouge* car seule la pensée Mao Zedong pouvait montrer la voie.

Dans certains districts, la police fournissait aux gardes rouges la liste des droitistes du quartier afin de les aider – ou de les pousser – à aller fouiller leurs maisons et à confisquer leurs biens. Ce qui, sous certains aspects, pouvait passer pour un soulèvement spontané venait non seulement d'en haut, mais était également guidé par les instances supérieures. On avait simplement confié à des enfants une tâche qui, au début, faisait peur aux adultes.

Une nuit, leur dirigeant les fit venir car il y avait besoin de renforts urgents : un capitaliste avait attaqué les gardes rouges qui fouillaient sa maison. Yu connaissait son devoir, même si la situation lui faisait peur ; elle fut rassurée par la foule présente autour de chez l'homme, une foule si dense qu'on l'envoya de l'autre côté de la rue, chez le frère du coupable. « En voyant des camarades le battre, lui et sa famille, et le sang gicler, on a eu tellement peur, mon amie et moi, qu'on est allées se cacher dans une autre pièce, derrière un rideau. Deux filles à peine plus âgées que nous qui portaient l'uniforme des gardes rouges sont entrées. Elles tenaient quelque chose dans leurs mains. Là, elles se sont mises à partager leur butin : des bracelets de jade et des bijoux en or. Vu le soin avec lequel elles les ont rangés dans leurs poches et leur air mécontent lorsqu'elles se sont rendu compte de notre présence, j'ai compris que les bijoux venaient de changer de propriétaires. »

Yu était plus précise qu'ironique. Son récit méthodique et posé s'accéléra : « Quand elles nous ont découvertes, elles nous ont ramenées dans la pièce où la correction avait lieu et nous ont demandé d'y participer. Elles nous ont donné une ceinture avec une boucle en métal et nous ont dit de nous en servir. Pour moi, ces gens ne méritaient pas d'être battus : j'ai été élevée par ma grand-mère, une femme gentille qui m'a toujours dit qu'il ne fallait pas crier sur les gens et encore moins les frapper… »

Son ton, qui trahissait une certaine nervosité, semblait destiné à m'apaiser, comme si elle s'attendait à ce que j'accueille son échec avec mépris. J'avais lu plusieurs mémoires sur la révolution culturelle, leurs auteurs se confondant en excuses pour leurs péchés. Je n'avais pas pensé qu'elle pourrait chercher à se justifier pour ce qu'elle n'avait pas réussi à faire. « J'avais trop peur, je suis rentrée à l'école en courant avec mon amie. Ils m'ont reprochée de ne pas être assez courageuse et je les ai crus. Je me sentais humiliée. Je ne voulais parler de cette expérience à personne. »

Une inspiration. « C'était au-dessus de mes forces. Je ne pouvais pas faire ce qu'on me demandait, donc je me suis enfuie. Ça me tourmentait beaucoup à l'époque mais je restais trop attachée aux situations. En fait, il me manquait une compétence essentielle : savoir distinguer le bien du mal. Je ne me suis pas opposée à eux, je n'ai pas osé. J'ai fait comme tout le monde sans me poser la question de savoir si c'était bien. Je pensais que oui puisque, comme on nous le répétait à longueur de journée, il fallait détruire le vieux monde pour en construire un nouveau. »

Les cibles de l'attaque furent exécutées peu de temps après au motif qu'elles étaient contre-révolutionnaires[1]. Lors du rassemblement suivant, les gardes rouges qui les avaient frappées se tenaient de part et d'autre de Mao.

*

« Les horreurs de l'Août rouge m'ont fait dresser les cheveux sur la tête. C'était d'une cruauté sans nom. » Yu savait que la révolution n'était pas un dîner de gala ; comme l'a signalé Mao, « elle ne se fait pas comme une œuvre littéraire, un dessin ou une broderie ; elle ne peut s'accomplir avec autant d'élégance, de tranquillité et de délicatesse, ou avec autant de douceur, d'amabilité, de courtoisie, de retenue et de générosité d'âme[2] ». Mais les hurlements des prisonniers torturés sur le campus s'entendaient depuis les dortoirs et s'immisçaient dans ses rêves.

« Je me suis plainte, j'ai expliqué au chef adjoint des gardes rouges que je n'arrivais pas à dormir. Il m'a proposé de partir en tournée pour encourager les gens à prendre part à la révolution culturelle. C'est comme ça que, le 31 août, je suis partie à Shanghai et que j'ai vécu quelque chose d'horrible. »

---

1. Voir *Turbulent Decade: A History of the Cultural Revolution*, de Yan Jiaqi et Gao Gao (1996).
2. Mao Tsé-toung, *Rapport sur l'enquête menée dans le Hounan à propos du mouvement paysan*, Pékin, Éditions en langues étrangères, 1967, p. 9.

Elle marqua une pause. « On nous disait qu'il fallait écouter le Parti et Mao, toujours. Ceux qui s'en prenaient à Mao ne méritaient rien d'autre que la critique... »

Elle se reprit. « Le 31 août, nous sommes partis à Shanghai avec douze autres gardes rouges. Nous avions imprimé des tracts sur lesquels était écrit *Vive la Terreur rouge.* »

Son récit s'accéléra au fur et à mesure que sa voix s'élevait : « Nous avions besoin qu'une voiture nous dépose à la gare de Pékin. Comme j'étais la plus jeune, je devais m'occuper de surveiller les tracts. C'est là que j'ai vu quelque chose d'atroce, quelque chose que je n'oublierai jamais... »

Yu avait hurlé. Sa voix, plutôt posée au début de notre entretien, transperçait les conversations murmurées ainsi que les bruits d'assiette et de la machine à café. « Il faisait nuit... J'étais au bord d'une route qui longeait un terrain de basket... J'ai entendu quelqu'un me demander de l'eau en chuchotant... C'est là que j'ai vu un homme ramper dans ma direction... Il était couvert de sang, sa tête aussi, de sang coagulé. J'étais morte de peur. Ensuite, j'ai vu que le terrain était... jonché de cadavres. Tous avaient été battus à mort. »

Elle n'évoquait pas un souvenir, elle revivait l'épisode. Elle était à nouveau en 1966. La Yu qui s'était construite au travers de son travail, de son mariage, de ses enfants, du temps qui passe, de ses deuils n'était plus là. Devant moi se tenait l'écolière. J'attendis. La nuit était tombée et, à sans cesse s'ouvrir et se refermer, les portes laissaient entrer un froid glacial.

Je m'emmitouflai dans mon manteau. Elle n'eut pas besoin d'aide pour reprendre là où elle s'était arrêtée : « Quelqu'un a fini par trouver une voiture et nous sommes partis à la gare. »

*

L'automne était malgré tout splendide. C'était un automne de libération. Il n'était plus question de cours, de règles ou de routine. À leur place résonnaient le sifflement et les bruits métalliques des trains qu'ils prenaient pour aller de ville en ville. « Ils disaient qu'il fallait voir du pays pour œuvrer à la révolution. » Les gardes rouges voyageaient gratuitement : des lits et de la nourriture les attendaient là où ils s'arrêtaient. Ils allaient partout et nulle part. Le monde s'était remis en mouvement. Ils évoluaient dans un chaos nauséabond de bruits et de corps, au milieu de gens assis sur les porte-bagages et allongés sous les sièges, leurs jambes dans les pieds de Yu. Les haut-parleurs déversaient leur propagande à plein volume. Ses camarades braillaient à qui mieux mieux les mots du président Mao. Les fenêtres étaient bloquées en position ouverte pour évacuer l'odeur aigre de transpiration et d'urine. La nuit, une fois que tout le monde s'était tu et qu'elle pouvait enfin se reposer, assise sur son siège dur, le bruit des roues sur les rails l'empêchait de s'endormir. Ils avalaient des centaines et des centaines de kilomètres, filant sans s'arrêter à travers des gares, leur course frémissante les menant toujours plus loin.

Ils laissaient derrière eux des champs, des bœufs, des villes en piteux état, des paysans portant des paniers sur leur palanche. Un des membres de la petite troupe leur apprit à jurer car la langue des rues était rouge. « Salaud de contre-révolutionnaire ! » Elle répétait avec autant d'application qu'à l'école de peur de ne pas être à la hauteur.

La révolution était là. Tous les livres qu'ils avaient lus, tous les films qu'ils avaient vus, tous les héros qu'ils admiraient, qui s'étaient battus et qui avaient résisté – qui avaient survécu à la Longue Marche, qui avaient repoussé les Japonais, qui avaient vaincu l'infâme et corrompu KMT –, l'occasion tant rêvée de reprendre le flambeau était là. Grâce au président Mao. L'euphorie régnait. Les parents de Yu avaient supplié son grand frère de ne pas rejoindre le mouvement mais n'avaient pas pensé à l'en empêcher, elle, une fille. Pendant que lui boudait à Pékin, elle vagabondait librement. C'était le temps de l'exploration, de l'enchantement parfois, mais aussi des séances de dénonciation et d'une cruauté qu'elle avait du mal à accepter. Le tout rentrait dans le cadre de la grande aventure qu'était leur mission. À mi-chemin entre une campagne politique et des vacances. Les trains les déposaient à Shanghai, à Guangzhou, à Kunming – avec ses bambous et ses bananiers –, à Chongqing aux collines hantées par le brouillard, à Wuhan et à Xi'an, l'ancienne capitale, à Yan'an – la ville de poussière ocre où le Parti s'était développé – et jusqu'à Dalian, où les chalutiers traînaient des filets chargés de poissons. Le fait qu'elle ait treize ans et qu'elle soit une fille n'avait aucune importance. Ils formaient un groupe, une bande, une nuée d'oiseaux qui se posait ici et là.

« On n'avait pas de destination, pas de plan précis. On a sillonné une bonne partie de la Chine. Vers la fin, c'était plus du loisir qu'autre chose : une fois, le train s'est arrêté, on a demandé où on était, on nous a répondu Guilin. On avait toujours entendu dire que c'était un coin magnifique, alors on est descendus et on a passé trois jours à faire du tourisme. On était ravis. »

Elle cligna des yeux et répéta, comme surprise d'avoir eu cette pensée : « J'étais vraiment ravie. On s'amusait beaucoup grâce à la révolution culturelle. On n'allait plus à l'école, on avait le droit de critiquer nos enseignants, on pouvait se balader. »

Mais les millions de gardes rouges qui sillonnaient toute la Chine paralysaient les lignes de chemin de fer et l'économie du pays. Le pouvoir central dut intervenir. « Le 25 décembre, la veille de mon anniversaire – et de celui du président Mao –, nous sommes donc rentrés à Pékin. »

*

Son récit était parsemé de dates, petits îlots factuels surnageant à la surface de ces eaux troubles. Là où, chez moi, on dirait plutôt « un week-end » ou « en août », en Chine on ne jurait que par les dates. Yu s'y raccrochait avec force. Cette chronologie, qui jouait le rôle d'une structure, lui servait de repère. Elle n'était pas là pour se substituer à des explications, simplement le temps était la seule vérité disponible. Ceux qui s'en servaient comme point d'appui parvenaient à garder la tête hors de l'eau. Il était impossible de trouver un sens à tout le reste ; Yu avait beau essayer, la futilité de son entreprise semblait ne pas lui échapper. Le maoïsme préférait l'action à la réflexion, la passion à la logique et la foi à la réalité. L'ampleur, les contradictions, les brusques changements de cap, l'horreur de la révolution culturelle ainsi que les excès de zèle qui la caractérisent sont difficiles à suivre, encore plus à interpréter. Tout met à mal la compréhension qu'on peut en avoir, et pourtant, comment ne pas chercher à comprendre ?

« Si seulement tout pouvait avoir des bons et des mauvais côtés ! Pour moi, la révolution culturelle est une exception : elle n'a eu que des mauvais côtés », conclut-elle.

Après tant d'années, après toute une vie consacrée à son travail et à ses enfants, qu'est-ce qui l'avait poussée à remonter le fil du temps, à écrire et à se poser des questions sur cette époque ? Elle avait conscience de passer pour une excentrique. Lorsqu'elle retrouvait ses anciens camarades, c'était toujours elle qui lançait le sujet. Ses amis le toléraient, dans les limites du raisonnable ; ceux qui ne la connaissaient pas y voyaient une provocation et pouvaient s'agacer. Ces derniers temps, elle évitait d'interpeller les gens dont le silence la troublait autant que son honnêteté les dérangeait.

« Personne ne pense comme moi dans le monde réel », confia-t-elle.

Il en allait autrement en ligne. Internet, malgré une censure virulente, avait ouvert un espace permettant d'aborder les sujets délicats qui ne se frayaient qu'à grand peine un chemin jusqu'aux journaux, et encore, sous une forme édulcorée, et qui ne passeraient jamais à la télé. Plus j'écoutais et plus les murmures gagnaient en force. Certains, comme Yu, s'emparaient de ce nouveau support pour continuer à raconter leurs histoires. D'autres s'enhardissaient et prenaient la parole pour la première fois. D'autres encore finissaient par écrire sur le sujet. On se souvient tellement bien des événements les plus lointains ! Nos souvenirs les plus marquants sont ceux que nous formons enfants. Les décennies ont beau passer, nous nous rappelons toutes et tous avec précision les mesquineries et les joies ordinaires de notre adolescence. Au seuil du grand âge, la génération de Yu, qui avait vécu l'impensable, se repenchait sur son passé. Maintenant qu'ils avaient appris ce qu'étaient la douleur et la gentillesse, ils comprenaient enfin l'humiliation et la peur qu'avait pu ressentir le vieil homme tombé en gémissant sous les coups de ses tortionnaires. Sans doute certains voulaient-ils corriger le tir, laisser une trace, une mise en garde. Peut-être fallait-il en parler à leurs enfants, même si ces enfants étaient aujourd'hui des parents – des parents qui avaient besoin de connaître leurs propres parents, qui avaient besoin de savoir ce qu'ils avaient vécu. D'autres frissonnaient, déçus par les excès et l'empressement du présent et, se rappelant ce en quoi ils avaient cru, espéraient que la Chine reprendrait ses esprits et retrouverait la voie maoïste – une perspective qui en horrifiait beaucoup d'autres. On me disait : « Ce n'est pas par haine, ce n'est pas pour faire éclater au grand jour la cruauté des gardes rouges, c'est simplement pour être sûr que ça ne se reproduira pas – même sous une autre forme... La mort de Mao, la chute de la Bande des quatre, c'est comme un temps mort... La partie n'est pas terminée. »

« La plupart des intellectuels s'accordent pour dire que la révolution culturelle n'a eu que des mauvais côtés, m'expliqua Yu. Mais dans d'autres milieux, chez les ouvriers ou les paysans par exemple, beaucoup sont nostalgiques. Pour eux, c'était une époque bénie. Sur dix mille gardes rouges, un tout petit pourcentage – moins de la moitié, moins de dix pour cent peut-être – ont pris le temps de réfléchir à ce qu'ils ont fait. Très peu se sont excusés et très peu ont été jugés pour leurs fautes. Comment vivre en paix avec soi-même sans assumer ses responsabilités, sans revenir sur ce qu'on a fait pendant la révolution culturelle ? Comment peut-on laisser des crimes impunis, comme le fait d'avoir tabassé des gens ou détruit des choses du passé ? Je ne pense pas qu'ils se sentent coupables. J'ai posé la question à certains d'entre eux. » Je n'avais pas de mal à l'imaginer le faire, d'un ton à la fois honnête et provocant. « Je pense même qu'ils se disent qu'ils ont eu de la chance d'avoir fait partie de ceux qui tabassaient plutôt que l'inverse, poursuivit-elle. Personne ne se sent coupable. Pour moi, vu l'absence de réflexion sur le sujet à l'échelle du pays, on ne peut pas leur en vouloir. Les plus violents avaient le même âge que moi ou à peine plus... Comment est-ce possible ? Chaque fois qu'on se retrouve, je leur demande. »

Pour ceux qui n'étaient pas de la bonne origine sociale, l'objectif était d'échapper aux regards soupçonneux. Ils étaient des maoïstes, des vrais, rien ne pouvait les empêcher de faire cracher la vérité aux ennemis du peuple. Petit à petit, même les plus réservés s'étaient laissé emporter par l'adrénaline et un plaisir féroce avait bientôt effacé la peur et le doute. Seule comptait la satisfaction d'en finir avec l'ennemi, que renforçait un sentiment de faire le bien...

Yu aussi y avait cru. Je repensais à mon moi de treize ans, à toutes les filles de treize ans que j'avais connues. Difficile d'être aussi peu préparé qu'un adolescent de cet âge-là. On est si peu sûr de soi, et pourtant on passe son temps à courir après les certitudes. On est jaloux aussi, jaloux du monde des adultes ; méfiant ; difficile à contenter et pourtant si facile à convaincre ; alors qu'on se vexe d'un rien, on a toutes les peines du monde à se rendre compte de la gravité des blessures qu'on peut infliger à autrui. Je repensais à cette disproportion, à cette fébrilité, à cette audace doublées d'indécision et de brusquerie. J'essayais de me représenter Yu et ses amies, des jeunes filles sans doute plus débrouillardes que moi mais tout aussi naïves, des jeunes filles qui ne réfléchissaient pas très loin mais que cela n'intéressait pas. Sans doute s'étaient-elles montrées consciencieuses – je savais reconnaître les enfants appliqués. Malgré son humour et la finesse de son analyse, Yu avait gardé une certaine innocence. Elle hésitait souvent mais sa détermination ne faiblissait pas. Elle avait vécu suffisamment de choses pour savoir qu'il valait mieux éviter certains sujets, tout en étant assez honnête pour ne pas du tout voir ce que la vérité pouvait receler de mal. Elle se souvenait précisément de ce qu'elle avait et n'avait pas fait et se voulait aussi juste que rigoureuse lorsqu'elle exposait aux autres le rôle qui avait été le sien et la sanction qu'elle méritait. Comprendre l'énigme monumentale, insoluble, de ce qui avait rendu possible la révolution culturelle revenait en définitive à se poser une question aussi personnelle qu'inextricable : qui suis-je ?

« C'est sans doute la pire époque de l'histoire de l'humanité. Et moi, j'ai traversé cette tourmente, ces années si spéciales sans subir de persécutions, poursuivit-elle avant de s'interrompre pour réfléchir à sa formulation. D'une certaine manière, je pense quand même avoir eu de la chance d'assister à tout ça. »

Je me retrouvais avec plus de questions qu'au début de notre entretien, mais nous parlions déjà depuis des heures. Yu déclina ma proposition de la déposer chez elle : elle préférait rentrer à vélo malgré la nuit glaciale. Son manteau rembourré ne lui serait qu'un mince réconfort – elle était si menue. Soudain, elle me parut fatiguée.

« J'aurai bientôt soixante ans, me confia-t-elle. Je n'ai plus beaucoup de temps. »

Deux[1]

« Pour pouvoir déterminer [...] les limites où le passé doit être oublié sous peine de devenir le fossoyeur du présent, il faudrait connaître exactement la *force plastique* d'un homme, d'un peuple, d'une civilisation, je veux dire cette force qui permet de se développer hors de soi-même, d'une façon qui vous est propre, de transformer et d'incorporer les choses du passé... »

Friedrich Nietzsche[2]

1. De nombreux détails de ce chapitre sont tirés de l'ouvrage de Paul Clark, *The Chinese Cultural Revolution: A History* (2008). Par ses développements convaincants, cette lecture a fait évoluer la perception que j'avais de ce mouvement et m'a poussée à prendre au sérieux l'art de cette période malgré ses faiblesses les plus évidentes. Je me suis également beaucoup appuyée sur *Art in Turmoil: The Chinese Cultural Revolution, 1966-76*, sous la direction de Richard King (2010). Après mes entretiens avec Wang Xilin, j'ai découvert que Liao Yiwu avait fait un récit poignant de sa vie à cette époque dans *L'Empire des bas-fonds* (traduit par Marie Holzman, Bleu de Chine, 2003).
2. Friedrich Nietzsche, *Seconde considération intempestive – De l'utilité et de l'inconvénient des études historiques pour la vie*, traduit de l'allemand par Henri Albert [1874], Flammarion, « GF », 1988, p. 78.

Tout le monde était pressé. Ceux qui ne connaissent pas la Chine seront sans doute surpris de lire que, malgré toutes les restrictions qui existent dans ce pays, j'y ai éprouvé un étrange sentiment de liberté que je n'avais connu nulle part ailleurs, une énergie brute. Tout le monde était à l'affût, jeunes et adultes confondus. Quelques heureux élus avaient réussi à changer de vie, et les millions de laissés-pour-compte s'attendaient à ce que la même chose leur arrive. Je rencontrai des magnats qui avaient grandi dans la misère, des fonctionnaires ambitieux déterminés à réussir leur ascension sociale, des jeunes hommes qui, quelques semaines après avoir quitté leur village, ressemblaient davantage à des chanteurs de boys band qu'à des paysans ou des ouvriers. Mais aucun de ceux que je croisai ne s'avéra aussi avide et pressé que le compositeur Wang Xilin. À quatre-vingts ans, il était grand, large d'épaules et plutôt mince. Une mèche de cheveux ardoise tombait avec élégance sur son beau visage, qui s'éclaira d'un sourire à mon approche. Il attendait sous les avant-toits rouges de la salle de concert, serrant la main aux gens qu'il connaissait et les invitant à entrer. Au milieu des gratte-ciel et des routes bondées de l'ouest de la ville, le Conservatoire central de musique de Pékin faisait l'effet d'une oasis. Son bâtiment principal, un immeuble récent et massif, surplombait des constructions plus basses. Derrière ce rempart, l'air paraissait plus doux et plus calme, la brise faisait voler les chatons des saules, des roses poussaient sur une barrière, les martinets fendaient le ciel. On marchait moins vite. Le site détonnait dans la capitale : ce lieu hors du temps avait des allures de petite ville.

Le quartet de Wang tranchait violemment avec la douceur de cette soirée de printemps. Sobre et anguleux, avec de longs passages au violoncelle qui installaient une sombre course-poursuite quasi cinématographique, il gagnait en agitation, en fébrilité puis en vigueur, devenant oppressant à force. À la fin du concert, après un temps d'hésitation, les applaudissements retentirent. Le programme distribué à l'entrée ne s'étendait pas sur la musique en tant que telle, préférant mettre à l'honneur la biographie du compositeur et retracer sa carrière depuis ses études au conservatoire de Shanghai en 1962. Les phrases « Wang revient à Pékin au début de l'année 1978, après la révolution culturelle. Il a alors quarante-deux ans… » étaient si évasives qu'elles en devenaient drôles.

De fait, cette ellipse temporelle avait toute sa raison d'être. Les ravages de la révolution culturelle avaient surtout concerné le monde de la culture. Même si c'est souvent le cas, il n'est pas tout à fait juste de la faire commencer avec la Circulaire du 16 mai, qui dénonce la présence de contre-révolutionnaires au sein du Parti et appelle à les éliminer. Le point de départ de ces années de massacres de masse et d'oppression est plutôt la critique accablante d'une pièce publiée dans la presse shanghaïenne plusieurs mois avant la Circulaire, critique révisée pas moins de trois fois et dans le plus grand secret par Mao en personne[1]. La pièce, intitulée *La Destitution de Hai Rui*, racontait l'histoire d'un fonctionnaire de la dynastie Ming condamné à mort pour avoir accusé l'empereur de mener son peuple à la catastrophe. Mao et d'autres y virent une allégorie, un hommage rendu à Peng Dehuai, un membre éminent du Parti qui avait été éliminé pour avoir osé remettre en cause le Grand Bond en avant. Cette lecture était en partie un prétexte. En partant du dramaturge, qui était lui-même un cadre haut placé du Parti, il suffisait de suivre les logiques de pouvoir et d'influence pour, de mécène en mécène, remonter assez vite à Liu Shaoqi, alors président et héritier présomptif de Mao, sur qui ce dernier gardait un œil depuis qu'il avait émis des réserves sur le Grand Bond en avant. Quoi qu'il en soit, le mouvement était surtout un appel à l'action. La Circulaire du 16 mai visait les membres âgés du Parti (Liu et Deng Xiaoping furent par la suite explicitement nommés), qu'on accusait de ne pas vouloir se soumettre au prolétariat mais aussi de laisser « le champ libre à tous les génies malfaisants [qui] depuis de nombreuses années [...] envahissent journaux, émissions radiophoniques, périodiques, livres, manuels scolaires, conférences, œuvres littéraires, cinéma, théâtres, *quyi* [contes et romans chantés], beaux-arts, musique, danse, etc.[2]. »

1. Voir *La Dernière Révolution de Mao. Histoire de la Révolution culturelle, 1966-1976*.
2. *La Grande Révolution culturelle prolétarienne - Recueil de documents importants*, *op. cit.*, p. 137.

Les années suivantes, les plus grands écrivains, artistes et musiciens chinois furent humiliés ou anéantis. Lao She, un des auteurs les plus en vue, fut retrouvé noyé chez lui après l'assaut donné à sa maison par des gardes rouges. Gu Shengying, une jeune pianiste talentueuse et célèbre, se suicida au gaz[1]. Lu Hong'en, chef de l'orchestre symphonique de Shanghai et ancien professeur de Wang, fut exécuté. Au début de l'année 1966, Shanghai comptait trente-cinq théâtres professionnels ; à la fin de la même année, il n'en restait plus qu'un. Les collections privées de tableaux et d'objets historiques furent brûlées ou détruites par les gardes rouges. Les ouvrages étrangers et réactionnaires furent brûlés ou mis au pilon. Au début du mouvement, les tableaux à la gloire de Liu Shaoqi étaient parmi les premières cibles. Mais la forme était tout aussi politique que le fond. Les penchants contre-révolutionnaires d'un artiste pouvaient se voir aussi bien dans son style que dans son histoire. On pouvait juger un livre sans même l'avoir lu et arrêter quelqu'un sans le connaître puisque l'origine sociale faisait tout. Un roman français, un manuel américain, le fils d'un propriétaire terrien, la femme d'un fonctionnaire du KMT : tous se trouvaient du mauvais côté de l'Histoire.

Wang Xilin aussi.

*

1. Ding Zilin donne un récit touchant de la vie et de la mort de sa camarade de classe dans « Three People Deeply Imprinted on My Memory », 8 avril 2001 : hrichina.org/en/content/4665.

Cette obsession pour les livres et ce besoin de contrôler la culture étaient inscrits dans l'ADN du Parti. Ses racines plongeaient dans une souche d'autoritarisme plus ancienne qui cohabite depuis très longtemps avec la vénération chinoise pour l'apprentissage. Qin Shihuang, le premier empereur de Chine, fit brûler des livres et, précisait Mao avec fierté, « n'enterra vivants que 460 lettrés confucéens. Nous en avons enterré 46 000[1] [...]. » En 1942, plusieurs années avant que le Parti prenne le pouvoir, Mao avait présenté sa vision lors des causeries sur la littérature et l'art à Yan'an, la base communiste. Les années à Yan'an, qui se situent après les souffrances de la Longue Marche et avant que le pouvoir ne corrompe tout, sont souvent considérées comme une période bénie pour le PCC – une période de fraternité entre des individus travailleurs et dévoués à la cause. Dirigeants et gens du peuple vivaient ensemble dans des maisons troglodytes, leurs vêtements tout aussi usés et rapiécés, les raids aériens les affectant de la même manière ; le week-end, ils dansaient et jouaient aux cartes. Mais ce fut aussi le théâtre du premier mouvement idéologique de masse, qui permit à Mao de renforcer son pouvoir et de faire la chasse aux influences soviétiques, éliminant par la même occasion un rival soutenu par

1. Citation de Zhengyuan Fu, *China's legalists: The Earliest Totalitarians and Their Art of Ruling*, M.E. Sharpe, Armonk, 1996, p. 129, *in* Laurent Murawiec, *L'Esprit des nations. Cultures et géopolitique*, Odile Jacob, 2002, p. 89.

Moscou. Le modèle était défini pour la suite : la ruse et la cruauté avec lesquelles il fit face aux défis ; la torture et le meurtre de fidèles communistes par leurs propres camarades ; la volonté de refaçonner le peuple par des réformes de la pensée, des séances de lutte (ou de critique), des autocritiques, des purges systématiques et des chasses aux sorcières. Ce fut l'occasion d'affiner des techniques comme la pression publique, l'isolement orchestré, l'ostracisme, dans l'objectif d'anéantir l'opposition puis de lui redonner vie pour à nouveau mieux la bannir ou l'intégrer à la majorité – en s'assurant au passage de sa reconnaissance. On exhortait les familles à déshériter leurs proches ou à les forcer à avouer leurs fautes. Dans sa phase finale, le mouvement vira à la paranoïa : des milliers de cadres furent démis de leurs fonctions voire exécutés, au motif que le Parti était gangrené par les espions et les traîtres. Ces techniques et ces manières de faire, perfectionnées au fil du temps, atteignirent leur apogée vingt ans plus tard, au moment de la révolution culturelle.

Tout au long de la campagne de Yan'an, les discours de Mao jouèrent un rôle fondamental. Il précisa par exemple la manière dont les intellectuels devaient servir le Parti et façonner la conscience des masses. Dans une société aussi hiérarchisée et peu instruite, exiger de l'art qu'il « parle au peuple » était un argument convaincant. Mao demanda aux créateurs de respecter la culture populaire et de s'en inspirer tout en innovant. Mais la culture était une arme, elle n'était pas là pour faire plaisir. Vaincre l'ennemi serait avant tout une entreprise militaire, assurait-il ; cependant, l'armée régulière ne suffirait pas. Il fallait mettre sur pied une « armée culturelle », un élément « indispensable » dans la lutte pour l'unité et la victoire[1].

La littérature et l'art étaient des composants de la machine révolutionnaire. L'art n'avait pas vocation à explorer mais à s'assurer qu'elle suivait la bonne voie. Au Parti incombait la tâche d'identifier et de résoudre les problèmes de position de classe, d'attitude, de réception par le public et de production artistique des créateurs. Beaucoup de camarades avaient pris trop de libertés avec la ligne officielle, tranchait Mao d'un air sombre avant de rappeler qu'« il n'existe pas, dans la réalité, d'art pour l'art, d'art au-dessus des classes, ni d'art qui se développe en dehors de la politique ou indépendamment d'elle[2] ». Ces mots, qui sonnaient la fin de la liberté de création, accouchèrent de nouvelles formes artistiques. Les soldats de cette armée culturelle, qu'on forma à obéir à tous les ordres qu'on leur donnait, devaient créer des œuvres destinées aux masses.

Wang Xilin aussi.

*

1. Mao Tsé-toung, *Écrits choisis en trois volumes*, « Interventions aux causeries sur la littérature et sur l'art à Yenan », *op. cit.*, p. 151.
2. *Ibid.*, p. 173.

Lorsque je lui rendis visite chez lui, quelques jours après le concert, il s'empressa de servir le thé, puis il régla ses appareils auditifs et rapprocha sa chaise de moi. « Révolution culturelle. Frapper », lança-t-il en anglais en montrant une de ses oreilles avec un grand sourire.

Il était enjoué, énergique et, ce qui ne manquait pas de me troubler, riait volontiers de la folie ayant présidé aux épisodes les plus traumatisants de son histoire personnelle. J'avais déjà pu me rendre compte que l'humour était un mécanisme de défense courant. Pour ceux qui se plongeaient dans le passé, il était moins risqué de traiter cette époque avec légèreté – personne ne les accuserait de nourrir de vieilles rancœurs ; il était également moins risqué de ne pas trop réfléchir à ce qu'on leur avait fait. Wang, lui, semblait prendre un réel plaisir à raconter les moments les plus absurdes de sa vie.

Il avait grandi à des milliers de kilomètres de Pékin, dans un environnement agricole. Les rares visiteurs qui s'arrêtaient à Pingliang, une ville située le long de la route reliant Lanzhou à Xi'an, au nord-ouest de la province du Gansu, avaient toujours mieux à faire ailleurs. Il faut dire qu'il n'y avait pas grand-chose à voir : un petit hôpital catholique, l'école primaire protestante où Wang étudiait et chantait des cantiques occidentaux et un théâtre en bois tout miteux. Et pourtant, il était subjugué par les costumes et le vacarme rythmé des opéras qu'on y jouait – il était surtout bouleversé par le sentiment d'amertume qui dominait, comme il le comprit bien plus tard. Les gentils finissaient toujours par subir de terribles injustices.

Son père était un fonctionnaire du KMT ; sa mère, élevée dans la tradition, avait les pieds bandés et n'était guère instruite. En 1948, alors que Wang avait dix ans, son père mourut et la petite famille tomba dans la misère. C'en était fini de l'opéra, ils en furent même réduits à vendre leurs meubles pour se nourrir. Un an plus tard, à l'occasion de la libération de la Chine par le PCC, une troupe pour les arts et la culture aux armées passa par la ville de Wang. Leur énergie bouillonnante l'attira hors de son école ; le temps que sa mère s'en rende compte, il se trouvait déjà à Lanzhou, à plusieurs centaines de kilomètres de son foyer, œuvrant au divertissement des soldats. Quand on lui avait donné un uniforme militaire et de la nourriture, sa raison avait dit non mais ses pieds et son ventre avaient été les plus forts. C'était aussi simple que ça.

Wang s'attacha à cette nouvelle famille et à la musique qu'elle lui avait apporté. Les cours étant sommaires, il se forma tout seul. Rapidement, il sut jouer de l'*erhu*, cet instrument à deux cordes qu'on retrouve dans la musique chinoise traditionnelle, mais aussi du trombone et de l'accordéon. Par la suite, il apprit la trompette, le tuba et les percussions. En 1955 (il avait dix-huit ans), son talent lui valut d'être transféré dans une école militaire de musique à Pékin. Les concerts s'y succédaient, mettant en scène des musiciens hongrois, polonais, la compagnie de danse du Drapeau rouge... C'est là qu'il entendit *Le Lac des cygnes* pour la première fois, mais aussi Beethoven, Vivaldi, Brahms, un peu de Debussy et Chostakovitch. Deux ans plus tard, il fut reçu au conservatoire de Shanghai pour étudier la composition.

Il ne fut pas le plus assidu des étudiants, impliqué qu'il était dans toutes les campagnes politiques du moment – comme celle pour laquelle il alla dans les rizières avec les paysans, creusant des fossés et transportant de l'eau avec eux. Bientôt, il se retrouva à la tête de la Ligue de la jeunesse communiste. On vit alors ce beau et grand jeune homme vêtu d'une chemise de l'armée parcourir le campus en tous sens. Il était dévoué au Parti et à l'Armée populaire de libération et méprisait ceux qui ne pensaient qu'à la musique. Lorsque la campagne antidroitière visant les intellectuels et les cadres éclata, il ne cacha rien de l'aversion que les personnes rétrogrades sur le plan politique lui inspiraient. Lorsqu'un autre mouvement s'attaqua aux professeurs, il les critiqua à l'aide d'affiches en gros caractères. Malgré son amour pour la musique occidentale, il craignait que le capitalisme ne contamine le campus.

Mais un petit bout de son esprit et de son cœur résistait. Voyant ses camarades le dépasser, maîtriser de nouveaux instruments, gagner des prix, il sentit son ambition personnelle et ses vieux instincts bourgeois se réveiller. Éconduit par une pianiste aussi belle que talentueuse, il passa une nuit entière à marcher sous la pluie en pleurant – une réaction qui le faisait aujourd'hui sourire. Il décida alors de vouer sa vie à la musique. Trois mois durant, il travailla d'arrache-pied, si bien qu'il réussit à terminer sa première symphonie pour la remise des diplômes. Elle fut jouée pour la première fois trente-sept ans plus tard…

Sur ce, Wang s'interrompit, se leva et disparut dans une pièce pendant si longtemps que je finis par me demander s'il ne m'avait pas oubliée. Mais il revint avec une pile de papiers jaunis qui faisait dans les cinq centimètres d'épaisseur : la partition originale. La date à laquelle il avait terminé chaque mouvement était soigneusement notée au crayon sur la première de couverture. Le dos de l'ouvrage était en lambeaux mais le reste était intact. Il avait été caché pendant la plus grande partie de la révolution culturelle au fond d'une bassine à riz, grâce à une des connaissances de Wang qui, en dépit des risques encourus, avait compati à sa situation.

La surdité et l'enthousiasme de Wang me valaient une conversation hurlée plutôt que parlée, avec des pics sonores aussi brefs que soudains. Souvent, j'avais du mal à savoir s'il était en colère ou simplement en verve. Lorsque je lui demandai ce qui avait condamné sa symphonie, s'il s'agissait plutôt d'une question de style musical ou de son statut à lui, j'eus à peine besoin de sa réponse. Son visage s'assombrit et le volume monta aussitôt d'un cran : « Ils fouillaient les maisons ! Vous comprenez ? Ils confisquaient tout ! C'était dangereux pour mes amis de cacher quelque chose comme ça. Ils n'avaient aucune idée de ce que c'était ! Vous ne pouvez pas comprendre. Vous êtes une enfant ! » rugit-il.

Puis il éclata de rire et s'excusa. « Posez-moi toutes les questions que vous voulez, je tâcherai d'y répondre. »

Pourquoi la symphonie n'avait-elle pas été jouée avant ou après la révolution culturelle ?

« Elle est trop tragique, elle ne correspond pas à leurs exigences, m'expliqua-t-il. Elle n'est pas assez optimiste. Le Parti veut de la musique joyeuse pour chanter ses louanges et moi, j'aime la musique triste. Ils nous commandaient de la musique optimiste, positive, des éloges panégyriques. C'est toujours le cas aujourd'hui. Vous connaissez l'histoire du Parti communiste ? Ils veulent mettre en valeur la Longue Marche, rappeler l'expérience merveilleuse que ç'a été. Pour moi, c'est une expérience horrible car beaucoup de gens sont morts. Mais il ne faut pas le dire. Tout doit être positif. »

Une fois diplômé, il rejoignit l'orchestre de la station de radiotélévision centrale, qui n'avait rien du havre de paix auquel il s'attendait. La politique était omniprésente, avec toujours plus de nouvelles campagnes, comme « Apprendre de Lei Feng », un mouvement dans lequel un modeste soldat se vit catapulter modèle d'altruisme et devint le parfait rouage dans la machine communiste. Lorsqu'en 1963 Mao lança le mouvement d'éducation socialiste et invita les subalternes à renverser « de l'eau chaude » sur leurs supérieurs pour les « nettoyer », Wang s'en donna à cœur joie. Les responsables qui se comportaient bien prirent des douches agréables tandis que les autres furent ébouillantés.

« Je sais maintenant que c'était le moyen pour le président Mao de régler ses comptes avec Liu Shaoqi », me confia-t-il.

Wang, qui passait ses nuits à s'informer sur les dernières directives, jugea ridicules les instructions encadrant la démocratisation de la culture. Comment un orchestre symphonique, qui devait travailler sa maîtrise technique, pouvait-il être proche des masses ? Que pouvait-on faire de plus quand on travaillait à la radio et qu'on rendait déjà la musique accessible au public ? Comment l'engagement politique d'un musicien pouvait-il importer davantage que ses capacités artistiques ? Plein de condescendance, il parla pendant deux heures à la réunion du lendemain. Il reprocha à ses supérieurs de se repaître de tous ces mouvements politiques et de penser aux campagnes à venir plutôt que de travailler leur technique ou de faire leur travail. Sa fidélité au Parti et son expérience militaire parlaient pour lui ; il ne craignait rien.

Une centaine de collègues assistaient à la réunion. Il fut le seul à prendre la parole.

« Le seul ! Ils en étaient tous passés par d'autres mouvements. Ils savaient, moi pas. J'étais trop naïf. »

*

Les campagnes de rectification avaient commencé à Yan'an ; une fois à la tête du pays, Mao se montra encore plus résolu à nettoyer la culture chinoise. « Que cent fleurs s'épanouissent et que cent écoles de pensée s'affrontent ! » déclara-t-il à la fin des années 50. Pourtant, lorsque la parole se libéra, il se révéla moins indulgent que prévu et foula ces fleurs au pied. La contestation l'avait-elle choqué par son ampleur ? Ses injonctions n'avaient-elles jamais eu d'autre finalité que de piéger ses détracteurs ? Toujours est-il qu'il déchaîna la terrible campagne antidroitière, qui fit des ravages dans les rangs du Parti et bien au-delà. Des penseurs et des artistes de premier plan furent harcelés, déshonorés et chassés de leur poste ainsi que de leur foyer. Le célèbre poète Ai Qing fut envoyé en camp de travail dans le désert du nord-ouest du Xinjiang, où il passa des années à récurer des toilettes. Sa famille le suivit dans son exil ; son fils, l'artiste Ai Weiwei, se rappelle qu'ils avaient dû creuser un carré sous le niveau du sol pour y vivre. Wang n'avait pas pu ne pas s'en rendre compte : sa propre sœur, cadre sans beaucoup de responsabilités dans le Gansu, avait été l'objet d'une purge et de persécutions si violentes qu'elle avait sombré dans la folie. Ils devaient avoir leurs raisons, s'était-il dit. Quant à son frère, il était mort de faim dans un camp de rééducation, une victime parmi les dizaines de millions de personnes sacrifiées sur l'autel du désastreux Grand Bond en avant – pour lequel Wang avait pris fait et cause. En Chine, on parlait (et on parle encore) des « trois années de difficultés » lorsqu'on évoque cette famine. Comment Wang aurait-il pu se douter que le désastre était d'origine humaine ? Ou que l'armée, qui s'était si bien occupée de lui, finirait par se retourner contre lui ?

« J'étais persuadé que les problèmes de ma sœur n'avaient rien à voir avec moi. C'est pour ça que j'ai été audacieux, que j'ai critiqué les cadres, expliqua-t-il. Je n'ai pensé aux conséquences qu'une semaine plus tard, quand les gens ont commencé à dire que mes positions étaient anti-Parti. J'ai eu très peur, c'était un crime grave. »

Le mouvement d'éducation socialiste a été le précurseur de la révolution culturelle. Mao voulait remodeler le monde, à commencer par ceux qui l'habitaient. Il ne s'agissait pas uniquement de transformer les structures de pouvoir mais aussi les perceptions et les penchants. L'art était à la fois la cible et l'outil de ces bouleversements radicaux. À Yan'an, Mao avait ordonné que la littérature et l'art servent d'« armes » pour unir le peuple, élever sa conscience et anéantir l'ennemi. La culture révolutionnaire, qui préparait le terrain pour la révolution, devint un champ de bataille clé lorsque celle-ci fut lancée. Dans ce monde grossièrement marxiste, l'art bourgeois n'était pas juste un mal, il représentait un danger réel. Pour construire une nouvelle utopie, les masses devaient se débarrasser des habitudes et des privilèges du passé mais aussi des goûts et des intérêts cultivés jusqu'alors.

Wang avait révélé ses vrais penchants, il fallait donc qu'il soit rééduqué. D'abord, il reçut des avertissements gentils. Il avait pris position pour les droitiers, mais il était jeune. Peut-être serait-il mieux inspiré d'y réfléchir à deux fois ? Que faisait-il de la bienveillance de l'armée et du Parti ? Des trois mille paysans qui avaient travaillé pour lui permettre d'en arriver là ? Wang pleura de honte devant son égoïsme. Il écrivit un long texte dans lequel il retraçait ses erreurs et exprimait sa gratitude. Il mit deux heures à le lire, assis sur une table de ping-pong dans la salle de répétition. Lorsqu'il eut fini de lister tous ses échecs, ses collègues se levèrent et crièrent : « Critiquons Wang Xilin ! Son autocritique est un cri de guerre contre le Parti communiste ! À bas Wang Xilin ! »

« J'avais été lâché dans l'océan des persécutions. C'était un vrai désastre », conclut-il.

Ce fut la première d'une série de dix séances. À chacune, il devait se tenir face à une centaine de personnes qui le critiquaient à tour de rôle. La vie était encore plus dure en dehors des séances : personne ne lui adressait la parole. Même celles et ceux qui l'escortaient jusqu'aux salles réquisitionnées pour l'occasion ne communiquaient avec lui qu'au moyen de petits messages. Parfois, les responsables lui parlaient gentiment, comme pour le rassurer. Ils l'encourageaient à donner le nom de ceux qui partageaient ses idées fausses. Ce n'était pas tant pour les punir, simplement il était important de corriger leur manière de penser. Après sept séances de lutte, Wang écrivit trois ou quatre noms ; le petit groupe fut aussitôt rebaptisé « clique contre-révolutionnaire ». Ses collègues, qui craignaient jusque-là d'être déclarés complices, se mirent dès lors à le mépriser d'avoir trahi ses anciens amis.

La dernière séance fut présidée par un haut responsable à la voix si basse que la foule devait se taire si elle voulait l'entendre. Il avait fouillé le passé de Wang et y avait trouvé un père acquis au KMT et une sœur contre-révolutionnaire. Wang était issu d'une classe réactionnaire. Ses huit ans à l'armée étaient une couverture. C'était un saboteur. Wang craqua. Toutes ses tentatives pour s'en sortir n'avaient servi à rien. Lentement mais sûrement, le processus complexe des séances et des confessions l'avait mené à la disgrâce. Il avait l'impression de s'être fait piéger dans un hachoir à viande : une fois le bouton allumé, il n'y avait plus d'échappatoire.

Il fut renvoyé de la Ligue de la jeunesse communiste et exilé dans le Shanxi. Ceux qu'il avait identifiés comme des sympathisants finirent ailleurs, à l'exception d'un individu qu'on traita avec une certaine clémence – sa mère avait été renversée par une Jeep américaine dans les années 40. Wang avait perdu sa bonne étoile. « Au début de la révolution culturelle, à cause de ce passif, j'ai été dans les premiers à me faire critiquer. »

*

En Chine, condamner les opposants et les disgraciés à l'exil était une tradition datant de l'époque féodale, une pratique impériale de plus que le Parti perpétuait avec joie. Pendant des millénaires, ceux qui, après avoir déplu à des responsables politiques, ne se faisaient pas décapiter, étaient envoyés aux marges de l'empire dans des endroits souvent sinistres. Malgré les honneurs posthumes que certains avaient reçus, Wang n'y voyait rien de très rassurant.

Datong était une ville qui avait jadis disposé d'un beau patrimoine bouddhiste. Mais en 1964, Wang arriva dans la crasse d'une énième cité minière. Les immeubles sans charme y étaient battus par un vent glacial arrivant tout droit de la Mongolie. Les droitiers avaient été envoyés ensemble dans les lointaines régions de l'Ouest; Wang, lui, se retrouvait seul. Le jeune homme jadis exubérant s'efforça de se faire pardonner. Il accomplissait les tâches les plus physiques, se portait volontaire pour vider les toilettes, aller chercher de l'eau et traîner les charges les plus lourdes. Séance après séance, il fit faire leurs premiers pas dans le monde de la musique à de parfaits débutants, un travail monotone. Il composa une pièce pour chœur en l'honneur des cadres locaux. En vain.

L'avenir se refusait à lui. L'angoisse le gagna. Début 1966, il fut interné dans un hôpital psychiatrique. Six mois plus tard, on le laissa sortir alors que ses symptômes n'avaient pas évolué. On avait besoin de lui. Dehors, la révolution culturelle faisait rage. On se retournait contre collègues ou voisins par ferveur idéologique, animosité personnelle ou simple pragmatisme: il fallait faire étalage de sa détermination à éliminer les ennemis politiques. Le nom de Wang étant déjà entaché, il paraissait plutôt sensé de le prendre pour cible. À sa sortie de l'hôpital, des affiches le dénonçant l'attendaient. Il partit directement en prison.

Le lendemain matin, lorsqu'il vit qu'un ami était venu l'accompagner à sa première séance de lutte, il s'émut du risque encouru et de ce geste de soutien. Mais bientôt, ils arrivèrent au stade et son ami le poussa au milieu de la foule. Wang comprit alors que ceux qui avaient été proches de lui seraient les pires car ils devaient mettre de la distance entre eux. Les six mois pendant lesquels il avait été persécuté à Pékin ne l'avaient pas préparé à ce qui l'attendait. Ses tourmenteurs avaient alors fait preuve de raffinement : ils l'avaient blessé avec des mots. Les violences étaient désormais physiques et quotidiennes. « À l'époque, on aimait bien tabasser les gens », précisa-t-il avant d'ajouter en anglais en étouffant un rire : « Très moderne ! »

Les séances de critique étaient des performances soigneusement orchestrées, avec d'un côté les victimes, leur grand bonnet d'âne, leur corps tordu dans des positions improbables et des défilés destinés à les humilier toujours plus, et de l'autre des chœurs de dénonciation. On faisait prendre aux condamnés la pose de l'avion, tête et buste penchés en avant et bras tendus en arrière en un simulacre du supplice de l'estrapade. Les bourreaux faisaient preuve d'une créativité infinie : ils mettaient des vases sous les bonnets en papier pour que les nuques s'inclinent, ils accrochaient autour du cou de leurs victimes des lourdes pancartes en bois avec du fil de fer qui entaillait les chairs… Les femmes devaient porter des colliers de vieilles chaussures (*poxie* en chinois) car c'était ainsi qu'on appelait les femmes de mauvaise vie. Ces rituels mis en scène avaient pour objectif d'amener à un déchaînement de violence physique, qui constituait le point culminant de la séance. Wang fit le dos rond pour me montrer comment, un jour, il avait pris la position de l'avion, debout au milieu d'autres victimes sur un banc aussi long que haut et étroit, tandis que la foule leur crachait au visage, leur jetait des objets et les frappait. Lorsque son corps s'était mis à trembler trop violemment pour qu'il puisse tenir plus longtemps, il était tombé par terre et s'était fait rouer de coups. Il en était ressorti le visage tuméfié, sa veste rembourrée mise en pièces. Le plus dur était l'attente. Il trouvait bien pire que la douleur ou l'humiliation le fait de rester assis pendant des heures à attendre qu'ils décident de la prochaine victime, qu'ils prononcent son nom. Chaque fois qu'il entendait « Wang Xilin ! », il sursautait et paniquait. « J'ai la même réaction aujourd'hui si j'entends quelqu'un crier mon nom dans la rue. »

Au début, il s'était dit que les séances seraient cathartiques, il avait cru le président Mao lorsqu'il exhortait la foule à unir ses forces et à aider les personnes égarées à corriger leurs erreurs. Mais il s'était rendu compte qu'elles n'œuvraient à aucune unité, pas plus qu'elles ne servaient à corriger les manières de penser : « Je n'aidais personne. Tout ce qu'ils voulaient, c'était nous tabasser jusqu'à ce que mort s'ensuive. »

Ses persécuteurs faisaient feu de tout bois. Ses hymnes à la gloire du Parti étaient une preuve de plus de sa culpabilité. Lorsque, pour transposer en musique le pénible travail de son unité de production, il avait fait le choix de rythmes pesants, il avait selon eux rendu lugubre un engagement aussi joyeux qu'assidu. Il n'avait pas glorifié leur travail, il avait accusé le Parti de les épuiser.

Sa première séance de critique ouvrit la voie aux pires années de la vie de Wang. Levant la tête pour lire les affiches exposant ce dont on l'accusait, il sentit une terreur immense s'abattre sur lui. Au même moment, quelque chose d'extraordinaire eut lieu : « Malgré l'environnement dans lequel je me trouvais, je sentis mes problèmes psychiques s'envoler », m'expliqua-t-il. Le désespoir n'a pas sa place quand on lutte pour sa survie.

*

En 1968, les campagnes s'intensifièrent. Il fut installé, avec sept autres captifs, dans une étable, « la pièce des fantômes noirs » ; de fait, ses camarades et lui oublièrent peu à peu qu'ils étaient des êtres humains. Ils rampaient sur un plancher jonché de bouts d'ongle pendant qu'on les insultait et qu'on les frappait. Dès que la séance se terminait, il retournait travailler, luttant pour que son corps épuisé lui obéisse et transporte des seaux d'eau à travers les coteaux gelés.

Par une nuit glaciale, ses tourmenteurs le firent sortir de sa prison, lui bandèrent les yeux, le bâillonnèrent et le tirèrent jusqu'à un champ où ils le firent tourner sur lui-même. Ils le jetèrent ensuite dans un trou et le recouvrirent de terre jusqu'au cou. Puis ils le déterrèrent et se mirent à le tabasser jusqu'au sang. Il comprit alors qu'il mourrait à Datong. « Beaucoup d'entre nous se sont suicidés – "ont été suicidés" », se reprit-il. Qui la vie d'un ennemi politique intéressait-elle ? Les mous et les indécis, ceux qui ne croyaient pas vraiment. Mais Wang refusait de se suicider car il savait qu'il ne serait pas innocenté. Il ne voulait pas être un criminel mort de plus. Il voulait vivre.

On le ligota et on l'exhiba de village en village; à chaque fois, il fut battu et insulté. En hiver, la température pouvait atteindre moins vingt degrés. La faim grondait. Il échafauda des plans pour s'enfuir mais n'alla jamais jusqu'au bout. Il avait vu les affiches condamnant à mort les fugitifs, il savait qu'il serait débusqué et ramené à la case départ. Plus tard, quand il entendit parler de ceux qui, bravant la noyade et les requins, avaient rallié Hong Kong à la nage depuis Guangzhou, il les envia. Il se trouvait dans le Shanxi, loin à l'intérieur des terres, où aurait-il pu s'enfuir ? Il ne savait pas comment et pourquoi il tenait là où tant d'autres avaient été brisés. En revanche, il savait qu'un jour il raconterait ses souffrances. Il savait qu'il tirerait une symphonie de son histoire.

*

Lorsqu'ils vinrent le chercher, ils le trouvèrent debout à l'arrière d'un camion censé l'emmener à la campagne pour subir d'autres séances de critique. Un responsable local ambitieux qui voulait monter un opéra modèle avait écumé la zone à la recherche de quelqu'un d'expérimenté; son choix s'était arrêté sur Wang. Un des voisins de Wang dans le camion fut abattu peu de temps après, tandis qu'un vétéran de la guerre de Corée qui les surpassait tous en endurance, en force et en courage se jeta dans un puits. Plus tard, lorsqu'il en reparla avec eux, les habitants de Datong lui assurèrent que, s'il était resté, il n'aurait pas survécu. Il aurait eu 80 % de chances d'y passer. Selon eux, l'issue la plus heureuse pour lui aurait été de devenir fou.

Personne ne pouvait se mettre en travers des persécutions. Pour Wang, ceux qui se tenaient à l'écart et regardaient toute cette violence sans y participer étaient des modèles de bonté. Se détourner des victimes était un acte de charité sans commune mesure. De toutes ces années, il se souvenait d'une seule bonne action. Il tenait la position de l'avion depuis trois heures : ses muscles tremblaient, sa sueur coulait, son visage dégoulinait de crachats, sa gorge le brûlait. Quand la séance finit par arriver à son terme, une vieille femme profita d'un instant de calme pour lui faire boire de l'eau de cuisson. Le liquide avait beau être chaud et trouble, ce geste de rien du tout fut l'occasion pour lui d'un timide moment de soulagement. Un geste de bonté. Quant à la seconde « chance » que lui offrit le cadre mélomane, elle n'éveilla en lui aucune gratitude: «Je ne voyais plus que ce qu'il y avait de mauvais dans la société. Pour eux, ma vie ne valait rien, ils avaient simplement besoin de moi pour faire de la musique.»

Les destructions occasionnées par la révolution culturelle étaient le premier acte du plan de Mao. Pour lui, création et éradication exigeaient le même sérieux. Remodeler le monde – et les êtres humains – supposait la création de nouvelles œuvres. Les nobles, les poètes et les jeunes filles gracieuses des représentations traditionnelles cédèrent alors la place à d'héroïques secrétaires du Parti et à des combattants révolutionnaires. Alors que le pays sombrait dans le chaos et la violence, Zhou Enlai, encore Premier ministre, formulait les nouveaux principes du ballet et Mao pinaillait à propos du titre d'un opéra modèle. Sa femme, Jiang Qing, originaire de Shanghai où elle avait été une actrice de cinéma sans grand talent, se transforma en une redoutable révolutionnaire à l'origine du concept des «soldats de l'art»[1]. Elle s'abattit comme une trombe sur le monde de la culture, donnant son avis sur les chorégraphies, le maquillage, les scénarios – elle allait jusqu'à appeler les auteurs en pleine nuit pour qu'ils changent telle ou telle phrase. On raconte qu'un opéra fut entièrement refilmé après

1. Voir *The White-Boned Demon: A Biography of Madame Mao Zedong* de Ross Terrill (1984).

qu'elle eut décidé que le rouge du foulard de l'héroïne ne lui plaisait pas.

Pour le dire avec humour, il y avait en tout et pour tout « huit opéras modèles pour 800 millions de personnes ». On doit à Ba Jin, le célèbre auteur, une formulation plus mordante : « Une seule fleur s'épanouit dans le jardin des arts chinois ; et encore, elle était en plastique[1]. » Il y avait de quoi se moquer. Les causeries de Yan'an avaient posé les bases de modèles-types dans les domaines artistiques et obligé la littérature et l'art à être « plus sublime[s], plus intense[s], plus concentré[s], plus typique[s], plus près de l'idéal et, partant, d'un caractère plus universel que la réalité quotidienne[2] ». Les héros devaient être extrêmement héroïques, les méchants extrêmement méchants. La solidarité révolutionnaire triomphait de tous les obstacles. Dans les arts visuels, une marche à suivre dictait ce que devaient être les sujets mais aussi le style et les règles de composition. En peinture, une lumière devait émaner de Mao, « soleil rouge dans nos cœurs ». L'art, notamment lorsqu'il représentait Mao, devait être « rouge, vif et brillant ».

Les disciplines artistiques semblaient souvent en totale inadéquation avec le message qu'elles véhiculaient. Aujourd'hui, il est difficile de s'imaginer

---

1. Ba Jin, *Random Thoughts*, traduit par Geremie R. Barmé, Hong Kong, Joint Publishing Company, 1984.
2. Mao Tsé-toung, *Écrits choisis en trois volumes*, « Interventions aux causeries sur la littérature et sur l'art à Yenan », *op. cit.*, p. 167.

ce qu'un public pouvait bien tirer d'un spectacle de danse intitulé *Contester un verdict est tout sauf populaire*. A posteriori, l'inadéquation est encore plus prononcée. Ainsi, la reprise du *Détachement féminin rouge* à laquelle j'ai assisté, avec ses ballerines, leurs arabesques et leurs fusils, a été pour moi une expérience à la fois déconcertante et comique – la nostalgie que le public semblait éprouver renforçant mon sentiment d'étrangeté. J'ai été sensible au charme de certains tableaux, comme celui où une longue ligne de soldates avance sur scène, leurs jetés fendant l'air comme une lame. Si on s'attache à ce qu'elles avaient de meilleur, ces créations étaient, même fugitivement, à la fois puissantes et originales. Elles mêlaient formes traditionnelles prestigieuses, arts populaires et mises en scène novatrices afin d'être plus accessibles et plus poignantes. On faisait la part belle aux arts de masse comme la musique populaire et les villages étaient encouragés à donner des représentations, ce qui contribua à créer un nouvel espace public. D'une certaine manière, ces opéras annonçaient l'avènement de la culture pop : ils plaisaient à un large public et étaient reproductibles à l'infini. Jiang Qing veilla tout particulièrement à ce que les femmes occupent le devant de la scène et incarnent des personnages forts ; ainsi, ses révolutionnaires convaincues mirent au placard les jeunes filles en mal d'amour et les mères craintives.

Les artistes qui, comme Wang, étaient à l'origine de ces nouvelles créations les prenaient très au sérieux. Le compositeur vivait désormais à Changzhi, un endroit misérable du sud du Shanxi où les rares paysans instruits ne connaissaient rien ni aux arts ni à la culture. Datong, d'où il venait, avait au moins pour elle d'être une ville. Mais le commissaire politique de son nouveau lieu de résidence avait décidé qu'il lui fallait des opéras modèles de haut vol puisque « Jiang Qing [était] la dame à Mao ». Il avait des vues ambitieuses, extravagantes mêmes. Après avoir écumé la région, il mit sur pied une troupe de musiciens et d'artistes dont il grossit les rangs avec des habitants de Changzhi sans formation. Cent vingt personnes furent ainsi rassemblées. Les paysans locaux ne comprenaient rien à ce qu'on leur demandait. Personne n'avait jamais vu de ballet. Avant l'arrivée de Wang, aucun membre de la troupe ne savait lire une partition.

« Des gens qui dansaient sur leurs pointes, des instruments de musique occidentaux comme le violon, un orchestre, tout était nouveau pour eux. Sans l'action d'un pouvoir politique, ces endroits arriérés n'auraient jamais entendu parler de ces choses-là, consentait Wang. C'était une forme de progrès. Sinon, ils n'auraient jamais rien compris à Tchaïkovski ou au *Lac des cygnes*. »

Les adolescents de la troupe détestaient leur nouveau chef, qu'ils trouvaient beaucoup trop exigeant. Il les faisait répéter à l'infini, eux qui avaient déjà du mal à tenir leurs pointes. Wang se procura un métronome pour forcer ses danseurs mécontents et titubants à être en rythme. Il mêla les paroles de l'opéra modèle validé par le pouvoir central à des airs d'opéra du Shanxi populaires dans la région tout en faisant de vagues emprunts à la technique classique. Le spectacle commença à attirer l'attention et à être joué dans d'autres provinces, où des musiciens plus talentueux purent être recrutés et eux aussi jouir d'une seconde chance. Wang souffrait toujours de terribles cauchemars mais la peur avait reflué. Les opéras du Shanxi étaient une belle source d'inspiration. Il n'écrivait pas le genre de musique qui lui plaisait mais, au moins, il créait.

*

Une fois de plus, le hasard voulut que Wang doive sa promotion suivante à Jiang Qing. Alors que la révolution culturelle battait son plein, contre toute attente, elle avait rappelé à ses côtés le musicien Li Delun, un communiste de la première heure accusé d'appartenir à une des cinq catégories noires. Lui et l'Orchestre philarmonique central échappèrent à la mort en créant et en interprétant des pièces révolutionnaires pour leur nouvelle mécène. À la fin de cette décennie de folie, lorsque Jiang fut derrière les barreaux, Li consacra le restant de ses jours à réhabiliter la musique classique : la *Symphonie n° 5* de Beethoven qu'il dirigea en 1977 marque symboliquement le début d'une ère nouvelle, plus libre[1]. Heureusement pour Wang, Li était tou-

1. Voir *Rhapsody in Red: How Western Classical Music Became Chinese* de Sheila Melvin et Jindong Cai (2004).

jours à la recherche de nouveaux talents ; après avoir entendu parler de lui, il fit le voyage jusqu'à Changzhi pour le rencontrer et le ramener à Pékin.

Sur le piano de Wang, on pouvait voir des photos de sa fille et de ses parents. L'image la plus frappante était un portrait de lui l'année où il était revenu de son exil. L'air sauvage, il faisait plus que son âge actuel : un Heathcliff aux yeux sombres et dérangeants, aux cheveux emmêlés par le vent et au visage buriné. Son appartement, avec son intérieur d'intellectuel pékinois tout ce qu'il y avait de plus classique, se trouvait dans un immeuble d'apparence miteuse, sans ascenseur, coincé au milieu d'autres immeubles de petite taille passés de mode. L'endroit était lumineux, propre et tranquille, à l'opposé du fouillis qu'on peut trouver chez les personnes âgées – vieux flacons de médicaments, clés sans cadenas, fleurs en plastique, tout un fatras que collectionnent les survivants en prévision de la prochaine catastrophe. Avec ses murs blancs, son balcon végétalisé et ses plumes de paon dans un vase, l'appartement de Wang était accueillant. Une composition inachevée était étalée sur la table ; des dizaines de crayons à papier identiques, tous taillés avec un soin confinant au sadisme, se dressaient dans des bocaux. Dans la salle de bains, une timbale en plastique contenait sa fausse dent, témoin des violences qu'il avait vécues. Après son retour, il avait trouvé une place au conservatoire, s'était marié, avait divorcé, avait élevé sa fille. Il avait surtout étudié et travaillé.

Il avait la même soif que des millions de Chinois, une soif de vie et d'art, un besoin d'être stimulé intellectuellement. La révolution culturelle avait certes permis à un large public de profiter de certains arts, mais beaucoup s'étaient sentis privés de leurs plaisirs d'avant. Les étudiants s'échangeaient en cachette des exemplaires interdits de vieux romans européens ou des manuscrits recopiés à la main. Avec le retour à la normale, tout le monde voulut tout expérimenter. La concurrence qui avait toujours sévi dans l'enseignement supérieur s'intensifia. Lorsque le Conservatoire central de musique de Pékin rouvrit ses portes, dix-huit mille personnes se battirent pour quelques centaines de places. L'ère glaciaire qu'avait connue la culture sous Mao arrivait à son terme en ce printemps 1977. Les livres prohibés réapparurent. Une exposition de nus connut un immense succès. Wang vibrait et frémissait au son de la musique occidentale et de ses compositeurs préférés – Beethoven, Tchaïkovski, Prokofiev et Chostakovitch – mais aussi d'artistes qu'il ne connaissait pas car ils avaient très tôt été évincés: « Ils avaient notamment très peur de Stravinsky. »

L'art avant-gardiste avait le vent en poupe. Les idées audacieuses aussi. Les étudiants et leurs enseignants se mirent à parler de libéralisme et de démocratie. Le pays s'ouvrit aux étrangers qui le visitèrent, apportant avec eux de nouveaux échos et manières de penser. Les plus anciens membres du Parti avaient beau s'inquiéter et tenter, par à-coups, de juguler la tendance – en visant par exemple les cheveux longs et les jeans, de dangereux marqueurs occidentaux, dans un mouvement intitulé « Campagne contre la pollution spirituelle » –, la soif de nouveauté semblait la plus forte. « Pour redresser quelque chose, on est obligé de le courber en sens inverse ; sinon, on ne peut le rendre droit », écrivit Gao Minglu, rédacteur en chef de la revue *Art*, dans un texte devenu célèbre[1].

Wang avait peur qu'il soit trop tard pour lui ; la révolution culturelle lui avait volé sa jeunesse. « Plus j'étudiais, plus je les haïssais… Je voulais apprendre un art qui me permette d'exprimer toute cette colère que j'avais en moi. »

Il se fixa un programme de rattrapage : d'abord Bartók et Stravinsky, puis Schönberg, Webern, Berg et leur musique dodécaphonique, et enfin Penderecki et les autres compositeurs du bloc communiste. Son exploration méthodique lui réserva des surprises. Ainsi, il n'apprit l'existence du minimalisme, apparu aux États-Unis à l'heure de sa première disgrâce, qu'à la fin des années 80. Il l'entendit donc dans un contexte très différent de celui de sa création mais il s'en inspira quand même. Pour autant, sa musique ne

1. Gao citait, non sans malice, une phrase que Mao Zedong avait prononcée en mars 1927 dans laquelle il détournait l'expression chinoise « courber en sens inverse aux fins de redresser », traditionnellement connotée négativement car elle traduit une forme d'excès et une rupture par rapport à l'ordre établi (voir Mao Tsé-toung, *Rapport sur l'enquête menée dans le Hounan à propos du mouvement paysan*, *op. cit.*, p. 10, 57, 58). (*Note complétée par la traductrice.*)

donnait pas l'impression qu'elle était calquée sur cette source, elle était à son image. Un de ses admirateurs américains le compare à Haydn, qui vécut une grande partie de sa vie à la cour des Esterházy, où il considère avoir été « isolé du monde [...] ; force [lui] fut donc de devenir original[1] ».

La rupture nourrissait la créativité. Les gens se jetaient sur les films, l'art et la musique dont ils avaient été privés pendant deux décennies. Le Parti ne cherchait plus à mettre la littérature et l'art au service des masses : ils étaient désormais au service de la modernisation. La cinquième génération de réalisateurs vit le jour, celle de Zhang Yimou et de Chen Kaige, dont le talent n'est plus à démontrer. En 1985, la nouvelle vague des arts visuels fit sensation. Au Conservatoire de Pékin, Wang comptait parmi ses élèves un certain Cui Jian, qui devint bientôt le « parrain du rock » en Chine. Quant à lui, ce fut dans les dissonances de Schönberg et d'autres qu'il trouva la langue à même d'exprimer ses souffrances. Sa musique se fit plus tranchante, plus sombre, plus puissante. Le ton sinistre des ouvertures dans les symphonies n°3 et n°4, les blocs de son qui font avancer l'œuvre vers son acmé rappellent le style des compositeurs polonais qu'il avait découverts sur le tard. Wang mêla ce qui lui plaisait de cette musique-là aux intervalles propres

1. Interview de l'autrice avec le musicologue John Robison, professeur à la University of South Florida. Il a depuis publié *Wang Xilin, Human Suffering, and Compositional Trends in Contemporary China* (2021).

aux opéras du Shanxi ainsi qu'à tout ce qu'il avait appris là-bas : la noirceur, l'hypocrisie et le mal.

Autour de lui, le débat politique s'échauffait et certains gagnaient en assurance. Wang finit lui aussi par se défaire de sa méfiance durement acquise : il écrivit deux textes critiques sur le maoïsme, le second au moment où des vagues d'étudiants s'installaient sur la place Tian'anmen. « Rien à t'offrir », une des chansons de Cui Jian, son ancien élève, devint un des hymnes du mouvement.

Wang ne me parla ni de cette année-là ni du massacre par le Parti des manifestants prodémocratie, qui se solda par des centaines voire des milliers de morts et qui anéantit tout espoir politique. Les bourgeons de la culture allaient devoir attendre avant de s'ouvrir, le contrôle se resserrait. Les discours officiels condamnèrent la nouvelle vague. La Chine se coupait du monde. La symphonie que Wang composa cette année-là n'a pas de nom, seulement un numéro, comme la plupart de ses œuvres. Pendant la révolution culturelle, les œuvres sans titre étaient hautement suspectes : on y voyait une marque d'arrogance et de petit plaisir bourgeois. Une œuvre devait avoir un intitulé expliquant clairement ce qu'elle voulait dire aux masses. Mais cette année-là, une œuvre sans titre était peut-être encore ce qu'il y avait de plus sûr.

Lorsque Wang aborda le sujet, je le trouvai irritable. Peut-être la période était-elle encore trop sensible ? Il coupa court à mes questions et se mit à me parler de sa symphonie pour le nouveau millénaire. Comme il se répétait, je me demandai s'il n'avait pas oublié notre première rencontre. J'essayai de le dire gentiment mais il s'agita; je me reculai donc dans mon siège.

« Je ne vous ai pas tout dit la dernière fois », annonça-t-il lorsqu'il eut retrouvé son calme.

En 1999, Wang jouissait à nouveau des faveurs du Parti. L'âge sombre de l'après-Tian'anmen avait pris fin avec l'avènement d'une économie de marché. C'était désormais à qui ferait le plus preuve d'esprit d'ouverture et d'innovation. Le gouvernement pékinois commanda une pièce censée marquer le passage au nouveau millénaire à deux compositeurs, dont Wang. Sa fusion des traditions musicales chinoises et de la musique contemporaine occidentale n'avait plus rien de radical ni de dangereux: elle était époustouflante de modernité. Il lui suffisait de repenser à toutes ces années gâchées et à toutes les occasions perdues d'apprendre pour s'énerver. Mais il avait un emploi stable, un appartement à Pékin, une fille adulte. Au petit matin, il dormait enfin d'un sommeil moins agité.

Les autorités étaient prêtes à débourser un demi-million de yuans (environ cinquante-cinq mille euros) pour que la plus belle pièce qu'il avait jamais écrite soit jouée. Un beau matin de novembre, il se retrouva donc de bonne heure dans la salle de répétition. L'Orchestre symphonique de Pékin se tenait au complet devant lui. Le chef d'orchestre lui avait demandé de leur dire quelques mots sur sa *Symphonie n° 4*. « J'ai pensé que c'était le moment rêvé pour dire la vérité », me confia Wang.

Après avoir longuement réfléchi à son discours, il prit la parole et lança de sa voix de stentor : « Beaucoup d'événements importants ont eu lieu au siècle dernier, dont deux guerres mondiales et d'incroyables avancées technologiques... Mais pour moi, il y a eu des choses encore plus importantes. Le vingtième siècle a été celui du communisme. Beaucoup ont poursuivi cet idéal – puis l'ont l'abandonné. »

Des applaudissements retentirent. Mais lorsqu'à une répétition suivante il présenta le même discours, une des personnes qui l'entendit ne s'en tint pas là. Ils n'auraient pas besoin d'aveux : ils l'avaient enregistré. Le concert fut annulé. On prétexta que le chef d'orchestre était malade.

« Plus personne ne venait me voir. Plus personne ne m'invitait à aucun concert. Plus personne ne voulait jouer mes compositions. J'étais devenu *persona non grata*, conclut-il. On m'a ignoré. Mis à l'écart. Ça m'a complètement abattu, j'en crevais d'angoisse. Je ne pouvais plus travailler au conservatoire, je ne pouvais plus rien publier. J'étais furieux mais je ne pouvais même pas exprimer ma rage. » Les méthodes avaient changé, la punition était bien plus douce, et pourtant l'intention était la même que pendant la révolution culturelle. Wang l'aurait reconnue entre toutes.

Le nouveau monde de la culture, à quelque niveau que ce soit, était à la fois différent et familier. Mon regard se posa sur une carte postale coincée entre deux étagères : Audrey Hepburn y figurait en lunettes et casque blancs Courrèges, sa tenue dans *Comment voler un million de dollars*. Le film était sorti en 1966, l'année où le maoïsme avait atteint de nouveaux sommets. À l'Ouest, à une galaxie de là, 1966 rimait avec le mannequin Twiggy, le film *Blow-Up*, l'album des Beatles *Revolver*, celui des Beach Boys *Pet Sounds*, celui de Dylan *Blonde on Blonde* ; mais aussi avec l'acide, Andy Warhol et le quartier Haight-Ashbury à San Francisco[1]. En Chine, trois ans après la mort de Mao, une revue avait fait l'objet d'une controverse nationale pour avoir reproduit une photo de Richard Chamberlain embrassant en tout bien tout honneur sa partenaire à l'écran dans une reprise de *Cendrillon*. Selon les mots d'un correspondant, il s'agissait d'un acte « décadent et capitaliste destiné à empoisonner l'esprit de la jeunesse ».

Au fil des décennies suivantes, ces mondes s'étaient percutés puis avaient partiellement convergé. Il était désormais possible de voir des films chinois légers et bien huilés dans lesquels l'héroïne cherchait à savoir qui l'avait mise enceinte. Les prix délirants des œuvres d'art contemporain chinoises – ainsi que la bêtise et la nature répétitive de beaucoup d'entre elles – laissaient entrevoir à quel point la commercialisation galopante pouvait être une menace tout aussi sérieuse que la

1. Paradoxalement, le maoïsme se révéla très populaire au sein du mouvement de la contre-culture de cette époque ; selon les mots de Julia Lovell dans *Maoism: A Global History* (2019), il n'était pas simplement perçu comme « une doctrine anti-impérialiste mais également comme un mouvement de rébellion mené par la jeunesse ».

censure politique. Les romans les plus subversifs traitaient de travail du sexe et d'addiction. Des membres de l'armée se filmaient en train de danser en formation au son de tubes de l'été affligeants. Dans le même temps, une série en trente épisodes en l'honneur de Jiao Yulu était annoncée : elle devait retracer l'histoire de ce cadre du Parti exemplaire dont Mao avait fait l'éloge et qui était mort d'un cancer du foie et de surmenage. Les commanditaires ne ménagèrent pas leurs efforts. Un réalisateur me supplia d'acheter la version non expurgée, qui était illicite, avant qu'il s'attelle aux quatre cents modifications qu'on lui avait soumises pour la sortie officielle. Les cinéastes étrangers avaient pour ordre de filmer les gratte-ciel plutôt que la pauvreté des villes chinoises. Les drames familiaux devaient éviter de recourir aux voyages dans le temps, une approche de l'histoire jugée frivole. Les scènes d'adultère étaient tolérées tant que les maîtresses paraissaient malheureuses. Ces décrets ressortaient autant d'une forme de mémoire procédurale que de décisions politiques. Les gentils vivaient heureux et les méchants malheureux : voilà ce que l'art devait montrer. Mais de nouvelles consignes n'arrêtaient pas de pleuvoir. À l'approche de la fête nationale et pendant les deux mois qui suivaient, à la télé, les premières parties de soirée devaient mettre à l'honneur patriotisme et antifascisme. Dans les émissions portant sur la révolution, il fallait pouvoir identifier amis et ennemis sans l'ombre d'un doute. Petit à petit, l'espace créatif se réduisait.

La symphonie que Wang n'avait jamais pu faire jouer finit par être montée à Taïwan. Le quartet auquel j'avais assisté était la première de ses œuvres à être jouée au Conservatoire de Pékin plus de treize ans après sa déchéance. Alors que sa musique résonnait partout dans le monde – à Rome, Rotterdam, Tokyo, Genève –, on l'entendait à peine en Chine.

*

La plupart des survivants de la révolution culturelle ont appris à composer avec leur époque. Pire que ça : ils font exactement ce qu'on attend d'eux tout en suggérant que c'est précisément ce qu'ils avaient en tête. Mieux valait alors se taire ou mentir. C'était plus sûr. Wang, quel que soit le sujet, est pour sa part très attaché à la vérité. Un jour, je lui ai apporté une tarte aux fraises achetée dans une pâtisserie française qui venait d'ouvrir en me disant que cela plairait peut-être à son côté cosmopolite. « Je n'aime pas ça », m'a-t-il lancé sans une once de méchanceté. Son honnêteté semblait instinctive plutôt que réfléchie – c'était compulsif.

À la fin de cet après-midi-là, sa fille passa la tête dans l'entrebâillement de la porte. Compositrice elle aussi, elle avait gagné des prix dont il m'avait parlé en détail et vivait en Allemagne. C'était elle qui avait envoyé la carte postale d'Audrey Hepburn. Elle était aussi passionnée que son père mais faisait preuve de plus de réserve ; lorsque Wang s'éclipsa, elle m'examina pendant un moment. Nous avions le même âge, nous vivions toutes les deux à des milliers de kilomètres de nos parents et nous étions inquiètes pour eux. C'est peut-être pour ça que je l'attendais au tournant. Elle finit par lancer: « J'espère que vous ferez… attention avec ce qu'il vous a raconté. »

Mais ce n'était ni son histoire à elle, ni la mienne.

Le matin même, un avertissement avait été émis par un haut gradé: la culture n'avait pas pour seule mission de défendre les valeurs socialistes, elle devait « envoyer des messages constructifs et positifs[1] » à son public. Le communisme était une utopie, un pari sur l'avenir; voir les choses d'un mauvais œil était donc subversif. La vision maoïste d'un chaos égalitaire s'était vu remplacer par le « rêve chinois » de Xi, basé sur la prospérité matérielle et une fierté nationale grandissante. Et pourtant, il fallait continuer à regarder loin devant plutôt qu'en arrière et se concentrer sur les points forts plutôt que sur les zones d'ombre. L'art chinois devait rester rouge et brillant. Ce qui n'était pas – et ne serait jamais – le cas de la musique de Wang. Elle se nourrissait de l'ombre de l'époque à laquelle il avait vécu. « Personne ne me le demande, personne ne m'oblige à le faire mais je dois dire la vérité. Le sujet n'est pas clos. »

Pourtant, Wang aussi allait de l'avant. À peine voyait-on son visage se transformer sous l'effet de la

1. Citation de Liu Qibao, alors chef du département de la communication du comité central du Parti, reproduite par l'agence de presse officielle Xinhua le 14 septembre 2014.

colère ou de l'amusement que ses traits changeaient à nouveau, une émotion en chassant rapidement une autre. Il était perpétuellement en quête de nouvelles idées, de nouvelles aventures, de nouvelles choses à apprendre, à explorer. C'était un passionné de musique et de cinéma. Il me soumettait les dernières phrases qu'il avait apprises dans son manuel d'anglais et me confia même qu'il aimerait bien retrouver une compagne. Mais, sur le plan politique, il n'avait pas appris de ses erreurs. Peut-être qu'il en était incapable ? Son besoin d'être entendu, de savoir qu'on jouait ses concertos et ses symphonies et que des critiques s'intéressaient à son travail, son envie d'enseigner à la nouvelle génération comptaient moins que sa volonté de dire ce qu'il avait à dire. Malheureusement, il lui serait impossible de conserver les faveurs d'un large public s'il exprimait tout ce qu'il avait sur le cœur. Il avait trouvé sa voix mais il lui était difficile de s'en servir. Il pouvait occuper la place dont il rêvait et jouir du prestige d'être compositeur tant qu'il n'écrivait pas la musique qu'il aurait vraiment voulu écrire et, surtout, tant qu'il ne disait rien de ce qui lui brûlait la langue. La situation l'indignait, le déroutait peut-être – il était donc possible d'être brillant et de rester dans l'ombre ? – mais elle ne le surprenait pas.

Lors de notre dernier rendez-vous, je le trouvai particulièrement enthousiaste. Je ne l'avais pas vu depuis quelque temps : il était parti faire un voyage en Europe avec sa fille, du côté de l'Autriche et de la Pologne. Un voyage musical ? proposai-je. Qu'avait-il visité ?

« Auschwitz ! » tonna-t-il en souriant de toutes ses dents. Sous le coup de la surprise, je restai muette. Évidemment, me dis-je après avoir pris congé et poussé de l'épaule la porte en acier de son immeuble pour laisser le soleil entrer dans le hall obscur. Ça devait être incroyable, exceptionnel même, de se souvenir de tout.

Trois[1]

> « Sans droit au souvenir,
> la liberté d'oublier n'existe pas. »
>
> Chang Ping

Par un beau ciel bleu, un des rares jours[2] où le brouillard de pollution était resté cantonné derrière les Collines parfumées et où la ville, dans sa netteté, semblait déborder de promesses, je gravis les marches du musée national de Chine. Loin au-dessus de ma tête,

1. Pour en savoir plus sur la mémoire sélective de la Chine, sur l'acceptation tacite de la censure officielle et sur la réécriture de l'histoire, voir Yan Lianke, « Sur l'amnésie d'État en Chine », *New York Times*, 1er avril 2013. Voici ce que le romancier écrit : « Petit à petit nous nous habituons à l'amnésie et nous remettons en cause les gens qui posent des questions » (*in* Sebastian Veg, « La création d'un espace littéraire pour débattre de l'ère maoïste », *Perspectives chinoises* [En ligne], 2014, mis en ligne le 1er janvier 2017. URL : journals.openedition.org/perspectiveschinoises/6933). *Les Années fastes*, un roman dystopique de Chan Koonchung (traduit par Denis Bénéjam, Grasset, 2012), explore de manière convaincante cette amnésie collective.
2. Plus si rares que ça : la qualité de l'air pékinois s'est énormément améliorée.

les drapeaux rouges brillaient sous le soleil. Le musée se trouve sur la place Tian'anmen, juste en face du palais de l'Assemblée du Peuple – là où toutes les cérémonies politiques d'importance ont lieu. À sa droite se dresse le portrait de Mao[1], qui mesure 4,5 mètres sur 6 mètres et pèserait 1,5 tonnes[2]. En quittant l'enceinte de murs ocre et en descendant l'avenue de la Paix éternelle, ses successeurs s'exposent donc à son regard vigilant. Mao continue à surplomber soldats et touristes se prenant en photo, tout comme il avait surplombé les gardes rouges lorsque la foule était venue à lui, à l'endroit où un mausolée abrite désormais son corps dans un sarcophage en cristal.

Ce portrait connut plusieurs versions avant que Mao ne l'approuve, à l'apogée de la révolution culturelle. Chaque année, juste avant les cérémonies de la fête nationale, une toile strictement identique à l'ancienne prend sa place. Un doublon est toujours prêt à l'emploi au cas où la toile en place serait abîmée, comme en 1989 lorsque les dissidents la bombardèrent d'œufs (ce qui leur valut plusieurs années de

1. Il n'est pas le seul à avoir joui de ce privilège: un portrait de Sun Yat-sen occupa la même place à la mort de ce dernier puis, entre 1945 et 1949, celui de Chiang Kai-shek – les photographies de la porte à cette époque font un drôle d'effet à qui les regarde aujourd'hui. En 1953, le portrait de Mao fut remplacé par celui de Staline un jour durant pour marquer la mort du dirigeant russe. Depuis, il n'a plus jamais été décroché.

2. Haze Fan et Maxim Duncan, « Reclusive painter keeps Mao spirit alive on Tiananmen », *Reuters*, 30 juin 2011.

prison). Ainsi, quoi qu'il arrive, Mao continuera à surveiller ses successeurs et son pays. Pour beaucoup, son portrait sera là tant que le Parti se maintiendra au pouvoir ; en effet, sa dimension symbolique est si forte qu'aucun dirigeant communiste n'osera jamais l'enlever – même si un ami m'a un jour soutenu qu'à chaque changement la toile rétrécissait de quelques centimètres. J'aimerais partager sa confiance, croire moi aussi que Mao s'amenuise, lentement mais sûrement, à tel point qu'un jour il ne restera plus de lui qu'un portrait de la taille d'un timbre-poste sur la muraille. Mais c'est peu probable. Chaque fois que je passe devant, la démesure du tableau me frappe comme au premier jour.

Cette partie de la ville est le centre politique du pays depuis des siècles. La place Tian'anmen fait face à la Cité interdite, où vivaient les empereurs, le tout orienté sur un axe nord-sud. Mao réussit l'exploit de reprendre cette géographie à son compte tout en la transformant[1]. À l'époque impériale, la place n'était pas accessible au peuple ; elle est aujourd'hui un espace public qui en dit long sur le pouvoir qu'il incarne. Avec ses 400 000 mètres carrés, soit quatre fois plus que par le passé, elle est la plus grande place urbaine au monde. Mao la trouvait pourtant décevante car il aurait voulu un lieu à même d'accueillir un milliard de

1. Dans *Remaking Beijing: Tiananmen Square and the Creation of a Political Space* (2005), Wu Hung revient sur la géographie politique de la capitale et l'histoire du portrait de Mao.

personnes – un chiffre bien supérieur à la population chinoise de l'époque. Le palais de l'Assemblée du Peuple ainsi que les musées de la révolution chinoise et de l'histoire chinoise, des établissements jumeaux à l'origine[1], furent achevés en 1959; ils faisaient partie du même gigantesque programme de construction lancé à l'occasion des dix ans de règne du Parti. Ce règne reposait sur la promesse de lendemains meilleurs mais aussi sur un constat commun: celui du contraste entre ladite promesse et l'indigence de la Chine d'avant. D'immenses musées furent ainsi bâtis tandis qu'on encourageait les ouvriers et les paysans à réfléchir aux injustices de jadis à l'occasion de rituels censés aider « à se souvenir des difficultés du passé et à chérir le bonheur présent ». Chacun devait travailler à développer sa conscience politique. Ceux qui ajoutaient la dernière famine en date à leur liste de doléances étaient rapidement rappelés à l'ordre: par « difficultés du passé », il fallait comprendre ce qui avait eu lieu avant que le Parti accède au pouvoir.

Les immenses colonnes du musée partaient à l'assaut du ciel. Lorsqu'il fut reconstruit à la fin des années 2000, les architectes veillèrent à ce qu'il l'emporte en taille sur tous les autres musées du monde[2]. Avec ses presque 200 000 mètres carrés, il supplante

1. Voir Chang-tai Hung, « The Red Line: Creating a Museum of the Chinese Revolution », *The China Quarterly*, n° 184, décembre 2005.
2. Voir Ian Johnson, « At China's grand new museum, history toes party line », *New York Times*, 3 avril 2011; Aric Chen, « From Mao to Modern », *Architectural Record*, 15 février 2012.

l'Hermitage et le Louvre – il occupe en effet une surface presque quatre fois supérieure à celle du grand musée parisien (espaces de stockage inclus). C'est un bâtiment imposant, d'allure austère, qui traduit la position dominante de ceux qui l'ont fait ériger et renvoie le visiteur à sa propre insignifiance. La plus grande partie du Pékin d'aujourd'hui est construite à cette même échelle : des six-voies encerclent d'énormes immeubles sans le moindre signe distinctif, à l'exception ici et là de faux auvents à la chinoise qui leur donnent un air encore plus dur et incongru. Dans le musée, rien n'est à taille humaine. Les plafonds sont si hauts et les salles si vastes que, le week-end, les visiteurs feraient presque penser à des passagers modèles attendant dans le hall d'une gare.

La place Tian'anmen est un bon témoin de l'histoire chinoise. En 1919, elle accueille le mouvement du 4 Mai et ses cortèges d'étudiants nationalistes ; trente ans plus tard, c'est là que Mao proclame la fondation de la République populaire de Chine ; encore plus tard, c'est à nouveau là que les rassemblements de masse des gardes rouges ont lieu. Les étrangers l'associent surtout à 1989 et à la répression sanglante de manifestants qui militaient pour moins de corruption, plus de réformes et plus de démocratie[1]. Lorsque les

1. Pour le récit de ce bain de sang par un témoin oculaire, voir Robin Munro, « Who Died in Beijing, and Why », *The Nation*, 11 juin 1990. Si l'attention internationale s'est surtout portée sur les victimes étudiantes, beaucoup voire la plupart des personnes tuées à cette occasion étaient des habitants de Pékin qui avaient rejoint le mouvement entre

troupes chinoises ont lancé l'assaut final pour vider la place, des centaines de soldats sont sortis de derrière le musée. En ordonnant à l'armée de pointer ses fusils sur des citoyens chinois, le Parti a fini de trahir son mandat – il faut dire que sa promesse de servir le peuple avait déjà été largement désavouée par la révolution culturelle. Son règne repose désormais sur sa capacité à assurer une certaine prospérité économique et à restaurer un sentiment de fierté nationale. Or plus la prospérité économique vacille, les années de croissance à deux chiffres étant bel et bien révolues et les effets d'un capitalisme rapace se faisant durement sentir, plus la Chine doit miser sur le volet nationaliste. Depuis 1989, le Parti a mis les bouchées doubles en matière d'enseignement patriote, afin que tous les Chinois soient convaincus du triomphe du communisme sur les envahisseurs étrangers[1]. Les manuels ont été réécrits en même temps que se sont ouverts des sites clés de l'histoire rouge. Des bus remplis de cadres du Parti et d'écoliers desservent Shaoshan, le lieu de naissance de Mao, et Yan'an, l'ancienne base révolutionnaire, où le tourisme rouge nourrit à la fois l'économie locale

---

autres pour protéger les manifestants ou qui étaient simplement venus voir ce qui se passait. Pour en savoir plus sur les suites du mouvement et du massacre, voir Louisa Lim, *The People's Republic of Amnesia* (2014), qui montre comment le Parti a depuis tenté d'effacer les événements.

1. Dans *Never Forget National Humiliation: Historical Memory in Chinese Politics and Foreign Relations* (2012), Zheng Wang décrit l'intensification de cet enseignement patriote et cherche à en identifier les causes.

et le récit national : le commerce ne s'y développe-t-il pas main dans la main avec le Parti communiste ? Je commençais à bien connaître ce genre d'endroits et ce que leur méli-mélo de représentations historiques, de slogans, de souvenirs de Mao ou de « canal d'irrigation du bonheur » pouvait avoir de touchant, d'étrange et d'ennuyeux, tout en se voulant héroïque.

Xi Jinping, un enfant de la révolution, a fait sien l'héritage du Parti. Son premier comité permanent du Politburo, l'organe politique le plus important, comptait principalement des « princes héritiers » comme lui – d'autres enfants de grandes figures révolutionnaires. Leur histoire familiale donnait raison à la « théorie de la lignée » formulée par les premiers gardes rouges : les enfants des pères de la révolution étaient les mieux placés pour faire honneur à ce que leurs parents leur avaient légué. « Si le père est un héros, le fils sera courageux... »

La première action publique de Xi après son arrivée au pouvoir fut d'accompagner le comité permanent à la monumentale exposition du musée national de Chine intitulée *Vers une renaissance*[1]. Elle datait de quelques années mais venait tout juste de quitter son lieu de naissance, le musée des affaires militaires – un endroit beaucoup plus modeste. Sur une photo reprise dans tous les médias officiels, on peut voir les sept hommes poser avec un manque de naturel criant qui

1. Wu Gang et Yan Shuang, « Xi Jinping pledges "great renewal of Chinese nation" », *Global Times*, 30 novembre 2012.

aurait pu suffire à leur consacrer une exposition. Pour Xi, *Vers une renaissance* servait de « rétrospective sur la nation chinoise, de célébration de son présent et de déclaration pour son avenir ». Au cœur du récit, on retrouvait les « cent ans d'humiliation » – l'époque où la Chine était sous la coupe des envahisseurs étrangers – ainsi que la « libération » orchestrée par le Parti. C'était l'histoire d'un pays qui avait souffert pendant les guerres de l'opium et qui, plus tard, avait subi des agressions impérialistes ; l'histoire d'un pays à genoux ; l'histoire d'un pays qui, grâce au sacrifice d'héroïques membres du Parti, s'était libéré de ses chaînes et avait reconquis sa gloire perdue. Elle donnait le ton du règne de Xi et illustrait à la perfection les rêves de richesse et de puissance qu'il avait pour la Chine. La dernière pièce était une ode aux splendeurs et au confort modernes : on y voyait une capsule spatiale pour taïkonaute mais aussi une vitrine remplie de téléphones portables. Voilà quelle était la récompense pour avoir œuvré au « socialisme à caractéristiques chinoises », ce superbe euphémisme inventé par les successeurs de Mao auquel certains préfèrent l'appellation « capitalisme léniniste ».

L'exposition se terminait par ces mots : « L'Histoire a prouvé que sans le Parti communiste chinois, la République populaire de Chine et le socialisme à caractéristiques chinoises n'auraient jamais existé. Là où le socialisme a été la seule manière de sauver la Chine, les réformes et l'ouverture sont le seul moyen de développer la Chine, le socialisme et le marxisme. »

Le communisme serait donc la seule manière de parvenir à un tel niveau de confort. Les six dernières décennies sont devenues un flou artistique dont on ne veut retenir que les progrès effectués ; les terribles et meurtriers conflits politiques, eux, ont disparu pour laisser la place à un récit d'inévitabilité historique lénifiant mettant à l'honneur le règne d'un Parti bienveillant. Il ne s'agit pas de l'inévitabilité historique de Marx et de son triomphe du prolétariat ; l'idée à retenir est que, grâce à un pouvoir autoritaire, la Chine a retrouvé sa grandeur. La fusion des musées de la révolution et de l'histoire chinoises en un seul et unique musée national n'a rien d'une coïncidence. Je passai d'une salle à l'autre : l'invasion de la Chine par les puissances impérialistes ; la lutte et l'éveil du peuple chinois ; à la recherche d'une nouvelle voie pour la révolution chinoise... À un moment, je vis une petite fille sur son trente et un jouer avec une bouteille de jus en plastique pendant que sa mère lui expliquait pourquoi la Chine n'avait pas réussi à repousser le Japon : « Pourquoi cet échec ? À cause du KMT... »

L'exposition occupait quatre immenses salles plus une toute petite que j'avais très envie d'explorer, qui s'intitulait « Contretemps et avancées dans l'exploration et la construction socialiste ». On y expliquait avec beaucoup de tact comment, sous le règne du Parti, les Chinois avaient « surmonté bien des obstacles » – sans préciser de quels obstacles il était question, évidemment, et sans s'intéresser aux causes. Cette salle n'avait aucune visée informative ;

au mieux, on y confirmait certaines choses, mais de manière très discrète et très limitée. Seuls celles et ceux qui connaissaient déjà ce pan de l'Histoire pouvaient comprendre ce à quoi on consentait du bout des lèvres. Derrière une vitrine se trouvaient trois documents datant de 1961, une des légendes précisait qu'il s'agissait des « Notes prises par Liu Shaoqi en réunion pendant son enquête à Changsha et Ningxiang, dans la province du Hunan ». C'était en partie grâce aux recherches que ce dirigeant avait menées sur la famine de ces années-là que le Parti avait fini par mettre un terme au désastre ; mais Liu avait ainsi ouvert la voie à ses détracteurs, Mao le premier, ce qui lui coûta la vie pendant la révolution culturelle.

Il n'y avait pas grand-chose sur cette deuxième terrible catastrophe. Une exposition qui trouvait le moyen de présenter une vingtaine de téléphones portables différents n'avait rien d'autre à offrir à la révolution culturelle qu'un petit coin minable, où on ne parlait même pas du mouvement en tant que tel mais de ses conséquences. Une photo de Hua Guofeng, le successeur de Mao, trônait en haut d'un mur, au milieu de photos d'autres dirigeants promus lorsque la Bande des quatre avait été évincée ; sur une autre, on voyait une foule de jeunes gens souriants rassemblés sur la place pour fêter l'événement.

*

Il est aujourd'hui possible d'observer à froid ce phénomène d'« oubli collectif ». Mais ce n'est pas rien d'être le témoin direct d'une telle réécriture. Parfois, elle a lieu en coulisse de déclarations officielles ; clignez de l'œil au mauvais moment et vous la ratez. D'autres fois, les coups de gomme et les corrections sont trop visibles pour passer à côté. D'autres fois encore, ils sont extrêmement choquants. Peu de temps après mon arrivée en Chine, un tremblement de terre dévastateur a frappé le Sichuan, dans le sud-ouest du pays[1]. 90 000 personnes ont été tuées, dont beaucoup d'enfants ensevelis sous les décombres de leur école. Dans la première ville où je suis arrivée, je considérais encore toutes ces morts comme une terrible tragédie. J'étais d'une naïveté ! Je vis des petits corps étendus sur les tables de ping-pong en ciment de terrains de jeux ou à même la rue, des corps que les parents ramassaient et déposaient avec tendresse dans des housses mortuaires. Dans une école où le sol était jonché de cadavres au visage recouvert d'une croûte de poussière, la main d'un petit garçon dépassait des gravats, comme s'il voulait poser une question. La magnitude du séisme avait ravagé la ville ; ailleurs, les écoles s'étaient écroulées là où d'autres immeubles – commissariats, bureaux des responsables politiques – n'avaient pas bougé. À l'échelle de la province, sept mille salles de classe avaient été

1. Les informations que je fournis sur le tremblement de terre et ses conséquences proviennent de mes reportages sur place.

réduites à néant. Pour les parents, des responsables locaux corrompus et négligents avaient cherché à faire des économies, signant par la même occasion l'arrêt de mort de leurs enfants. Leurs questions pleines d'amertume résonnèrent dans toute la Chine et s'affichèrent jusque dans les journaux officiels. Des experts pointèrent du doigt la piètre qualité des bâtiments. L'injustice était si manifeste que le gouvernement alla jusqu'à promettre qu'une enquête serait menée.

Quelques semaines suffirent à ce que les censeurs ordonnent aux médias de ne plus aborder le sujet. Un mois après, la police empêchait les parents d'aller manifester et les responsables politiques passaient les décombres au bulldozer pour qu'il ne reste plus rien à fouiller. Un an plus tard, au moins trois activistes qui avaient essayé de venir en aide à des familles avaient été placés en garde à vue ou emprisonnés, et l'artiste Ai Weiwei, qui avait tenté de dresser une liste des morts, avait dû se faire opérer en urgence après avoir été frappé à la tête par un policier[1]. Ses enquêteurs, malgré de multiples séjours en détention, avaient réussi à obtenir 5200 noms. Lorsque je revins dans une des villes concernées, les parents qui avaient au début tant de choses à dire étaient terrifiés. Des policiers en civil surveillaient les sites et les adresses des

1. Des bénévoles furent placés en garde à vue avec Ai, qui cherchait alors à assister au procès intenté à Tan Zuoren pour avoir enquêté sur la mort d'écoliers.

familles des victimes. Ceux qui souhaitaient encore s'entretenir avec moi le firent en cachette.

Les seuls souvenirs du tremblement de terre qui avaient droit de cité étaient ceux teintés d'héroïsme. J'avais vu des pompiers risquer leur vie pour sauver des gens piégés dans des bâtiments en train de s'affaisser ; j'avais vu des soldats s'aventurer dans des vallées peu sûres ; j'avais entendu des survivants sous le choc et affamés se priver de nourriture pour que les personnes plus proches de l'épicentre puissent en avoir. Mais le fait que la télévision officielle rappelle constamment tous ces moments de gloire alors que la situation était aussi désespérée confinait à l'hystérie et avait de quoi écœurer. La ronde infinie de toutes ces belles images – les équipes de sauvetage essuyant la sueur qui leur coulait au front, les responsables politiques faisant don de leur salaire sur scène – niait la souffrance qui transpirait de partout.

La cruauté avec laquelle on traita les parents était flagrante. Je mis du temps à me rendre compte de l'énorme effort bureaucratique requis, du travail acharné mené durant plusieurs mois. Il avait fallu mettre au pas les familles traumatisées, qui étaient souvent trop choquées et désespérées pour se révolter. La censure avait régné en maître, s'abattant au moindre semblant de commentaire. L'énergie qui aurait pu servir à réaliser des enquêtes et à prévenir une autre tragédie fut employée à effacer toute velléité de discussion. Il n'était pas simple de se souvenir lorsque les responsables locaux l'empêchaient. Il fallait faire preuve de courage et de ténacité. Mais, du point de vue du pouvoir, l'oubli n'était pas non plus une mince affaire, surtout avec tout ce qu'il restait à mettre en place. La liste s'allongeait de jour en jour. « Maintenir la stabilité », le mot d'ordre de Pékin, avait beau parler au plus grand nombre, il fallait rester vigilant[1]. En plus d'évaluer de manière compulsive le niveau de satisfaction, on offrait à certains ce dont ils rêvaient ou manquaient – de l'électricité pour les villageois, un air moins pollué pour les citadins – avec, le plus souvent, un temps de retard, et sans jamais reconnaître que la demande était légitime. Parfois, le Parti se montrait étonnamment souple, comme

1. Pour des raisons évidentes, évaluer l'opinion publique n'est pas chose aisée en Chine. Le meilleur document indépendant en la matière est la série de sondages menés par l'Ash Center for Democratic Governance and Innovation de l'université de Harvard entre 2003 et 2016, dont un résumé figure dans le rapport d'Edward Cunningham, Tony Saich et Jesse Turiel intitulé « Understanding CCP Resilience: Surveying Chinese Public Opinion Through Time » (juillet 2020) : ash.harvard.edu/files/ash/files/final_policy_brief_7.6.2020.pdf. Selon les auteurs, le niveau de satisfaction est bien plus élevé vis-à-vis du pouvoir central que vis-à-vis des responsables locaux ; en 2016, 93,1 % des personnes interrogées se déclaraient satisfaites de Pékin, ce qui peut paraître fou quand on sait à quel point le cynisme est répandu en Chine. Voici la conclusion du rapport : « La censure et la propagande étatiques ont beau être très répandues, cette enquête montre à quel point ce que les citoyens chinois perçoivent comme les réalisations de leur gouvernement évoluent en fonction des changements réels et mesurables en termes de bien-être matériel. » Ce qui veut dire que la satisfaction et l'adhésion doivent être constamment nourries. Et qu'on ne peut pas savoir si l'adhésion se maintiendrait sans la censure et la propagande.

lorsqu'il avait adopté les principes de l'économie de marché. Mais politiquement, aucune souplesse n'était de mise. Même lorsqu'il jugeait certains changements acceptables et qu'il y consentait, il ne le faisait jamais sans souligner sa très grande magnanimité. Et, évidemment, il trouvait menaçants un grand nombre de sujets en apparence anodins.

Sa palette allait bien au-delà de la répression et de la propagande, ce qui ne l'empêchait pas de compter principalement sur ces deux moyens. À la base de tout se trouvait l'amnésie, qu'il fallait entretenir au prix d'un effort éreintant, d'une extrême minutie et d'une discipline de fer. Si une famine avait tué des dizaines de millions de personnes, il suffisait de classifier les archives sur des décennies. Si un accident avait lieu avec le tout dernier train mis en circulation, il suffisait de tenir les journalistes à distance. Si un dissident était emprisonné, il suffisait de faire pression sur sa femme pour qu'elle ne dise rien puis de harceler les proches qui osaient parler. Il suffisait de nettoyer Internet et de bloquer les émissions étrangères. Il suffisait de faire le guet chaque minute de chaque heure de chaque jour. Il suffisait de surveiller une personne, une famille, un village. À l'occasion, comme en 1989, il fallait surveiller des millions de personnes et effacer les souvenirs d'une ville, d'un pays entier. Il fallait se battre contre les pensées, les coins et les recoins de chaque cerveau mais aussi contre les expériences collectives. Celles-là, il fallait les isoler, les circonscrire, les cibler, les éradiquer et les remplacer. La plupart du temps, ça marchait. De très rares personnes parlaient de 1989 et du massacre, et encore, seulement entre amis. Il était donc impossible de relâcher la vigilance. Bao Tong, le plus haut placé des responsables incarcérés pour avoir exprimé leur soutien aux manifestants, me raconta que six policiers en civil le suivaient chaque fois qu'il quittait son appartement : « Deux à pied, deux en voiture au cas où je prendrais un taxi, et deux à moto au cas où la voiture resterait coincée à un feu. » Il avait alors plus de quatre-vingts ans et tous les responsables progressistes avaient depuis longtemps été éliminés du gouvernement. Mais aucun risque ne devait être négligé. Chaque fois que la date anniversaire approchait, il fallait redoubler d'attention. La police se chargeait d'emmener les retraités ailleurs de peur qu'ils ne cherchent à pleurer la mort de leurs enfants en public. Des agents de sécurité interrompaient des dîners privés et empêchaient les universitaires de recevoir. Les censeurs d'Internet moulinaient en continu pour bloquer et supprimer les mots sensibles, notamment sur les réseaux sociaux : d'abord « tanks », « massacre » et « bouleversement », ensuite « pleurer », « bougie » et « souvenir », puis « mot sensible », « personne » et enfin « hier », « aujourd'hui », « demain »[1]... À force, il ne resta plus que des trous,

1. Les consignes de propagande sont tenues secrètes et souvent données oralement, ce qui n'empêche pas le China Digital Times (chinadigitaltimes.net) de faire un excellent travail de veille.

des trous qui happèrent les gens, le temps et les mots « n'oublie jamais ». Il avait fallu persuader une population entière qu'elle avait oublié de son propre chef et qu'il n'y avait plus rien à voir. Il fallait désormais trouver quelque chose pour combler les trous. Il fallait donc recommencer, encore et encore. Qui cherche à instaurer une vigilance éternelle ne le paie pas seulement de sa liberté.

*

En Chine, l'histoire n'est pas une discipline de tout repos. Elle est inscrite dans la trame de la culture impériale. Chaque dynastie a écrit la chronique de celle qui l'a précédée, des annales qui servent davantage de leçon de morale que d'archives : l'histoire du XIe siècle compilée par un haut fonctionnaire lettré du nom de Sima Guang à la demande de l'empereur s'intitule par exemple *Miroir général pour aider le gouvernement*. Selon l'écrivain Hu Ping, « l'histoire est la religion des Chinois [...] comme nous n'avons pas de critère transcendant pour distinguer le vrai du faux ou le bien du mal, l'histoire est pour nous le juge ultime[1] ».

Le Parti a raffiné cette tradition à l'extrême. Pour lui, l'histoire ne sert pas à archiver, encore moins à

1. Zheng Wang, « In China, "History Is a Religion" », *The Diplomat*, 16 juin 2014.

débattre, c'est un outil[1]. Indéfiniment adaptable, il sait revêtir une apparence immuable, comme nous le montrent les impératifs du jour gravés dans le marbre et les faits récents censés découler d'un processus logique et inexorable. La vie ne saurait être différente de ce qu'elle est. Les cinq mille ans de civilisation chinoise ont amené ce pays à cet état de prospérité, à sa montée en puissance sur la scène internationale et au règne du Parti. Sans les récipients en bronze présents au sous-sol du musée national, il n'y aurait ni les tracts ni les drapeaux communistes exposés quelques étages plus haut et encore moins les Audi et les iPad du monde du dehors. La contingence et les contradictions du passé sont hors sujet. La vérité est ce qui sort de la bouche du Parti et ce qu'il choisit de retenir ; moins la chose est plausible et plus cela assoit son omnipotence – l'effronterie est à elle-même sa propre récompense. (Le Parti n'est pas le seul à l'avoir compris : dans les *Mémoires historiques*, un ouvrage du Ier siècle av. n. è., un eunuque ambitieux de la dynastie Qin appelle un cerf un cheval pour identifier les fonctionnaires gouvernementaux qui lui obéiront

1. Gao Xiang, le dirigeant de l'académie chinoise d'histoire – fondée par Xi Jinping en 2019 pour promouvoir la vision de l'histoire selon le Parti – a par exemple écrit que « les chercheurs en histoire ne devraient pas être des observateurs détachés de l'époque et des tendances qu'ils étudient » et « la recherche en histoire doit guider le pouvoir et nourrir le peuple ». Voir Chun Han Wong et Keith Zhai, « China Repackages Its History in Support of Xi's National Vision », *Wall Street Journal*, 15 juin 2021.

aveuglément. Il épargne ceux qui se rangent à son avis et fait exécuter les autres[1].) Lorsque la Chine soumit sa candidature pour accueillir les Jeux olympiques d'hiver en 2022, elle proposa une cérémonie d'ouverture inspirée de la Grande Muraille, le point « de rendez-vous et d'intégration des différentes cultures chinoises [...]; le symbole du désir de paix de la population chinoise ». Le plus long et le plus célèbre ouvrage défensif du monde, construit pour protéger la Chine des barbares, devint ainsi l'emblème de l'amitié internationale sans que quiconque trouve à y redire. Voilà qui faisait de la Chine l'hôte parfait ; en accueillant les Jeux, elle rendrait son histoire encore plus reluisante et montrerait à ses citoyens qu'elle était une nation glorieuse respectée par ses pairs.

Pour un observateur extérieur, la répétition *ad nauseam* des fameux « cinq mille ans d'histoire » trahit surtout les ruptures et les discontinuités. Le début de *L'Épopée des Trois Royaumes*, un des plus grands romans chinois, commence d'ailleurs ainsi : « Ce qui fut longtemps divisé doit assurément, un jour, retrouver son unité. Et ce qui, longtemps, fut uni, doit un jour, fatalement, se diviser à nouveau[2]. » Mais le Parti a gommé les catastrophes infligées par Mao à la Chine et grossi celles imputables aux étrangers. Lorsque des

1. Voir Victor Mair, « Pointing at a Deer and Calling It a Horse », *Language Log*, 30 août 2020 : languagelog. ldc.upenn.edu.
2. Louo Kouan-tchong, *Les Trois Royaumes*, Livre I, traduit du chinois par Nghiêm Toan et Louis Ricaud, Flammarion, 2009, p. 17.

manifestations ont eu lieu à l'ambassade du Japon en 2012 à cause d'îles convoitées par différents pays en mer de Chine orientale, la police, bien loin de vouloir arrêter qui que ce soit, a ouvert la voie – une tactique déjà utilisée lors de troubles causés par des mouvements nationalistes. J'ai vu les manifestants arriver en bus, faire un tour ou deux autour du bâtiment (en agitant, pour certains, des pancartes à l'effigie de Mao) puis repartir comme ils étaient venus. De nouveaux récits rapportant les atrocités de la guerre ont été publiés, les archives ont déclassifié des milliers de documents et les médias officiels ont réinterviewé des survivants de cette époque. Xi a mis en place une journée de commémoration en l'honneur du massacre de Nankin, qui vit périr des centaines de milliers de civils lors de l'invasion sanglante de la ville[1]. Le sentiment antijaponais est bien réel en Chine : les horribles crimes de guerre, les personnalités politiques de droite ouvertement bellicistes ainsi que les démentis, les dérobades et les provocations du camp nationaliste du côté japonais y sont pour quelque chose. Mais les autorités chinoises sont complices. Les voix les plus critiques ne manquent pas de souligner l'hypocrisie qu'il y a à s'étendre sur les crimes des voisins alors qu'on ne dit rien des catastrophes que la Chine ne

1. Le terrible récit qu'en fait Iris Chang dans *Le Viol de Nankin. 1937 : un des plus grands massacres du XXe siècle* (traduit par Corinne Marotte, Payot, 2007) a contribué à faire de son ouvrage une référence en la matière et à rappeler ces atrocités à tous les pays du monde.

peut s'imputer qu'à elle-même, souvent bien plus meurtrières[1]. Ce sentiment est très pratique pour le Parti. Et peut-être qu'en effet les Chinois ont besoin qu'on reconnaisse un traumatisme vécu par au moins une partie d'entre eux. D'une certaine manière, ces humiliations et ces désastres infligés par des forces extérieures servent de dérivatif à des hontes bien plus grandes.

Aucun pays n'est tout à fait honnête lorsqu'il parle de son passé. En Chine, on ne comprend pas toujours pourquoi le traumatisme de l'ère maoïste dont traite Jung Chang dans son roman *Les Cygnes sauvages* a à ce point choqué les Occidentaux alors que les récits d'esclavage ne leur font apparemment rien. Les États-Unis, qui se veulent le garant de la démocratie, copinent avec des dictateurs, renvoient ou éliminent des dirigeants élus et aident à mener des purges anti-communistes meurtrières. La « ville brillant sur la colline » de Reagan préfère ne pas revenir sur l'origine de sa richesse et de sa liberté actuelles, à savoir l'extermination des Premières Nations et la mise en esclavage de populations africaines. En Grande-Bretagne, on éprouve plus de fierté que de honte

1. L'auteur et historien Ye Yonglie précise que la réécriture japonaise de l'histoire, qui a donné lieu à un récit dans lequel le Japon n'a pas envahi la Chine, a été qualifiée au Japon de « problème de manuel » ; il poursuit ainsi : « La Chine aussi à ses "problèmes de manuel"... La révolution culturelle a beau avoir eu lieu en Chine, les recherches sur le sujet sont menées à l'étranger ! » Ye Yonglie, « Textbook Problem » (2006), traduit par Joel Martinsen pour *Danwei*.

pour l'empire, qu'on se représente davantage comme une institution bienveillante ayant contribué à faire connaître le train, le cricket et Shakespeare partout dans le monde que comme une structure créée par la force dont le but était avant tout lucratif[1]. Toutes mes années d'étude ne m'ont rien appris des forces qui ont donné à la Grande-Bretagne sa forme actuelle ou du rôle destructeur qu'elle a joué, notamment lors des guerres de l'opium – un conflit dévastateur mené contre la Chine pour que nous puissions continuer à revendre cette drogue. Les enfants britanniques en savent plus sur l'abolition de l'esclavage que sur le commerce triangulaire, et encore, on ne leur dit rien des énormes compensations versées aux anciens propriétaires[2]. On ne m'a jamais expliqué que la richesse de mon pays reposait sur l'exploitation de tous ces esclaves. Lorsqu'on regarde les magnifiques façades en pierre des immeubles londoniens, les gratte-ciel

1. Une enquête YouGov de 2014 montre que 59 % des Britanniques éprouvent de la fierté pour l'empire et 19 % de la honte. En 2020, le premier groupe ne représentait plus que 32 % ; pourtant, ceux qui avaient changé d'avis préféraient ne pas se prononcer plutôt que basculer du côté de la honte. « How Unique Are British Attitudes to Empire? » sur yougov.co.uk, 11 mars 2020. Pour une histoire plus juste du colonialisme britannique, voir David Olusoga, *Black and British: A Forgotten History* (2016) et Howard W. French, *Born in Blackness: Africa, Africans, and the Making of the Modern World, 1471 to the Second World War* (2021).
2. Selon Eric Williams, « à en croire les historiens britanniques, la Grande-Bretagne n'aurait inventé la traite négrière que pour avoir un jour la satisfaction d'abolir l'esclavage ».

transparents et les restaurants coûteux, on ne voit, en arrière-plan, ni l'empire britannique, ni le sang versé, ni l'exploitation de nations à qui on n'a jamais demandé leur avis.

L'Occident ne dissimule pas aussi consciemment que la Chine. Plein d'arrogance, à peine se rend-il compte que certaines choses mériteraient d'être oubliées. Nous avons souvent préféré exporter notre sadisme et faire en sorte que les autres nous enrichissent, quel que soit le moyen utilisé. Si la plupart d'entre nous n'ont pas recouru à la cruauté, c'est parce que ce n'était pas nécessaire. Les Chinois n'ont pas eu ce luxe. La révolution culturelle a eu lieu chez eux. Les victimes n'étaient pas des étrangers vivant dans un pays lointain mais des amis qui mouraient sous leurs yeux. Nous avons choisi de ne pas regarder ; les Chinois, eux, doivent prétendre n'avoir rien vu, ce qui est bien plus difficile. En Grande-Bretagne, c'est par commodité qu'on déforme ou qu'on efface certaines choses, par commodité et parce qu'on cède aux préjugés et aux rapports de pouvoir. En Chine, les ordres sont explicites et l'autocensure omniprésente. En Grande-Bretagne, les universités et les médias officiels rémunèrent les chercheurs qui s'intéressent aux inégalités sous l'empire. En Chine, mettre en cause la version du Parti peut écourter une carrière ou priver de liberté celui qui s'y est essayé.

À l'inverse de la répression de 1989, la révolution culturelle n'est pas un sujet totalement tabou. Des espaces existent et, en prenant son temps, en évitant de se placer sous les projecteurs, en jouant avec les règles et en ayant les bons contacts, il est possible d'en profiter. Après une carrière dans les médias officiels, des octogénaires à la retraite ont ainsi créé les *Annales de l'Empereur Jaune*, une revue au titre désuet empreint des temps anciens qui a pour objectif d'enquêter sur les épisodes les plus sensibles de l'histoire chinoise. Si la ligne entre ce qui est permis et ce qui ne l'est pas est aussi floue, c'est en partie à cause de la taille de la Chine et des innombrables instances bureaucratiques. C'est surtout fait exprès. Car si les adeptes de la zone grise existent, la majorité préfère rester à distance. Il est beaucoup plus simple et efficace d'encourager l'autocensure, dont on finit par oublier qu'on la pratique. « Ce n'est pas ce que vous croyez à l'étranger, on peut parler de tout », me soutiennent parfois des jeunes Chinois. Quand je leur demande si c'est vrai, s'il est bien possible de parler du massacre de 1989 à la radio, si on peut publier un article sur la corruption des dirigeants, si on peut critiquer Mao à la télé, ils me regardent d'un air ahuri, surpris par tant de bêtise. Évidemment que non.

À partir du moment où les lignes sont floues, il devient possible de les déplacer sans avoir à rendre de comptes. À certains égards, la révolution culturelle n'est plus le terrain miné qu'elle était auparavant. Elle fait l'objet de très nombreuses discussions en ligne. Un enseignant à qui on avait refusé le droit de donner un cours intitulé « La révolution culturelle » put mener son projet à bien en le rebaptisant

« Culture chinoise entre 1966 et 1976 ». Et pourtant, il est aujourd'hui plus difficile d'en parler qu'avant. L'amnésie entourant cette période est toutefois plus récente qu'il n'y paraît. Juste après 1976, une montagne de mémoires et de romans ont été écrits sur le traumatisme et l'oppression subis ; voilà qui confirmait la sagacité du Parti puisque, sous la houlette de Deng Xiaoping, il avait su tourner le dos à Mao et se soumettre au marché[1]. Puis, au début des années 80, une campagne contre le libéralisme bourgeois a pris pour cible ces récits, cette « littérature des cicatrices ». En 1988, une règle a établi qu'« à compter de ce jour et jusqu'à nouvel ordre, les maisons d'édition n'ont plus le droit de publier des dictionnaires ou des manuels traitant de la "Grande révolution culturelle"[2] ». En 1996, des chercheurs ont organisé un colloque pour l'anniversaire du mouvement ; dix ans plus tard, on les en a dissuadés. En 2000, Song Yongyi, un garde rouge repenti devenu historien, a fait cinq mois de prison malgré son statut de citoyen américain à cause de ses travaux[3]. Et en 2013, Xi Jinping a mis en garde contre le « nihilisme historique ».

« Heureusement, l'histoire est écrite par le peuple », lança Liu Shaoqi à sa femme lorsque des gardes rouges

1. Voir, par exemple, *Mao's Harvest: Voices from China's New Generation*, dirigé par Helen F. Siu et Zelda Stern (1983).

2. Guobin Yang, *The Red Guard Generation and Political Activism in China*.

3. Verna Yu, « "Enemy of the people" historian Song Yongyi gives as good as he gets », *South China Morning Post*, 19 février 2013.

les séparèrent à tout jamais. (Quatre ans plus tard, quand les enfants du couple osèrent demander à voir leurs parents, Mao répondit : « Leur père est mort. Ils peuvent voir leur mère[1]. » Liu, emprisonné dans des conditions sordides, était mort d'une pneumonie non traitée.) En réalité, le peuple n'a jamais eu son mot à dire, même si le Parti a fini par réhabiliter Liu des années après sa mort et celle de Mao. Xi Jinping a depuis fait de lui un « glorieux modèle » de « belle moralité »[2]. C'est l'histoire populaire, pas l'histoire du peuple, de la même manière qu'on parle de la République populaire de Chine et non de la république du peuple. Mais les dirigeants chinois ne sont pas non plus complètement hypocrites ni complètement fourbes. Une unité spirituelle doit exister entre le Parti et le Peuple, car le Parti existe par et pour le Peuple. Son devoir est de l'aider à bien comprendre les choses : comment le pays doit être dirigé, comment interpréter le passé... Avant de le servir, il doit le façonner.

*

Le bilan officiel que le Parti a établi sur la révolution culturelle est celui d'une catastrophe, ce qui

1. Citations tirées de la notice nécrologique de la veuve de Liu Shaoqi, Wang Guangmei, John Gittings, *The Guardian*, 20 octobre 2006.
2. An Baijie, « Xi salutes late leader Liu Shaoqi's high spirit », *China Daily*, 24 novembre 2018.

n'a rien d'étonnant. Ce bilan a été formulé pendant le mandat de Deng Xiaoping, qui a réussi à prendre la place de Hua Guofeng après que ce dernier eut chassé la Bande des quatre. Deng a lui-même été écarté deux fois du pouvoir et son fils a fini en fauteuil roulant après être « tombé » par une fenêtre du troisième étage – il était alors prisonnier des gardes rouges. Mais Deng n'a pas voulu s'appesantir sur ces questions ; pour lui, le passé appartenait au passé. Ce bilan ne figure donc ni dans l'exposition du musée national ni dans les manuels scolaires. L'idée était de montrer que le pire était derrière et, surtout, de tirer un trait sur la période : « Établir un bilan sur un événement passé a pour objectif de souder le peuple et de le faire aller de l'avant[1] », expliqua Deng au groupe de travail chargé de rédiger le document. Quand on se rappelait correctement les choses, on pouvait les oublier.

Après plusieurs versions de plus en plus édulcorées, un bilan final vit le jour. Il n'était guère plus qu'une anecdote surnageant à la surface du long récit du triomphe de la Chine sous le règne du Parti. On y reconnaissait que « la révolution culturelle a entraîné, pour le Parti, le pays et le peuple, une suite d'échecs et des pertes inégalées depuis l'avènement de la République populaire de Chine ». Si Mao en était l'instigateur, ses principes étaient « en contradiction évidente » avec la pensée Mao Zedong qui guidait

1. Voir *La Dernière Révolution de Mao. Histoire de la Révolution culturelle, 1966-1976*, *op. cit.*

toujours la Chine. Le mouvement avait été lancé « à tort par un dirigeant avant d'être récupéré par des cliques contre-révolutionnaires ». « À tort. » C'était donc bien pire qu'un crime : c'était une erreur. Une erreur qu'on reconnaissait mais sur laquelle il ne fallait pas s'attarder. De l'avis général, il semble aujourd'hui que le Parti n'a pas eu d'autre choix que de vêtir Mao à la fois des habits de Lénine et de ceux de Staline. Il est impossible de dissocier les exploits et les échecs du communisme chinois, et Mao incarne les uns autant que les autres – c'est la raison pour laquelle beaucoup de personnes continuent à l'aimer et le respecter. Pour le Parti, renier Mao reviendrait à se priver des racines qui le maintiennent au pouvoir et risquerait de faire émerger des questions gênantes sur l'incapacité des autres dirigeants à l'arrêter.

Tant que l'aura de Mao entoure le Parti, sa volonté de rupture avec son passé et sa tendance à souscrire à ce qu'il cherchait jadis à détruire passent à peu près inaperçues. Il n'a évidemment pas acté son intégration au marché : il a fait comme si de rien n'était. Les réformes de Deng sont dans la continuité de la pensée Mao Zedong, à qui il a d'ailleurs emprunté les mots suivants : « chercher la vérité dans les faits ». Mais l'usage qu'il fait de cette maxime, aussi quelconque puisse-t-il paraître à nos yeux d'étrangers, est à l'exact opposé du maoïsme : il incarne la tendance pragmatique, c'est-à-dire qu'il rejette la vision selon laquelle les idées peuvent changer le monde. Les billets de banque à l'effigie de Mao – alors même que le

Grand Timonier aurait méprisé le système actuel – et son portrait surplombant Tian'anmen participent du même stratagème. C'est comme si le Parti cherchait à lui tourner le dos tout en le gardant à portée de main, à moins qu'il ne soit possible de lui tourner le dos qu'en le gardant à portée de main. Deng, pourtant une de ses nombreuses victimes, a été le premier à ne pas vouloir le détrôner. Ce sont dorénavant les enfants d'autres de ses victimes, dont Xi Jinping, qui perpétuent cette tradition. Protéger l'esprit aussi bien que le corps de Mao prend tout son sens lorsqu'on connaît le passé du Parti et son éternel dilemme entre Lénine et Staline. Cela permet par ailleurs de régler un problème de taille. Autoriser quelqu'un à porter un jugement sur l'histoire de son pays revient à l'autoriser à porter un jugement tout court. Autoriser quelqu'un à rejeter Mao reviendrait donc à l'autoriser à rejeter le Parti. Laissez le peuple écrire l'histoire, il écrira celle qu'il connaît la mieux : la sienne.

*

Quelques mois après ma visite au musée national, je me trouvais à Shantou, un port tranquille de la province du Guangdong, dans le sud de la Chine. De bon matin, je hélai un taxi et lui demandai de me conduire à un endroit encore plus calme, Chenghai, un district qui s'étendait aux marges de la ville, à une bonne heure de route, loin de la circulation et bien après les panneaux publicitaires, le fleuve et un chaos de devantures de magasins remplies de tuyaux, de jointures et de perceuses. Au niveau d'un fouillis d'entrepôts, mon chauffeur quitta la route principale et tourna en direction de Tayuan, le parc de la Pagode. Je savais que l'objet de ma visite, qui n'apparaissait pas sur la carte située à l'entrée du lieu, se trouvait tout en haut de la colline. Fermant mon manteau pour me protéger de la bruine, j'entamai l'ascension. La montée était raide, le chemin serpentait entre des palmiers et des bananiers scintillants. Des oiseaux chantaient dans un ravin où des volubilis enserraient des buissons ; à un moment donné, le chant rauque d'un coq résonna quelque part dans les hauteurs. Sur le site de l'ancien temple, qui avait été reconstruit, des moines psalmodiaient et un homme parlait très fort au téléphone. Le reste du parc était désert. Les pédalos du lac étaient enchaînés les uns aux autres et les stands de nourriture et de divertissement étaient fermés. Sur celui de tir à la carabine, des jouets s'étouffaient dans des sacs plastique dégonflés. Je finis par trouver un monument derrière un panneau en plastique blanc signalant un restaurant. Voici ce qu'on pouvait lire sur les trois minces piliers en pierre :

> *C'est une chance que ces os aient pu être enterrés à Tayuan ; faites qu'ils inspirent les générations futures et leur apprennent ce que l'histoire peut avoir d'impitoyable.*
> *À une époque chaotique, des héros ont versé du sang et des larmes et ont souffert ici.*
> *Ce lieu était rouge de sang.*

Non loin de là, quelques pierres tombales marquées d'étoiles rouges accrochaient le regard. Quelques dizaines d'autres se trouvaient à flanc de coteau, certaines disparaissant presque entièrement sous la végétation. Tout le monde ne les avait pas oubliées : des bouquets aplatis par la pluie fanaient devant l'une d'elles et une boîte de conserve rouillée plantée de bâtonnets d'encens faisait face à une autre. Ces fosses communes abritaient les victimes de différentes luttes entre factions ; c'était là que le corps de Peng Qi'an, un responsable local, aurait dû se trouver. En effet, à un moment, il avait fait partie des personnalités à abattre pour des raisons qui lui échappaient encore, avant d'être épargné pour des raisons tout aussi obscures[1]. Beaucoup d'amis à lui n'avaient pas eu cette chance et un de ses frères avait également été tué. Des années plus tard, alors qu'il marchait sur la colline en songeant aux corps enterrés sous ses pieds, il s'était demandé ce

---

1. Tous ces détails sur la vie de Peng Qi'an sont tirés d'interviews réalisées auprès de bénévoles du musée qui ont été assez gentils pour me parler du lieu, de ce qu'ils avaient vécu et de la pression à laquelle ils avaient été confrontés. J'y ai ajouté des informations trouvées dans les articles suivants : Peh Shing Huei, « Cultural Revolution memories under threat », *Straits Times*, 12 décembre 2011 ; Mark MacKinnon, « China's Cultural Revolution museum a well-kept secret », *Globe and Mail*, 22 juillet 2010 ; Clifford Coonan, « China's first Cultural Revolution museum exposes Mao's war on "bourgeois culture" », *Independent*, 21 février 2006 ; Edward Cody, « Chinese museum looks back in candor », *Washington Post*, 3 juin 2005 ; Zhou Yan, Lai Yuchen et Chen Ji, « Museum keeps Cultural Revolution memories alive », *Xinhua*, 2 août 2013.

qu'il pouvait – devait – faire pour empêcher que ce genre de catastrophe ne se reproduise.

Un peu partout dans ce pays anéanti, la même question hantait les survivants. L'écrivain Ba Jin fut le premier, dans les années 80, à vouloir créer un musée de la révolution culturelle. Il avait longtemps souffert des persécutions et sa femme avait été tabassée par les gardes rouges, qui l'avaient ensuite empêchée de prendre le traitement qui aurait pu la sauver de son cancer. Pour lui, un musée forcerait les gens à se souvenir, à réfléchir à leur comportement et à interroger leur conscience. « Construire un musée de la "Révolution culturelle", ce n'est pas l'affaire d'une personne en particulier : il est de notre responsabilité à tous de faire en sorte que nos descendants, génération après génération, gardent en mémoire la douloureuse leçon de ces dix années. "Ne pas tolérer que l'histoire se répète", cela ne doit pas rester un vain mot[1]. »

Bientôt, d'autres se rallièrent à sa demande aussi symbolique que littérale. Il y avait peu de chances pour que les autorités exaucent leur souhait. On pouvait rapidement survoler le sujet mais il était hors de question de s'y attarder trop longtemps. Une fois le bilan officiel établi, il ne risquait pas d'être révisé. Comme la plupart des initiatives les plus folles en

---

1. Pa Kin [orthographe alternative de Ba Jin], *Au fil de la plume*, « Pour un musée de la Révolution culturelle », traduit par Angel Pino, Bleu de Chine, 1996, p. 117.

Chine, le musée de Shantou put voir le jour grâce à un bon réseau – ce qui supposait d'avoir passé des années dans le système –, l'aval de quelques personnes au pouvoir et de la chance.

À la fin des années 80, Peng, alors adjoint au maire de la ville de Shantou, avait trouvé du soutien auprès d'anciens combattants. La province du Guangdong était connue pour son ouverture d'esprit : c'était là que Deng avait lancé ses réformes économiques. Mais, dès le début, l'ambition de Peng se heurta à un mur. Les autorités du district rejetèrent sa proposition et celles de la ville et de la province essayèrent de gagner du temps, trop méfiantes pour trancher en faveur du projet ou contre lui. L'ancien dirigeant de la province finit par accorder à Peng son soutien tacite et le maire de Shantou lui dédia des fonds en partie composés de dons réalisés par Li Ka-shing, un magnat hongkongais très proche de Pékin. Presque quarante ans après la fin de la révolution culturelle, Peng ouvrit son musée. Il aurait été normal que Pékin, la capitale de la Chine et la ville où tout avait commencé, accueille cette institution que Ba Jin avait appelée de ses vœux. Mais à cause des musées de la chaussette, des eunuques, de l'eau courante et des poissons rouges, il n'y avait plus de place. Le projet finit par s'implanter à mille kilomètres de là, à un endroit loin de la circulation où il ne risquait pas d'attirer l'attention.

Le musée en tant que tel n'occupe qu'une petite partie du parc mémorial de Peng, où statues et stèles alternent avec les tombes. Ici et là, on trouve des plaques listant les crimes contre-révolutionnaires – surtout des crimes de pensée, comme celui de « faux marxisme » – et les noms de milliers de victimes. À mi-pente, une immense place a été creusée dans la colline. Un long mur gravé de la phrase calligraphiée « L'histoire doit servir de miroir afin que la tragédie de la révolution culturelle ne se répète jamais » court tout autour. Les portraits de Deng et de Mao figurent dessous avec le bilan officiel de cette décennie : « L'histoire a tranché. La grande révolution culturelle a été lancée à tort par un dirigeant avant d'être récupéré par des cliques contre-révolutionnaires. Elle a donné lieu à des troubles domestiques à l'origine de véritables catastrophes pour le Parti, le pays et le peuple. » Aux deux extrémités du mur se trouvent une petite statue, l'une blanche, l'autre noire, d'un chat persan jouant avec une balle. On peut y voir une variante des lions de pierre gardant les portes en Chine ainsi qu'un clin d'œil étrange et espiègle à la maxime souvent attribuée à Deng (« Qu'importe la couleur du chat tant qu'il attrape les souris »).

Mais je n'avais pas beaucoup de temps à consacrer au mur. Alors que je traversais la place, un homme assis derrière un stand de friandises se leva d'un bond en portant son téléphone à son oreille. J'accélérai le pas mais le chemin qui menait au sommet de la colline comptait beaucoup trop de marches. Lorsque, hors d'haleine, je finis par arriver au musée, la porte avec moustiquaire était close et un panneau indiquait que le bâtiment était fermé pour des travaux de maintenance à des fins de sécurité. Qui a déjà visité un chantier dans une ville de troisième rang ou conduit sur une route provinciale sait que la Chine ne brille pourtant pas par son engagement en la matière. Sauf, manifestement, lorsque cela implique un activiste, un événement ou un lieu sensibles.

L'intérieur du bâtiment était trop sombre pour que les fenêtres me révèlent grand-chose ; j'aperçus malgré tout, gravées dans des blocs de granit noir, des scènes représentant une foule moqueuse et des victimes désespérées, la tête basse. Le musée comptait peu d'objets, c'était son existence en tant que telle qui importait. Alors que j'en faisais le tour, deux hommes en polo apparurent – en Chine, les policiers en civil ont souvent le parfait attirail du golfeur. Ces nouveaux protagonistes se mirent à me photographier sans même chercher à se cacher et s'empressèrent de me suivre lorsque je repris les escaliers en sens inverse, s'arrêtant à chaque pause que je faisais pour examiner une statue ou une plaque. Je prenais des photos du lieu, ils prenaient des photos de moi. Je leur souris et braquai mon téléphone sur eux pour leur rendre la politesse avant de me raviser : je voulais garder mes clichés des tombes. Ils me jetèrent un regard noir et continuèrent à mitrailler.

Lorsque je regagnai enfin le parking, tout en bas de la colline, je vis plusieurs hommes attroupés autour du guichet qui me regardèrent monter dans mon taxi. Alors que nous nous éloignions, l'un d'eux alla donner quelques coups de klaxon sur un rythme enjoué pour prévenir ses collègues d'en haut que nous étions partis. Le sourire de l'intéressé était dépourvu de malice : il semblait simplement ravi d'avoir remporté la victoire au cours d'un combat loyal.

*

Je n'aurais pas dû être surprise de cet échec. Si j'en croyais la double porte grande ouverte à mon arrivée, les « travaux de maintenance » avaient été programmés à la dernière minute. Mais malgré le peu de visiteurs, il était fort possible, voire probable, que le musée soit surveillé vingt-quatre heures sur vingt-quatre. Je savais qu'il était fermé aux dates sensibles du calendrier chinois, comme les grands rassemblements politiques annuels ou les anniversaires d'événements importuns. En plus des survivants, des personnes endeuillées et des sympathisants, la cérémonie de commémoration qu'organisait chaque année le musée en août attirait rien moins qu'une phalange entière de policiers en civil.

Le Parti avait surmonté tous les obstacles. Par des promesses ou par la force, il avait fait en sorte que le plus grand nombre le tolère voire le soutienne activement. Les plus cyniques étaient persuadés que, si de véritables élections devaient un jour être organisées, il en sortirait grand vainqueur. Et pourtant, sa paranoïa était totale. La leçon de 1989 semblait être la suivante : au moindre signe d'agitation, il fallait remonter à la racine et tout éradiquer ou, ce qui était encore mieux, anticiper totalement la chose. À son ouverture en 2005, le musée de Shantou attirait jusqu'à un millier de visiteurs par jour, ce qui traduit l'intérêt des Chinois pour leur passé. Lorsqu'on ordonna aux médias d'arrêter d'en parler, les visiteurs se firent beaucoup plus rares. Sans relais extérieur, le musée tomba dans l'oubli et l'abandon. Mais la plus grande prudence était encore de mise.

Peng, son fondateur, ne semblait pas affecté par toutes ces restrictions. Il confia à un journaliste qu'il se fichait pas mal de la punition qu'on jugerait bon de lui infliger. De la part d'un homme qui avait survécu à son propre arrêt de mort prononcé quelque quarante ans plus tôt, la fanfaronnade n'en était pas une. En revanche, ma visite avortée montrait que le musée faisait l'objet d'une surveillance accrue. Lorsque la rencontre que j'avais organisée avec Peng tomba à l'eau à la dernière minute et qu'il refusa de répondre à mes questions au téléphone, je décidai de me rendre chez lui en personne, ce qui me valut d'affronter un véritable déluge – les caniveaux débordaient tellement que j'eus bientôt deux piscines à la place de chaussures. Mais Peng refusa de me parler et laissa à une vieille femme le soin de nous servir de messagère puis de me fermer la porte au nez. Peut-être les services de sécurité avaient-ils appris que je comptais visiter son musée lorsque je l'avais appelé; peut-être refusait-il à présent de me voir à cause de cette visite, qui avait dû lui valoir une mise en garde. Il avait toutes les raisons d'être prudent. Si le musée gagnait en visibilité, ce à quoi poussaient certains bénévoles, il serait fermé. Mais si personne n'en connaissait l'existence, à quoi servait-il, comment pourrait-il prévenir un autre désastre ? Tout ce que Peng pouvait espérer, c'était qu'un jour, au bout de plusieurs années ou de décennies, le climat se détende à nouveau.

Quelques mois après la visite de Xi au musée national, des informations fuitèrent sur une nouvelle directive interne. Le Document n° 9 exhortait les cadres à se méfier des sept périls qui avaient « gravement nui » au Parti[1]. Officieusement, on les appela les « sept non ». Si l'histoire chinoise est riche en mesures politiques associées à des chiffres, le Parti semble particulièrement attaché à cette pratique. Les chiffres donnent une tournure scientifique à ses conclusions et confèrent une forme de continuité, voire d'infaillibilité, à sa progression erratique. Il y a les deux quelque (mon préféré), les trois représentations, les quatre intégralités, les huit vertus et huit hontes... La plupart des sept non étaient attendus : il s'agissait des vieux ennemis du Parti, à savoir la société civile, le constitutionnalisme et l'idée que l'Occident se faisait du journalisme. La présence sur cette liste du nihilisme historique, un concept qui avait eu son heure de gloire au lendemain de la répression de juin 1989 mais qui avait ensuite été abandonné jusqu'à l'arrivée de Xi au pouvoir, était plus étonnante.

1. Une traduction en anglais est disponible à l'adresse suivante : chinafile.com/document-9-chinafile-translation.

Le document mettait donc en garde contre le « nihilisme historique [qui] cherche à saper les fondements de l'objectif historique du PCC, ce qui équivaut à refuser la légitimité de son long règne ». Prétendre que la Chine aurait pu choisir une autre voie que celle du socialisme relève ainsi du nihilisme, tout comme le fait de rejeter les « conclusions établies » concernant tel événement ou tel personnage du passé. Plus intéressant encore, les personnes soutenant qu'il y a eu un avant et un après la période de réforme et d'ouverture sont également nihilistes. Aucune différence ne sépare le totalitarisme maoïste du triomphe de l'individualisme et du marché. Il n'y a eu ni erreurs, ni déviations, ni distractions ; rien n'a entravé l'avancée de la Chine, dont les progrès sont linéaires. Ce discours, tout comme celui des fameux « cinq mille ans d'histoire », trahit une angoisse palpable. Seul un pays ayant connu des ruptures radicales peut autant tenir à clamer haut et fort que rien n'a changé.

Le Parti n'est pas du genre à se reposer sur ses lauriers. Sa victoire a été si improbable qu'il continue à surveiller attentivement ses potentiels rivaux. La chute du mur de Berlin – suivie, peu de temps après, par la fin de l'Union soviétique – a eu lieu quelques mois après le dur coup porté à l'État-Parti par les manifestations de la place Tian'anmen. À l'instar d'un épidémiologiste cherchant à identifier à la fois symptômes et remède, le PCC a passé des années à réfléchir à la mort de son protecteur et grand frère. La conclusion est la suivante : c'est le relâchement idéologique qui a porté le coup fatal. Avec son Document n° 9, Xi est allé plus loin – sans doute peut-on d'ailleurs y voir un écho de la colère de Mao découvrant le désaveu de Staline par Khrouchtchev. Ceux qui renient l'histoire de l'Union soviétique, Lénine, Staline et « tout le reste », comme le précise obligeamment la directive, sont eux aussi coupables de nihilisme historique, un mal qui « embrouille les esprits et nuit aux structures du Parti à tous les niveaux ».

Peu de temps après, des chercheurs s'aperçurent que l'accès aux archives nationales faisait l'objet de nouvelles restrictions et que des sections entières avaient été fermées[1]. Un ou deux ans plus tard, plus d'une centaine de comptes de réseaux sociaux furent bloqués en même temps au motif que leurs propriétaires relayaient une vision faussée de l'histoire[2]. Le *Quotidien du peuple*, le porte-voix officiel du Parti, publia un texte dans lequel il était question des terribles conséquences que pouvait avoir « l'assemblage peu rigoureux et improbable de faits historiques ainsi que leur présentation partiale ou biaisée... Le temps aidant, des mensonges peuvent ainsi passer pour des vérités. » Selon les inspecteurs chargés de la discipline

1. Maura Cunningham, « Denying Historians: China's Archives Increasingly Off-Bounds », *Wall Street Journal*, 18 août 2014. Les autorités ont également entrepris de faire disparaître des articles de revues historiques; voir Ben Bland, « China rewrites history with new censorship drive », *Financial Times*, 4 septembre 2017.
2. David Bandurski, « Your public account is history », *China Media Project*, 21 janvier 2015.

au sein du Parti, le Centre de recherche du comité central sur l'histoire du Parti faisait preuve d'un « sens des responsabilités insuffisant » dans sa lutte contre le nihilisme.

Peng finit par annuler les cérémonies de commémoration organisées chaque année à Shantou[1]. Lorsque, plusieurs mois plus tard, je l'appelai pour lui proposer une nouvelle fois de l'interviewer, il adopta une attitude polie mais ferme. J'étais la bienvenue à la colline de la Pagode mais lui-même s'y rendait rarement. Il était trop vieux, le sujet ne l'intéressait plus. J'étais arrivée trop tard.

1. Felicia Sonmez, « Enforced Silence at China's Cultural Revolution Museum », AFP, 15 août 2014.

Quatre[1]

« Notre souvenir est la seule aide qui leur reste… et si chaque mort est semblable à celui qui a été tué par les vivants, alors chaque mort s'apparente aussi à celui qu'ils doivent sauver sans savoir s'ils y parviendront. »

Theodor Adorno[2]

---

1. Le meurtre de Bian Zhongyun est un des événements les plus tristement célèbres de la révolution culturelle. Le récit que j'en fais s'appuie principalement sur l'incroyable documentaire de Hu Jie, *Though I Am Gone* (2006), qui met en scène de très longs entretiens avec Wang Jingyao, son veuf. (Hu Jie a réalisé un certain nombre de très bons documentaires historiques ; dans son livre *Out of Mao's Shadow* (2008), Philip Pan revient longuement sur son travail.) Je me suis également servie des témoignages de Song Binbin et de ses amies figurant dans *Souvenir*, de mes entretiens avec elles et des résultats de leurs recherches, ainsi que du travail de Wang Youqin, qui terminait son dernier ouvrage (*Victims of the Cultural Revolution: Testimonies of a Tragedy*, 2023) pendant la rédaction de celui-ci.
2. Theodor Adorno, *Marginalien zu Mahler*, in: ders., Gesammelte Schriften in 20 Bänden – Band 18: Musikalische Schriften V © Suhrkamp Verlag, Frankfurt am Main, 1984 (traduction établie à partir de celle en anglais de Susan H. Gillespie, *Essays on Music*, Berkeley, University of California Press, 2002).

Longtemps avant que Ba Jin ait l'idée d'un musée, Wang Jingyao œuvra à ses futures collections. Il avait tout gardé. Après avoir plié les vêtements tachés de sang de sa femme, il les avait rangés dans une valise cachée sous le lit. Il avait dissimulé derrière une brique descellée l'appel à l'aide qu'elle avait vainement adressé à des responsables politiques. Il espérait qu'un jour elle serait innocentée, que ces objets pourraient être montrés et que le public aurait accès à ces preuves. Là où tout le monde s'était empressé d'oublier, Wang avait tenu à se souvenir – mais en secret, avec autant de prudence que d'obstination.

C'est Yu Xiangzhen qui m'avait parlé de lui. Alors que nous discutions de l'exposition de Xu Weixin, avant même que je puisse l'interroger sur le portrait qu'il avait fait d'elle adolescente, elle m'avait tout de suite dit : « En entrant, on tombait nez à nez sur Wang Jingyao et Bian Zhongyun. Pour être tout à fait honnête, ça m'a fait un choc, surtout ce portrait. La mort de cette femme doit servir de repère historique, elle en dit long sur la cruauté de notre génération. »

Bian Zhongyun, la première victime pékinoise, est morte sous les coups de ses propres élèves au tout début de l'Août rouge. Son mari, Wang, était historien. S'il ne pouvait rien faire contre sa mort, il pouvait la documenter. Le lendemain matin, il a donc acheté un appareil photo, un Shanghai 202 noir et aluminium. Parmi les clichés qu'il a réalisés, on trouve une photo de famille qu'on dirait prise chez un professionnel. Les enfants sont tirés à quatre épingles, le visage tout propre, les cheveux des filles tressés ou en couettes. Leur père les a alignés par ordre de taille – à la Von Trapp – derrière le corps de celle qui les avait nourris et consolés. Sur un autre, on voit les filles de Mme Bian munies d'une bassine pour la toilette mortuaire : elles ont nettoyé le visage enflé, les chairs bleuies, les marques laissées par des ongles. Un autre immortalise les affiches condamnant l'enseignante accrochées par ses tortionnaires dans différentes pièces de la maison. Les gardes rouges s'étaient introduits chez elle plusieurs jours avant de la tuer. Ils avaient mis l'endroit sens dessus dessous, arrachant le parquet, brûlant les livres, cassant ce qui leur tombait sous la main. Ils avaient repeint cet intérieur aux couleurs de la haine. Wang prit tout en photo : les caricatures représentant sa femme sous les traits d'un cochon couvert de sueur froide, les gribouillis rageurs des affiches en gros caractères où on la traitait de « diablesse » ou de « salope » et où on se félicitait des tourments qui lui avaient été infligés.

> *Comporte-toi mieux ou c'est nous qui t'apprendrons !*
> *À la séance de critique […], tu tremblais comme une feuille, […] trempée, de la boue plein la bouche…*
> *Continue à te pavaner et à piétiner les travailleurs et nous fouetterons ta couenne de chienne, nous arracherons ton cœur de chienne et nous couperons ta tête de chienne !*

La rage de Wang ne se consumait pas. Elle était dure comme un diamant. Elle l'avait forcé à la plus grande rigueur : il avait tout gardé. Il avait pris en photo la fumée sortant de la cheminée du crématorium et avait créé un autel secret où il avait caché ses cendres. De près, on aurait dit une bibliothèque comme une autre. Mais lorsqu'il était seul avec ses enfants, ils la laissaient ouverte pour pouvoir veiller sur elle.

Elle avait tout vu venir. La violence n'avait pas explosé d'un coup, l'escalade avait été progressive. D'abord, une affiche en gros caractères et sa lecture à la radio sur ordre de Mao. Ensuite, les élèves de son établissement s'en prenant à la direction. C'était une école pour filles rattachée à l'université normale de Pékin, une institution prestigieuse qui accueillait principalement les enfants des cadres supérieurs. En tant que principale adjointe, Mme Bian s'occupait des questions de discipline. Elle avait beau être au Parti depuis longtemps, son poste, sa réputation – on la considérait comme quelqu'un de dur voire de redoutable – et son origine sociale (elle était fille de banquier) faisaient d'elle la cible parfaite. Une personne de son entourage qui l'avait prise en grippe sauta sur l'occasion pour attiser la haine. Elle « se mettait en travers de la route du Parti » (elle avait refusé d'inscrire la fille d'un cadre qui n'avait pas satisfait aux critères d'admission). Elle « s'opposait au président Mao » (lorsqu'une élève lui avait demandé s'il fallait emporter le portrait du dirigeant en cas d'urgence, elle avait pourtant fait preuve de prudence : plutôt que de répondre par oui ou par non, elle avait laissé entendre qu'il valait mieux partir le plus vite possible). Comble du ridicule, on l'accusa même d'avoir été impliquée dans la fronde du précédent comité municipal de Pékin.

Elle fut donc enchaînée, traînée sur scène et forcée à s'agenouiller pendant qu'on la rouait de coups et qu'on la frappait à l'aide de fusils d'entraînement en bois et en métal. Chaque fois qu'elle tombait, on la tirait par les cheveux pour qu'elle se redresse. On saccagea son domicile et on le recouvrit d'affiches. « Ne crois pas que tu pourras être tranquille chez toi ! » Lorsque Wang vit que les dirigeants ignoraient les appels à l'aide de sa femme, il comprit qu'il n'y aurait pas d'issue : ils n'avaient nulle part où aller et plus personne à solliciter. « Pour eux, me tabasser à mort ou tuer un chien, c'est du pareil au même », lui confia sa femme. Un matin, elle se leva plus tôt que d'habitude, lui serra la main comme à un inconnu et partit travailler.

La pratique aidant, les rituels de maltraitance étaient très au point. Dans l'école de Mme Bian, les élèves versaient de l'encre sur leurs victimes et les forçaient à défiler en chantant : « Je suis un déviationniste capitaliste ! Je suis un révisionniste contre-révolutionnaire ! Je mérite d'être frappé ! Je mérite la mort ! » S'ils ne chantaient pas assez fort ou si leur voix se brisait, on les frappait. Ce jour-là, on finit par les mener au milieu de la cour de récréation et on les força à s'agenouiller sous un soleil de plomb, le dos lesté d'énormes paniers remplis de terre. Lorsque Mme Bian s'effondrait, un déluge de coups de pieds chaussés de gros godillots s'abattait sur elle. « Apportez-nous des matraques ! » hurla quelqu'un. Une enseignante écopa d'une fracture du bassin, la chemise d'un autre ruisselait de sang, mais les élèves n'en avaient pas fini avec Mme Bian. Elles la traînèrent jusqu'aux toilettes et lui ordonnèrent de les nettoyer. Un membre du personnel la vit, dans ses vêtements tachés, tenter de rester debout en prenant appui sur le mur avant de glisser à terre.

« Elle simule ! Elle a déjà essayé de se faire passer pour morte ! » hurla une jeune fille. Ses camarades essayèrent de forcer Mme Bian à boire l'eau sale qui coulait de la serpillière. Elles riaient. Elles ordonnèrent au préposé à l'entretien des toilettes de charger leur victime sur le chariot poubelle. On la laissa dehors, toute sale, pleine de sang, des traces d'eau savonneuse autour de la bouche. Écrasées de chaleur, les adolescentes se dispersèrent. Quelque chose comme de l'angoisse prenait forme, à moins qu'il ne s'agisse d'ennui. Certaines partirent s'acheter des glaces à l'eau.

L'hôpital se trouvait de l'autre côté de la rue, à quelques mètres de là, mais plusieurs heures s'écoulèrent avant que des élèves et un enseignant n'y emmènent Mme Bian. Parce que le médecin était terrorisé à l'idée de venir en aide à une contre-révolutionnaire, les soins arrivèrent trop tard. Wang aussi. Peut-être le choc causé par le décès de sa femme cautérisa-t-il son chagrin et sa rage. Le sang, le visage tuméfié, les plaies causées par des matraques cloutées ne lui arrachèrent aucune réaction. En revanche, il perdit son sang-froid lorsqu'il comprit que sa femme s'était fait dessus.

Le lendemain, à l'école, une jeune fille de quatorze ans du nom de Wang Youqin entendit l'annonce d'une représentante des élèves : « Mme Bian est morte. C'est terminé. » Après un court silence, quelqu'un dans sa classe changea de sujet, « comme si Mme Bian avait été un rêve et que le fait qu'elle ait été battue à mort ne méritait pas qu'on s'y attarde ou qu'on en parle ».

*

Youqin attendit longtemps que quelqu'un en parle ; des jours, des mois, des années. Elle écrivit des journaux intimes puis les brûla, de peur qu'on tombe dessus. À la fin de la révolution culturelle, elle réécrivit tout une deuxième fois. Elle avait vu ses camarades forcer les enseignants à s'agenouiller. Elle les avait entendues demander des matraques. Elle avait vu les taches et les empreintes de main sanguinolentes. « Je me suis dit qu'il fallait que je raconte *mon* histoire, ce que j'avais vu, et que les autres écriraient le reste. La Chine est pour ainsi dire experte en histoire, notamment en chroniques. Ce n'est pas que je sois particulièrement sûre de moi : il y a beaucoup de gens plus intelligents ou plus instruits. Si je l'ai fait, c'est parce que, vingt ans plus tard, en 1986, personne ne s'était mis au travail. »

À la fin de la révolution culturelle, certains auteurs de violences ou de meurtres furent emprisonnés. Mais, sans doute grâce à leurs relations, les gardes rouges de la première heure, y compris les responsables de la mort de Mme Bian, ne furent jamais poursuivis. Avec l'aide de Wang Jingyao et d'autres témoins, Youqin tenta de reconstituer les événements. Son projet tombait à la fois au bon et au mauvais moment. Il s'inscrivait dans le mouvement de « la littérature des cicatrices » qui débuta juste après la révolution culturelle. Mais ses recherches lui prirent plus longtemps que la parenthèse à laquelle consentit le pouvoir. Lorsqu'elle s'acheva, ses travaux n'étaient plus publiables ailleurs qu'à Hong Kong. Elle partit étudier aux États-Unis. « Quand j'ai commencé à écrire, je ne pensais pas que ça prendrait une telle ampleur. Je pensais que tout ceci aurait une fin. Je ne l'ai pas encore atteinte. »

Elle recueillit d'autres noms de victimes de meurtre ou de suicide. En 2000, elle créa un site, Chinese Memorial, pour recenser les morts de cette décennie. Rares étaient les foyers chinois à disposer d'Internet à l'époque, mais elle recevait régulièrement du courrier envoyé par avion lui fournissant des informations sur des victimes. Lorsque les autorités chinoises bloquèrent son site, des lettres continuèrent à arriver de la part de proches endeuillés ou de personnes cherchant à témoigner. La liste, qui comptait des dizaines de noms au départ, atteignit bientôt plusieurs centaines. Selon les chiffres officiels, plus de 1770 personnes sont mortes à Pékin pendant l'Août rouge ; c'est dire si le vrai bilan doit être plus élevé.

« Sans toutes ces victimes, la révolution culturelle ne serait qu'un mouvement idéaliste et radical mené par la jeunesse, comme ce qui s'est passé en France en 1968 », expliquait-elle. Sans les victimes, la décision de Mao serait une erreur, pas un crime.

À soixante-deux ans, Youqin avait encore des attitudes d'adolescente : vêtue d'une robe de coton informe, elle passait son temps à s'indigner en farfouillant dans des piles de papiers. Elle parlait vite, comme si elle avait peur que je lui retire mon attention avant la fin de sa phrase. Pour ne pas se tromper dans les détails et les chiffres, elle revenait sans cesse à des feuillets froissés de papier ministre imprimés en tout petit et annotés au stylo. Avec un vrai sens – quoique intermittent – de l'hospitalité, elle me servit un café et me fit visiter les locaux. Désormais enseignante en langue, elle était de passage en Chine dans le cadre du programme d'été d'une université américaine. Les cours avaient lieu en haut d'une nouvelle tour rutilante aux portes vitrées et tapis immaculés. Je me penchai à sa suite à la fenêtre pour observer, tout en bas, la circulation à peine voilée par la brume. Nous étions bien loin du Pékin dans lequel elle avait grandi.

Elle me raccompagna jusqu'à son bureau et m'invita à m'asseoir. Sans la révolution culturelle, elle aurait pu être ingénieure – elle parlait d'équations avec mélancolie. Les maths étaient quelque chose « de beau, logique, rationnel, merveilleux ». Mais après ce qui s'était passé, elle avait réfléchi à ce qu'elle voulait apprendre et avait choisi les humanités. Quoi qu'il en soit, elle partait « des faits ; on n'a pas toujours besoin de théories très compliquées ».

Les faits. Pour commencer, il y avait les morts de son école. Trois enseignants avaient sauté d'un immeuble pour échapper à leurs harceleurs ; un autre avait écopé de tâches éreintantes et ne s'était jamais relevé. Une jeune serveuse d'un restaurant voisin avait été attachée à un pilier et battue à mort, sans doute parce qu'on la soupçonnait d'avoir des mœurs légères. « Ils ont tué une fille de dix-huit ans qui venait d'une famille de travailleurs ! Après avoir inspecté ses yeux, un étudiant en médecine l'a déclarée morte et ils l'ont détachée. »

Il y avait aussi les autres morts de Pékin, et puis ceux de Nankin, de Shanghai, de Luoyang. « Cette dame était directrice d'école ; le gouvernement a donné en tout et pour tout 420 yuans (environ 57 €) à sa famille... Ce monsieur avait six enfants. Ils ont envoyé une lettre au fils pour qu'il vienne chercher le corps mais, la même nuit, les gardes rouges ont tué deux nouvelles personnes et il n'a pas osé sortir... Ce monsieur-là, qui avait une maladie mentale, a dit que Khrouchtchev avait peut-être raison – peut-être qu'il ne savait pas ce qu'il disait. Ils l'ont envoyé en maison d'arrêt, et deux ans après il était condamné à mort... »

Elle épluchait les journaux et d'autres documents. C'était plus facile que de faire parler les gens. Elle avait mis du temps à comprendre pourquoi – elle n'avait rien de spécial, elle n'était une menace pour personne. Certains lui avaient expliqué qu'ils avaient peur d'être harcelés ou de rater des promotions. Un veuf déclara qu'il n'était pas censé aborder le sujet et l'invita à se rapprocher de son chef. Un autre qui vivait aux États-Unis comme elle raccrochait le plus vite possible à chaque fois qu'elle l'appelait – il était persuadé d'être sur écoute.

«Je ne pensais pas que les gens seraient aussi peu disposés à en parler. Dans un de mes vieux cahiers, j'ai écrit: "Il y a trop d'horreurs que je ne peux pas changer. Mais au moins, je peux les écrire." Depuis, je me suis rendu compte qu'écrire n'était pas si simple. Même toutes ces années après! J'ai de la chance de faire ce que je fais. Je suis libre. Ce n'est pas mon travail. Je n'ai pas de financements de recherche. J'enseigne les langues et je subviens à mes besoins. Je n'ai pas de famille, je n'ai pas besoin de réfléchir à l'argent. Je peux me consacrer à la vérité. Pour moi, une chose est évidente: Bian Zhongyun a été tuée. C'est ça que je voulais faire admettre au début. Mais c'était une idée naïve – je sais maintenant que certains ne me croiront jamais. Pas plus qu'ils ne croiront au goulag.»

Le temps aidant, d'autres élèves de son école commencèrent à parler de Mme Bian. Elles recueillirent des fonds pour ériger une statue en son honneur. Puis elles se disputèrent à propos de l'inscription à faire figurer sur la plaque. Certaines voulaient préciser qu'elle avait été victime des violences de la révolution culturelle. Pour d'autres, il ne fallait rien écrire. Un compromis fut trouvé: on grava ses dates de naissance et de mort, 1916 – 5 août 1966.

« Wang Jingyao était furieux, me confia Youqin. Mais au moins, elles avaient mis la date de sa mort. »

Le chagrin de Wang Jingyao s'était uniquement exprimé dans la sphère privée. On ne lui avait pas laissé le choix. Peut-être les choses en seraient-elles restées là sans Youqin et Hu Jie, un documentariste indépendant qui tira un très beau film de cette histoire. Wang accepta de me rencontrer mais, le jour de notre rendez-vous, m'annonça qu'il était trop occupé. Il m'appellerait dans quelques jours pour fixer une nouvelle date. J'attendis en vain. Quand je le rappelai, il me dit qu'il n'était pas d'humeur à parler. Sa deuxième femme m'expliqua qu'ils étaient en train de redécorer leur maison et que ce n'était pas très pratique pour m'accueillir. Rappelez plus tard, dit-elle. Je commençai à douter de la tenue de cet entretien, mais je rappelai. J'eus à nouveau droit à des excuses polies. Puis sa fille me contacta. À plus de quatre-vingt-dix ans, Wang était en mauvaise santé. Elles avaient décidé que c'était mieux de lui éviter une surcharge émotionnelle. Non, elle ne souhaitait pas parler de sa mère. Et puis, ajouta-t-elle juste avant de raccrocher, il est vieux, il n'a plus toute sa tête. Il ne pourrait pas assumer la responsabilité de ce qu'il risquait de me confier.

Elles cherchaient à le protéger. De lui ? Sinon, de quoi et de qui ?

*

À peine les manuels chinois consacrent-ils quelques paragraphes à la révolution culturelle. On ne parle ni des souffrances, ni des morts, encore moins des victimes – enseignants, artistes, cadres du Parti, mais aussi ouvriers et paysans. Pour celles et ceux qui en entendent parler par ce biais-là, il n'y a eu ni douleur ni torture. Certains en savent un peu plus, grâce à leurs parents ou à des récits à l'origine obscure, mais ont-ils entendu parler des intellectuels qui se sont pendus et des anciens cadres du Parti qui se sont défenestrés ? Ont-ils entendu parler des familles entières exterminées par des milices ? Des enfants enterrés vivants ou jetés du haut de falaises ? Des fantômes qui, dans la province rurale du Guangxi, s'attaquaient aux ennemis de classe et dévoraient leur foie dans des festins rituels ? On ne parle nulle part de Mme Bian.

Quiconque a vécu à cette époque connaît pourtant Song Binbin, son ancienne élève, un personnage à la funeste réputation. À la cérémonie organisée pour les quatre-vingt-dix ans de l'école, on fit honneur aux plus connus des anciennes élèves et membres du personnel. Une photo de Mme Bian fut placée dans le livre d'or, mais c'est le visage de Song qui orna la banderole extérieure. Elle était née l'année où le Parti arriva au pouvoir. Son père était un général. C'est elle qui écrivit la première affiche en gros caractères critiquant les enseignants. Elle était sur place le jour de la mort de Mme Bian. Moins de deux semaines plus tard, à la mi-août, lorsque Mao rassembla une foule d'un million de gardes rouges en délire, ce fut Song qui grimpa sur l'estrade pour lui remettre son brassard. Elle pouvait dire merci à son école et aux relations de son père.

Mao lui demanda son nom. « Binbin ? Comme "raffiné" ? *Yaowu ma !* »

Sois martiale !

Il existe de nombreux documents de propagande illustrant cette rencontre, cette scène si représentative de son époque. Song Binbin épingle avec précaution un brassard rouge autour du bras du président. Le Monsieur Loyal de ce cirque reste de marbre, à peine ses lèvres esquissent-elles un sourire lorsqu'il lui parle. Vu d'aussi près, avec l'écart d'âge, Mao n'a plus rien de l'icône radieuse : c'est un homme vieillissant, empâté, fatigué. Lui qui mesurait un mètre quatre-vingts paraît tassé dans sa large veste militaire.

Song porte elle aussi un uniforme dont la ceinture accentue le côté informe. Elle a beau être proche de la vingtaine, avec ses couettes, elle ressemble à une enfant. Sa silhouette ne dit rien de la femme qu'elle deviendra. Ses yeux disparaissent presque derrière d'épaisses lunettes, et pourtant on voit à quel point elle a l'air excitée : elle n'en finit pas de serrer la main de Mao, un sourire jusqu'aux oreilles, et, quand il lui parle, elle trépigne de joie. La photo de leur rencontre fit la une de tous les journaux du pays. Un article l'accompagnait, d'une certaine Song Yaowu : « J'ai donné un brassard rouge au président Mao ». Passé cette vantardise, elle faisait le vœu de mener la grande révolution culturelle prolétarienne à son terme puisque « la violence est la vérité ».

Elle se mit à recevoir beaucoup de lettres d'admirateurs. Partout dans le pays, des écoles se rebaptisèrent « Sois martiale », comme elle. Et les élèves obéirent à Mao comme ils avaient obéi à leurs enseignants. Les violences et les morts devinrent monnaie courante, dans un style toujours plus baroque. Les élèves versaient de l'eau bouillante sur leurs enseignants, les forçaient à manger des excréments ou à ramper sur des braises, voire à se battre entre eux. Le mouvement se répandit hors des campus et gagna les rues.

« À Pékin, c'était la première fois qu'une chose pareille arrivait en trois mille ans d'histoire ! lança Youqin. Bien sûr que des gens avaient déjà été tués. Mais par des soldats, des armées, des criminels ! Pas par des adolescents et des élèves ! Je sais pourquoi le président Mao a lancé la révolution culturelle dans les écoles. En tuant des enseignants et en détruisant ces lieux de savoir, on touche aux traditions, aux idées, aux valeurs. À une civilisation, en réalité. »

La foule se mit à tabasser ou à lapider les intellectuels et les familles de propriétaires terriens. La violence gagna le pays entier. En quelques jours, tous les trésors des temples de Lhasa, à plusieurs milliers de kilomètres de la capitale, furent brûlés. Le ministre de la Sécurité publique – un ami du père de Song – ordonna à ses agents de ne pas inquiéter les gardes rouges. « Ne leur dites pas que c'est mal de s'en prendre aux méchants. Si, dans leur rage, ils tabassent des gens à mort, c'est comme ça. » Début septembre 1966, des cadres locaux planifièrent l'extermination de tous les « mauvais éléments » du district de Daxing, en périphérie de Pékin, au motif fallacieux que les ennemis de classe prévoyaient un soulèvement. Des membres du Parti et des milices locales poignardèrent, matraquèrent et étranglèrent 325 adultes et enfants, dont le plus jeune était un nourrisson d'un mois. Personne ne fut épargné.

À Pékin, deux personnes moururent en amont du grand rassemblement place Tian'anmen, et plusieurs centaines les jours suivants.

« Le fait que Mao porte un brassard signifie que lui aussi était un membre des gardes rouges », explique Wu Di, un historien spécialiste de cette époque. « Dans les journaux, on l'appelait le "commandant rouge" des gardes rouges, ce qui voulait dire que tout ce que les gardes rouges faisaient était bien, qu'ils avaient l'aval du Parti et du gouvernement. C'est dire à quel point ce brassard avait de l'importance. »

Ce bout de tissu était donc à l'origine de la destruction des Quatre Vieilleries et des massacres qui s'étaient déroulés dans la capitale puis dans le pays. Comme Youqin l'avait dit, l'histoire d'une école en particulier se mit à incarner toutes les horreurs de la révolution culturelle. Un nom devint à son tour synonyme de « gardes rouges » et de « violence » : celui de Song Binbin. Lorsque les détails de la mort de Bian Zhongyun furent connus, beaucoup de choses se murmurèrent sur Song. Rien ne prouvait qu'elle avait frappé son enseignante. Mais beaucoup croyaient – à tort – qu'elle était responsable de la mort de Mme Bian et des autres. Son moment de gloire sur la place Tian'anmen semblait légitimer cette violence et inciter à y recourir.

Des décennies durant, Song garda le silence, à peu de choses près. Et puis, peu de temps après que Wang eut annulé notre rendez-vous, une nouvelle causa des remous sur Internet. Elle s'était excusée[1].

*

Tout comme Youqin, Song Binbin était allée étudier aux États-Unis et s'était installée là-bas après avoir épousé un Américain d'origine chinoise. Après la mort de son mari, elle était revenue passer sa retraite à Pékin où elle faisait profil bas. On lui avait conseillé de ne pas se replonger dans le passé. Peu de gardes rouges s'y risquaient. Mais, les années passant, un nombre croissant d'entre eux se manifestèrent et avouèrent avoir persécuté des enseignants voire tué des membres de factions rivales[2]. Leurs excuses leur valurent des manifestations de sympathie et, à Pékin, une attention accrue de la part de l'historien Wu

---

1. Zhu Liudi et Zhang Han, *Beijing News*, 13 janvier 2014. Pour un article en anglais, voir, par exemple, Chris Buckley, « Bowed and remorseful, former red guard recalls teacher's death », *New York Times*, 13 janvier 2014.
2. Voir, par exemple, « Red Guards Apologize Forty-four Years Later », *Southern Weekend*, 4 novembre 2010.

Di. Du même âge que Youqin et comme la plupart des gens de cette génération, il avait été envoyé à la campagne en 1968 lorsque le Parti avait voulu disperser les gardes rouges qui sévissaient en ville. Peu après son arrivée en Mongolie-Intérieure, il avait été arrêté et emprisonné, ce qui lui avait valu d'assister à une des pires atrocités de l'époque : la traque du Parti du peuple de Mongolie-Intérieure, un parti secret qui, en réalité, n'existait pas – des cadres du PCC le reconnurent par la suite –, qui causa la mort de 22 000 personnes. Wu promit à ses compagnons de cellule qu'un jour il écrirait leur histoire. Après sa libération, il tint sa promesse mais son travail, comme celui de Youqin, était trop sensible pour être publié en Chine. Il finit par créer un magazine numérique intitulé *Souvenir*[1]. Chaque numéro était envoyé par e-mail à moins de 200 personnes, ce qui, selon une règle obscure, était considéré par les autorités comme un message privé et non comme une publication sujette à la censure. Il ne pouvait pas empêcher les destinataires de les transmettre mais il ne cherchait pas non plus à atteindre un public plus large.

Il avait consacré plusieurs numéros de *Souvenir* à la mort de Mme Bian et avait incité Song Binbin à s'excuser. D'après Youqin, les dernières interventions

1. *Souvenir* a été cofondé avec He Shu, un autre historien spécialiste de l'époque. Pour en savoir plus, voir Ian Johnson, « China's Brave Underground Journal », *New York Review of Books*, 4 décembre 2014.

de l'intéressée avaient été faites du bout des lèvres, ce qui avait contribué à renforcer les soupçons pesant sur elle. En 2002, elle avait menacé d'intenter un procès à l'auteur d'un livre (en partie inspiré du travail de Youqin) qui suggérait qu'elle avait joué un rôle clé dans la mort de Mme Bian. On lui présenta des excuses. Peu de temps après, dans un documentaire intitulé *Morning Sun*, elle expliqua avoir toujours évité la violence ; la mort de son enseignante fut abordée par une de ses camarades de classe mais aucune question sur le sujet ne lui fut posée. Quelques années plus tard, elle participa aux festivités données en l'honneur du 90e anniversaire de son école, au cours desquelles on souligna la chance qu'elle avait eu de rencontrer Mao. En 2012, Wu la persuada d'écrire ce qui s'était passé le jour de la mort de Mme Bian. Il voulait aussi qu'elle s'excuse auprès des enseignants qui avaient survécu. Pour lui, l'enjeu allait bien au-delà de sa réputation. À l'époque, sa figure avait déchaîné un véritable incendie ; peut-être pourrait-elle aujourd'hui apaiser la rage qui brûlait toujours et inviter à une réflexion d'ensemble voire, dans très, très longtemps, œuvrer à la réconciliation.

L'idée était suffisamment révolutionnaire pour que, potentiellement, d'autres écoles s'en inspirent. En Chine, les traditions du nouvel an lunaire consistent à tout nettoyer chez soi, à faire de la place pour la chance, à solder ses comptes et à régler ses affaires. La cérémonie eut donc lieu en janvier 2014 ; vingt enseignants y participèrent. La fille d'un écrivain connu lut un poème. Song et ses camarades de classe s'inclinèrent devant les enseignants et devant le buste de Mme Bian. Elles étaient désormais plus âgées que cette victime de la première heure, qui aurait à jamais cinquante ans. Song, les cheveux gris, avait la soixantaine. Des larmes brillèrent derrière ses lunettes pendant son discours. Son incapacité à protéger les dirigeants de l'école avait nourri une peine et des remords qui ne l'avaient jamais quittée, déclarait-elle. La manière dont un pays envisage son futur dépend beaucoup de la manière dont il traite son passé. Elle souhaitait que tous ceux qui avaient mal agi pendant la révolution culturelle « se regardent dans les yeux, réfléchissent à la révolution culturelle, cherchent le pardon et œuvrent à la réconciliation… Je ne fais pas exception. »

*

Je me doutais que Song et ses amies refuseraient de me parler ; je ne fus pas déçue. Je leur envoyai quand même une lettre. Non. Ce n'était pas pratique. Mais elles changèrent d'avis et me demandèrent de leur adresser mes questions. Quelques jours passèrent et mon téléphone sonna : si je pouvais être là dans deux heures, elles accepteraient de me parler. Cinq minutes plus tard, un taxi m'emmenait tout à l'ouest de la ville figée par le gel. L'été, malgré l'industrialisation maoïste et le développement d'un capitalisme rapace, la ville débordait de vie. Au crépuscule, les chauves-souris s'agitaient devant les fenêtres de mon appartement – j'habitais au dernier étage. Des libellules émeraude survolaient les lacs, des pies aux plumes bleutées plongeaient en piqué vers les pelouses et on apercevait même des belettes jaunes dans les ruelles du centre. Mais l'hiver volait ses couleurs à Pékin : les branches, les chants d'oiseaux assourdis, les rues et les cieux blancs n'avaient rien à offrir. Les nids de brindilles que je vis en haut des arbres nus me surprirent ; comment songer à s'installer dans un endroit aussi inhospitalier ?

Le taxi me déposa aux portes de l'université normale de Pékin, à deux pas du lieu où tout avait commencé. Une salle nous avait été attribuée. Je m'assis en face d'elles à une longue table de conférence en bois qui brillait comme du plastique. Des néons, des cloisons en placo – rien ne distinguait cette pièce d'une autre. Un soleil timide poignait derrière les fenêtres. Tout était tellement formel que j'avais du mal à croire à ce que j'étais en train de vivre. Les jeunes filles qui avaient fait l'expérience de cet été long, chaud et sanglant étaient devenues des femmes d'un certain âge. Leur côté net, précis me rappelait le cliché de la professeure de piano ; bien qu'amicales, elles gardaient leurs distances. Elles se présentèrent : Liu Jin, une amie d'enfance de Song, Feng Jinglan, Li Hongyun et Luo Zhi. Song n'était pas là.

« Ça fait longtemps qu'on en parle mais ça fait très peu de temps qu'on peut aborder le sujet en public. Nous avons tout gardé en mémoire », commença Liu.

« Comme le nom de Song Binbin était associé à ces excuses, elles ont tout de suite attiré l'attention, poursuivit une autre. Il faut dire que Song est un des symboles de la révolution culturelle. »

Ç'a été un fardeau pour elle ?

« Oui. Un terrible fardeau. »

Elles m'assurèrent que le personnel enseignant avait été profondément touché par le discours d'excuses. Ils n'en avaient jamais voulu aux élèves, même celles aux comportements les plus « extrêmes » : c'étaient encore des enfants. Elles abordèrent les différents points l'un après l'autre, avec méthode, consultant à l'occasion un épais dossier devant elles. Après huit années de recherches et plus de cent entretiens, elles avaient réussi à recueillir une certaine quantité de souvenirs épars – même si « bien sûr, les souvenirs ne sont pas toujours très précis » – et à transformer le sang et les morts en des traces d'encre sur du papier. Le processus avait quelque chose de magique : il permettait d'ordonner le chaos et de remettre à l'endroit un monde sens dessus dessous. C'était ce que j'essayais de faire moi aussi puisque je m'efforçais de rendre cohérente une histoire qui n'était pas et qui ne devait pas être vraie.

L'été 1966 rappelle à certains étrangers *Sa Majesté des mouches*. Cette débauche de violence et de haine – pendant laquelle mes interlocutrices, alors toutes jeunes filles, ont elles aussi traqué leur Porcinet – est trop brute, trop cruelle, trop horrible pour être vraie. Mais la réalité va bien au-delà de la fiction. Pas besoin de crash aérien ou d'île déserte, une civilisation fondée entre autres sur le respect envers les intellectuels, les personnes âgées, et l'autorité suffit. Souvenez-vous : le mouvement a été lancé par des adultes. Les adolescentes qui ont tué Bian Zhongyun n'étaient pas des bêtes sauvages mais de parfaits petits soldats. Le Parti avait appris à cette génération à craindre les ennemis du peuple. Or, en 1966, la menace semblait plus proche que jamais.

« Nous avions l'impression que la Chine risquait de ne plus être rouge, qu'elle était menacée », dit Liu. C'était pour cette raison que Song Binbin, une autre camarade et elle avaient rédigé une affiche en gros caractères. Elles incitaient les élèves à participer à l'action et au mouvement et critiquaient la direction de l'école qui les encourageait à étudier. Elles posaient également la question suivante – un comble, étant donné l'origine sociale de Song : pourquoi l'école comptait-elle plus d'enfants de dirigeants que d'enfants d'ouvriers ou de paysans dans ses rangs ?

« Il n'y avait pas de cible clairement définie », lança Liu tout en reconnaissant que l'affiche était à l'origine du soulèvement de l'école. Le gouvernement avait alors envoyé des équipes de travail sur les campus pour identifier les personnes « anti-parti » ou « antisocialistes » comme Mme Bian, mais aussi pour apaiser les esprits. Mais Mao n'avait-il pas dit de « faire confiance aux masses » et de « laisser les étudiants se libérer » ? Ces équipes finirent donc par se retirer, laissant les universités et les écoles en plein chaos.

« Jiang Qing nous encourageait elle aussi », ajouta Liu.

La femme de Mao s'était jetée dans la tempête fin juillet. « Si les méchants se font frapper par les gentils, bien fait pour eux ; si les gentils se font frapper par les méchants, à eux la gloire ; si les gentils se font frapper par les gentils, c'est une erreur, mais qui aime bien châtie bien. Et puis un jour, plus personne ne frappera qui que ce soit », avait-elle déclaré aux gardes rouges[1].

Une autre femme prit la parole. « La séance de torture de Mme Bian a duré longtemps. La plupart des anciennes élèves ne se souviennent pas très bien de ce qui s'est passé ou de ce qu'elles ont fait le 5 août de cette année-là. Certaines disent que Mme Bian est morte d'une crise cardiaque ou d'hypertension. Nous voulions être sûres et clarifier les faits. »

D'après Song et Liu, ce jour-là, une de leurs camarades était venue leur raconter que des élèves plus jeunes qu'elles frappaient leurs enseignants. Elles étaient descendues leur dire d'arrêter et de se disperser. Plus tard, quand on était venu les prévenir que les violences avaient repris, elles s'étaient à nouveau ruées dans la cour, Song avait répété la consigne et elles avaient regagné leur salle. Et puis on leur avait annoncé qu'une enseignante plus morte que vive gisait à l'extérieur et elles s'étaient dépêchées de l'emmener à l'hôpital. Song s'était confiée sur le sujet : elle avait

1. Voir Andrew Walder, *Fractured Rebellion: The Beijing Red Guard Movement.*

eu peur d'intervenir de manière trop décisive[1]. Elle s'était dit que le plus important était de disperser la foule. Elle était responsable de la mort de Mme Bian parce qu'elle était « allée dans le sens de ceux qui se trompaient ».

« Même si Song Binbin et moi sommes descendues leur dire d'arrêter, je regrette profondément de ne pas avoir plus insisté », lâcha Liu.

« Song Binbin et Liu Jin ne pouvaient pas avoir le contrôle de la situation, elles n'étaient pas en mesure d'arrêter qui que ce soit. On ne peut pas se mettre en travers de la révolution », intervint une autre sans que je sache clairement à qui elle s'adressait.

Cette nuit-là, les jeunes filles avaient informé un dirigeant – et ami du père de Song – de la mort de leur enseignante. Liu se souvenait de son silence et de la lenteur avec laquelle il leur avait répondu : « Avec un mouvement d'une telle ampleur, tout peut arriver. Ce genre de problème aussi. C'est inévitable. Elle est morte maintenant, c'est du passé... Ne soyez pas inquiètes, n'ayez pas peur. Retournez à l'école. N'en parlez pas trop autour de vous. Tout ceci doit rester confidentiel. »

Le lendemain matin, Liu fit par haut-parleurs l'annonce qui avait tant choqué Youqin. Obéissante, elle s'en tint aux consignes données : Mme Bian

1. C'est ce qu'elle écrit dans un article paru dans *Souvenir* en 2014, tiré du discours qu'elle prononça lors de la cérémonie organisée par son ancienne école cette même année.

était morte. C'était du passé. « Je me suis beaucoup demandé pourquoi j'étais restée à l'intérieur ce jour-là. Je suis descendue deux fois, pourquoi pas une troisième ? J'aurais peut-être pu la sauver. » C'était comme si un autre monde vivait en elle, un monde dans lequel elle serait descendue une troisième fois, un monde dans lequel elle aurait agi différemment. Un monde dans lequel Mme Bian ne serait pas morte.

« Je veux que cette histoire soit consignée correctement, même si elle ne peut pas être publiée, ajouta-t-elle. Je veux l'écrire pour que les générations futures connaissent les faits. »

Des faits, le dossier en était plein. Quand tout cela avait-il eu lieu et où ? Les violences avaient-elles été exercées par des groupes de gardes rouges ou par d'autres élèves ? Malgré cela, la question la plus évidente restait sans réponse.

Un hochement de tête. « La plupart des gens aimeraient savoir qui est le meurtrier ou la meurtrière. La première chose que j'ai envie de leur dire, c'est qu'il ne s'agit pas d'un meurtre », reprit une des femmes.

Je me retins d'intervenir. Je préférais la laisser parler.

« Il s'agit d'un incident de masse ayant eu lieu pendant la révolution culturelle. On l'a malmenée, on l'a bourrée de coups de pied et on l'a tabassée. On lui a imposé des tâches physiques, comme transporter de la terre d'un endroit à un autre. Elle n'était pas en bonne santé. »

« On l'a torturée », osa une autre.

Peut-être mon visage avait-il traduit ce que je n'avais pas osé dire.

« Il faisait une chaleur infernale et on l'a tabassée et torturée, répéta la première. À bout de forces, elle est tombée dans les escaliers et elle s'est évanouie. Personne n'a osé prendre la décision de l'emmener à l'hôpital. Qui l'a tabassée ? Qui lui a donné des coups de pied ? Qui a retardé le moment de lui prodiguer des soins ? Chaque étape l'a rapprochée un peu plus de la tombe. On ne sait pas qui lui a donné le coup fatal. Mais ce qui est sûr, c'est que la méchanceté humaine est derrière tout ça. Tous les actes de torture qu'elle a subis devraient être dénoncés. À ce jour, personne n'a eu le courage de s'exposer. Nous espérons que ces gens pourront être sauvés, pourront se sauver. »

Elles refusaient de se laisser aller aux reproches, satisfaisants mais tout à fait insuffisants. Les meurtriers étaient des enfants ; ils n'avaient obéi à aucun meneur ; des adultes étaient à l'origine de tout ça. Ces affirmations étaient vraies. Mais que valaient huit ans d'enquête si, en bout de ligne, on ne donnait aucun nom ? Sans nom, c'était comme si personne n'avait battu Mme Bian à mort. Elle « avait été battue à mort ». Ou alors « elle avait été battue, et ensuite elle était morte ». Une femme d'âge mûr en mauvaise santé était morte un après-midi. Personne n'avait besoin de savoir quelle jeune fille lui avait mis des coups de matraque cloutée.

« Notre objectif est de nous confronter à l'histoire. Nous refusons d'oublier, nous voulons établir les faits. Par contre, nous ne voulons pas être à l'origine de nouveaux problèmes ou de nouveaux conflits. Nous sommes guidées par la tolérance et le compromis. »

Et la famille de Mme Bian dans tout ça ?

« Pour le moment, nous essayons de rétablir la réputation de Song Binbin, de la laver de tout ce soupçon qui l'entache – comme l'idée qu'elle aurait tué sept ou huit personnes, qu'elle aurait été impliquée dans un concours de violences physiques et dans la mort de Mme Bian, me répondit-on. Nous essayons surtout de faire en sorte que les gens réfléchissent à la révolution culturelle. Pour qu'il y ait réconciliation et pardon, il faut rétablir la réalité et les faits. Donc rétablir la réputation de Song Binbin. Tout cela a eu lieu il y a très longtemps, d'autres enseignants et élèves qui connaissent Song Binbin essaient eux aussi de rétablir sa réputation. Mais des rumeurs persistent sans que nous comprenions pourquoi. Tous ses amis essaient de l'aider. En dehors de cette action, nous cherchons à rétablir l'histoire et les faits, nous voulons mettre un terme aux mensonges. Nous aimerions que la Chine se penche sur la révolution culturelle. Nous le faisons de notre côté parce que nous avons vécu l'incident du 5 août en personne. Nous ne pouvons pas rester sans rien faire, nous devons dire la vérité : il en va de notre responsabilité. »

« L'incident du 5 août ». Les mots étaient aussi choquants que leur réticence à parler de la famille de Mme Bian (son veuf avait refusé les excuses que Liu lui avait présentées). « Incident » renvoie souvent en Chine à des événements graves voire tragiques. Peut-être trouvaient-elles que l'aura solennelle de ce terme s'accordait bien avec la mort de Mme Bian. Il s'agissait moins d'une tragédie personnelle que d'un événement important d'un point de vue historique, un événement qui avait déterminé beaucoup de choses en Chine. Mais le mot « incident » mettait de la distance, du flou et de l'ambiguïté. Il indiquait que quelque chose d'important avait eu lieu sans préciser quoi, comment, qui, pourquoi.

Je pensais à Youqin et à sa quête infinie des victimes de la révolution culturelle. « Si on ne respecte pas leur mort, on ne respecte pas leur vie, m'avait-elle dit. Le problème, ce ne sont pas les gens qui mentent mais ceux qui ne disent pas toute la vérité, qui racontent une vérité partielle. »

Mais « toute la vérité » n'est jamais qu'une question de point de vue. Song en est un bon exemple. D'accord, elle n'avait pas tabassé Mme Bian. Mais elle avait nourri la colère de ses camarades tout en échouant à mettre un terme à la violence et à venir en aide à son enseignante dans les temps. Certains se demandaient pourquoi elle avait autant tardé à se manifester et à exprimer des remords. Pour ma part, j'étais moins troublée par ce qu'elle avait ou n'avait pas fait que par la liste de griefs qu'elle dressait dans *Souvenir*, qui évoquait davantage une négociation de peine qu'une confession. Dans ce texte, elle revenait avec beaucoup de soin sur les pressions qu'elle avait subies et mentionnait à peine Mme Bian. Elle expliquait comment elle en était venue à remettre un brassard à Mao et comment elle avait été glorifiée contre son gré. D'après elle, l'article faisant l'apologie de la violence n'était pas de sa main. Chaque fois qu'elle s'efforçait d'assumer ses responsabilités, cet objectif lui échappait un peu plus.

Ces réponses entremêlées ne manquaient ni de logique ni de rythme. J'avais des détails à ne plus savoir qu'en faire mais je ne retrouvais pas la minutie avec laquelle Yu Xiangzhen avait reconnu ses erreurs pendant son récit de l'Août rouge. Peut-être que, parfois, se souvenir c'est aussi ne pas se souvenir. Mes interlocutrices racontaient une histoire difficile que beaucoup, dont les autorités, n'étaient pas prêts à entendre. En cela, elles faisaient preuve de courage ; et pourtant, cette même histoire prenait la place d'une autre. On se crée des souvenirs plus qu'on ne les ressuscite ; consciemment ou pas, nous ne nous rappelons que partiellement les choses. Un traumatisme peut mettre en pièces un souvenir, le tordre, le brouiller. D'après Song, ses recherches l'avaient aidée à se souvenir ; grâce à ses camarades, elle avait pu se rappeler ce qui s'était passé ainsi que l'état d'esprit qui avait été le sien. Mais même quand on pense être très scrupuleux, on peut se tromper. Selon certains travaux, à chaque nouvelle invocation d'un même souvenir nous nous donnons un rôle plus central, comme si, inconsciemment, nous structurions les événements autour de nous. La révolution culturelle semble avoir eu l'effet inverse : tous ceux qui l'ont vécue figurent à l'arrière-plan. Dans les mémoires, ce sont toujours les autres les premiers. L'auteur n'a jamais rien dit, rien fait. Un peu plus et il disparaîtrait du tableau.

Les femmes qui se tenaient en face de moi insistaient : elles aussi avaient souffert pendant la révolution culturelle. Lorsque Mao s'en était pris à ses collaborateurs au sein du Parti, le père de Song, discrédité, avait été exilé dans un camp de travail. Song et sa mère avaient été emprisonnées, son frère tabassé. La frontière entre oppresseurs et opprimés était mince. Seul Mao avait vraiment été en sécurité. Mais il y avait différents degrés de souffrance, et tracer des parallèles apportait autant d'ombre que de lumière. Song avait survécu ; pas son enseignante. Par la suite, les relations de Song lui servirent : son père réintégra les cercles de pouvoir et, comme celui de Xi Jinping, devint un des « huit immortels » – les fondateurs du Parti qui avaient survécu et qui œuvrèrent à lui donner un nouveau cap dans les années 80 et 90.

Pour elles, des excuses valaient mieux que le pardon. S'exposer et prendre le risque d'un refus demandait du courage. Mais lorsqu'on s'excuse, on fait appel à la générosité d'autrui, or elles semblaient fatiguées, sans doute à juste titre, de vivre avec cette dette. Elles m'avaient parlé de vérité et de réconciliation mais pas une seule fois de justice. Chacune de leurs remarques les rapprochait du moment où elles pourraient tourner la page, pas de celui où elles assumeraient leurs responsabilités.

*

« Comment peuvent-ils être restés aussi puissants ? Comment peuvent-ils contrôler les souvenirs des gens ? » Wang Youqin, baguettes à la main, jouait avec le riz et les légumes qu'on lui avait servis dans une boîte en polystyrène. C'était dimanche, je l'avais invitée au restaurant mais elle m'avait répondu qu'on gagnerait du temps à déjeuner dans son bureau.

« C'est comme dans *Rashomon*, chacun raconte son histoire. Avant, les gens ne voulaient rien dire. Maintenant, ils sont agressifs, ils me font des reproches. C'est bien que certains s'excusent. On doit savoir ce qui a mal tourné. Mais Song Binbin n'a pas fait les choses sérieusement. Elle a tout gâché. Quarante-huit ans plus tard, elle n'a toujours pas lâché l'affaire ? »

Les excuses de Song arrivaient trop tard ; selon ses détracteurs, elles étaient trop timorées, trop contrefaites, trop superficielles. Elles visaient à dédouaner les enfants de l'élite. Un dessin animé circulait en ligne dans lequel on voyait pleurer un crocodile portant l'uniforme des gardes rouges. La revue *Souvenir* se trouvait elle aussi sous le feu de la critique : on l'accusait d'avoir pris le parti de Song. Les autres écoles qui avaient prévu des cérémonies d'excuses les annulèrent. Comme Wu le soulignait, qui oserait s'excuser après ça ?

« Dans la mesure où c'est encore un sujet tabou, des excuses sont un bon début, même si elles sont surtout là pour évacuer le sujet, insistait-il. Qu'elles soient détaillées, superficielles ou brouillonnes, tant qu'elles mentionnent la révolution culturelle, la violence exercée par les gardes rouges et leurs remords, elles sont bonnes à prendre. » Aucun de ceux qui avaient tué des centaines de victimes à Pékin ce mois-là ne s'était confessé. Ils avaient le même âge que lui, sans doute étaient-ils encore vivants. On n'avait demandé de comptes à personne et personne n'avait été puni. Tout le blâme retombait désormais sur ceux qui avaient le courage de s'exposer et de s'excuser. Song était la cible la plus facile. Les auteurs de ces crimes avaient besoin qu'elle porte le chapeau et que la pression morale et psychologique pèse sur ses épaules. Les intellectuels avaient besoin d'un symbole : il fallait que quelqu'un soit condamné pour toutes les atrocités commises.

Song avait été utilisée depuis ses seize ans, réalisai-je. Plus qu'une femme, elle était une abstraction – elle représentait ce que chacun pensait savoir de la révolution culturelle. On attendait d'elle qu'elle fasse des apparitions occasionnelles et vive dans l'ombre le reste du temps. Du temps où elle était plus jeune, en plein chaos, « la rumeur voulait que Song Yaowu ait été coupable de meurtres, d'incendies, de viols, de toutes sortes d'horreurs », avait-elle écrit. Au vu de tous ces mensonges, elle était obligée de clarifier les choses quand elle abordait le sujet – mais ces explications donnaient l'impression qu'elle se cherchait des excuses, qu'elle se concentrait sur ce dont elle n'était pas coupable pour mieux faire oublier ses crimes. Même le fait qu'elle avait menée Mme Bian à l'hôpital était plus une preuve de culpabilité qu'un geste de secours, aussi tardif et insuffisant fût-il. « Quoi que j'aie pu dire, on l'a mal interprété », concluait-elle.

Des excuses plus convaincantes auraient traduit la peur qui la tenaillait. Elles auraient établi si oui ou non elle avait pensé que les violences continueraient en son absence. Elles auraient sans doute laissé transparaître le sentiment de puissance et l'importance que son moi d'adolescente avait dû éprouver en voyant les contraintes se desserrer, ainsi que l'ivresse de sa rencontre avec Mao et la sensation d'être au centre du monde. Mais un tel récit aurait été jugé trop insensible et on lui aurait reproché de vouloir continuer à profiter de sa notoriété. Il lui aurait fallu répondre à des questions du type « Comment avez-vous pu ressentir du plaisir à participer à un mouvement aussi brutal ? » Quoi qu'elle dise, il y aurait des mécontents. Elle ne réussirait jamais à se faire pardonner. Quoi qu'elle ait fait, ce qu'elle dirait ne serait jamais à la hauteur, loin s'en fallait, car aucun mot, aucune expression de culpabilité, aucun repentir ne serait suffisamment fort face aux horreurs commises.

« Pendant la révolution culturelle, différentes factions se battaient les unes contre les autres au nom de Mao, m'expliqua Wu. Si toutes étaient convaincues de se battre pour la vérité, dans les faits, toutes se battaient pour leurs intérêts individuels. Dans le débat qui nous occupe, beaucoup d'intellectuels raisonnent comme ça : tant que ça me permet d'emporter l'argument, peu importe si j'invente quelques faits ; tant que j'arrive à faire condamner ce mouvement, je peux bien m'arranger avec la vérité. C'est vrai, il y en a qui donnent l'impression de défendre la liberté, la démocratie et le libéralisme mais, en réalité, ils sont encore marqués par la révolution culturelle. »

Wang Youqin avait assisté au début de la séance de critique qui s'était soldée par la mort de Mme Bian. Et pourtant, notait Wu, elle n'avait donné aucun nom. (Youqin m'en avait parlé ; pour elle, c'étaient les victimes qui importaient.) Il lui reprochait de bâcler son travail et la trouvait trop « susceptible quand on la corrigeait ». Pour lui, ses émotions et son expérience personnelle prenaient le dessus sur sa rigueur scientifique.

Mais on ne retire pas la même chose d'une expérience vécue que de faits et de statistiques. Youqin savait que chacune des personnes présentes avait eu le choix puisqu'elle-même avait fait celui de ne pas calomnier ses professeurs et de ne pas s'adonner à la violence. Elle avait passé des années à enquêter sur le sujet à une époque où personne ne voulait en parler. Elle s'était plongée dans des histoires personnelles traumatiques sans réfléchir aux risques qu'elle prenait et aux refus qu'elle pourrait essuyer. Pour elle, quelqu'un qui revenait à contrecœur sur le sujet des années après n'était pas digne d'éloges. Mais sa droiture morale ne laissait pas beaucoup de place à la pitié ou ne serait-ce qu'à la compréhension. De mon point de vue, Wu et Youqin avaient tous les deux un peu raison ou plutôt, si je m'en tenais à l'esprit du débat, ils avaient tous les deux tort. Je me rappelai que, lors de notre première rencontre, Youqin m'avait demandé quels historiens j'avais interrogés et ce qu'ils m'avaient dit, notamment s'ils m'avaient parlé des violences commises dans leurs écoles. Je n'avais pas compris pourquoi.

« Les gens ont beaucoup de raisons de me détester, je suis sur le sujet depuis 1986 », avait-elle lancé. J'avais pensé qu'elle parlait des anciens gardes rouges, peut-être des autorités. Les services de sécurité de l'État chinois s'intéressaient de très près à ce genre de recherches. Sa citoyenneté américaine aidait Youqin mais ne garantissait pas sa sécurité. Mais non, elle visait les autres chercheurs et leurs désaccords. Un collègue l'avait récemment traitée de déséquilibrée parce qu'elle était célibataire et sans enfants. Cela me surprit – j'avais rencontré l'individu plusieurs fois et il m'avait laissé une bonne impression, celle d'un homme gentil – sans vraiment me surprendre, c'était une preuve de sexisme ordinaire de plus. Je commençais à comprendre que le sujet pouvait faire proférer les pires horreurs à des personnes par ailleurs intelligentes et attentionnées. S'intéresser à un sujet aussi sensible, une initiative au mieux excentrique, restait profondément déraisonnable.

« Il a raconté à tout le monde que j'avais essayé de le tuer », avait-elle ajouté.

« De le tuer ? »

Peut-être s'agissait-il d'une métaphore.

« Oui ! Je l'avais appelé parce que je n'étais pas d'accord avec ce qu'il disait. C'est là qu'il a prétendu que je voulais le tuer, parce que je l'appelais sur son portable pendant un orage. Il en a parlé à tout le monde ! »

J'avais pensé que tous ceux qui s'intéressaient à ce sujet étaient dans le même camp. D'ailleurs, il n'y avait que deux camps, non ? Celui du souvenir et celui de l'oubli. Trois à la limite, si on voulait distinguer ceux qui, du côté du souvenir, mettaient en garde contre cette époque de ceux qui l'avaient trouvée plus juste, plus égalitaire. Mais les lignes de fracture étaient toujours plus nombreuses. Ceux qui veillaient à ce que les pires exactions ne soient pas oubliées se dressaient les uns contre les autres. Il y avait trop de camps, à moins qu'il n'y en ait aucun – peut-être ne fallait-il rien y voir d'autre qu'une dispute protéiforme, une dispute qui n'en finissait pas d'étaler sa laideur. Quelle était la nature du mal, d'où venait-il, qui fallait-il accuser ? Un adolescent de quatorze ans pouvait-il être tenu pour responsable ? Le président Mao était-il le seul coupable ? Le pardon était-il possible lorsque justice n'avait pas été faite ? Qui avait le droit de juger ?

L'« harmonie » est un des mantras du pouvoir chinois. Il ne s'agit pourtant pas de faire chanter plusieurs voix ensemble : l'idée est plutôt de faire chanter la même note à tout un peuple et de veiller à ce qu'il ne s'écarte jamais de la mélodie. (Sur Internet, l'expression « se faire harmoniser » signifie avoir été censuré.) À l'inverse, les recherches menées sur la révolution culturelle sont une véritable cacophonie. Tout le monde crie, personne n'écoute, personne ne veut que vous entendiez un autre que lui. Les arguments sont tout sauf scientifiques. C'est le règne de l'amertume, de la violence et des attaques personnelles, comme si tout devait se rapporter à la valeur d'un individu. À l'époque, il n'était pas possible de faire des erreurs, il était seulement possible d'avoir tort – tort de penser ce que l'on pensait, tort d'être qui l'on était. Les survivants ont non seulement dû se protéger des différentes campagnes maoïstes mais aussi du piège futile et bourgeois que représente le soi. Comment pourraient-ils aujourd'hui s'intéresser à l'idée qu'une autre personne se fait d'eux ?

*

Loin d'œuvrer à une réconciliation, les excuses de Song avaient ébranlé les personnes les plus meurtries par la révolution culturelle et déclenché des débats acharnés sur les questions de mémoire, de culpabilité et de repentir. Face à la tempête qui s'annonçait, les censeurs se mirent à supprimer les commentaires des internautes qui prenaient part à la discussion tandis que les services de communication étatiques bloquaient toute tentative de revenir sur le sujet.

« Nous avons envie qu'une réflexion collective s'engage, mais ce n'est pas si simple. Ça va et ça vient, me confia une des amies de Song, qui hésita avant de reprendre. On ne nous a pas laissé le temps de réfléchir. En 1981, au 11e congrès du Parti, la révolution culturelle a été qualifiée de "catastrophe historique". Mais rien n'a été dit sur la question de la responsabilité, sur les leçons à tirer, sur la manière dont nous pourrions empêcher que ce genre d'événement se reproduise. »

Maintenant que certaines horreurs avaient été admises, il devenait de plus en plus difficile de justifier le règne bienveillant du Parti. Les familles des victimes savaient que les meurtriers ne seraient jamais punis : la loi et le système tout entier étaient des outils aux mains du Parti. Le fait que certains coupables appartiennent à l'élite renforçait la réticence des dirigeants. Mais ils avaient bien d'autres raisons de vouloir se soustraire au débat. En condamnant la Bande des quatre et en reconnaissant que Mao avait commis des erreurs, ils donnaient le change pour ne pas qu'on s'intéresse de trop près à une réalité à la fois plus laide et plus sombre. Traiter le passé avec honnêteté représentait un danger pour le Parti, pour l'État et surtout pour la nation. Les amies de Song m'avaient parlé des commissions Vérité et réconciliation en Afrique du Sud ; pour elles, l'idée était belle mais illusoire[1]. Je me demandais si elles avaient une

1. Voir *La Douleur des mots* d'Antjie Krog, traduit par Denis Hirson, Actes Sud, 2004, et *A Human Being Died That Night* de Pumla Gobodo-Madikizela (2003). Le rapport spécial de Judy Barsalou pour

idée de la douleur que ce dispositif avait causée à des familles obligées de se faire à l'idée que les meurtriers de leur fils ou de leur mère avaient été amnistiés. On parle de vérité, de justice et de réconciliation comme s'il s'agissait de synonymes, comme si toutes ces notions étaient un peu la même chose. Il suffit de les étudier de près pour comprendre que certaines sont différentes, voire contradictoires. La justice est une lame aiguisée qui doit permettre de distinguer entre plusieurs choses ; la réconciliation, elle, cherche les points communs, d'où sa tendance au floutage. Il est impossible de discuter calmement, rationnellement, de sujets impliquant des actes de violence ou de torture et des meurtres. Les dégâts psychologiques sont trop importants, les événements trop horribles. Voilà pourquoi les dirigeants chinois ont essayé de dissimuler le pire. Mais, en l'absence de soins, une blessure profonde s'infecte.

Une déclaration indignée de Wang Jingyao fit alors son apparition sur des sites chinois. Était-elle bien de lui ? Il était suffisamment en colère pour répondre au téléphone. « Je ne crois pas à leurs excuses parce que je n'ose pas y croire. Ils ne tiennent pas leurs promesses.

---

l'Institut des États-Unis pour la paix intitulé « Trauma and Transitional Justice in Divided Societies » (n° 135, 2005) m'a également été très utile, sans oublier le rapport réalisé par David Bloomfield, Teresa Barnes et Luc Huyse pour l'Institut international pour la démocratie et l'assistance électorale : « Reconciliation After Violent Conflict: A Handbook » (2003).

On ne peut pas faire confiance aux gardes rouges », cracha-t-il.

Song m'avait dit qu'elle ne l'avait pas invité à la cérémonie d'excuses de peur de lui causer un trop grand choc. C'était peut-être vrai. Mais Wang, lui, voyait le mal partout ; il avait de quoi. Sa femme avait été calomniée et avait perdu la vie à cause de ces mensonges. Par la suite, son meurtre avait été qualifié d'accident. Lui, de son côté, avait été obligé de dissimuler les faits, de cacher ses cendres et de penser à elle en cachette, comme s'il en avait honte. Tout n'avait été que tromperie ; la seule vérité avait été celle de la violence. Wang avait passé la moitié de sa vie à se souvenir[1]. Aujourd'hui, il était vieux et fatigué. D'autres que lui, qui avaient tout fait pour oublier à l'époque, cherchaient aujourd'hui à se rappeler. La révolution culturelle s'éloignait-elle ou se rapprochait-elle ?

1. Dans la conclusion de *The Red Guard Generation and Political Activism in China*, la description que Guobin Yang fait de l'engagement d'une des filles de Wang et Bian – qui organise des événements en lien avec l'histoire des jeunes instruits – est extrêmement émouvante : il parle d'un « projet visant à préserver et à comprendre l'histoire et la mémoire » et d'un « courage silencieux ».

Cinq[1]

Il y a ceux qui demandent si ce n'est pas trop
à gauche, si on n'est pas en train de revenir
à la révolution culturelle. Ils n'ont rien compris.
Ceux qui l'ont vécue savent que ce n'est pas le cas.

Bo Xilai

Un homme de petite taille et trapu, la soixantaine bien passée, marchait d'un pas lourd dans notre direction avec dans chaque main un objet en forme de cylindre enveloppé d'un tissu bleu marine. À deux pas du sommet de la colline, il s'arrêta près d'un arbre,

1. Le récit que je fais de ce qui s'est passé à Chongqing pendant la révolution culturelle se fonde principalement sur des entretiens avec d'anciens gardes rouges rencontrés sur place et ailleurs, comme l'historien He Shu. Ce n'est qu'après avoir fini d'écrire ce livre que j'ai découvert *The Red Guard Generation and Political Activism in China* de Guobin Yang; j'aurais aimé en avoir entendu parler plus tôt. Il fait un excellent travail de clarification et parvient à rendre lisible les événements extraordinairement complexes de cette époque. Xujun Eberlein a elle aussi écrit sur son enfance à Chongqing dans ces années-là (voir xujuneberlein.com). Les faits concernant Bo Xilai sont tirés de mes enquêtes; pour un aperçu de sa carrière, du scandale dont il a fait l'objet

tendit le bras pour accrocher un des cylindres à une branche et enleva l'épais tissu qui révéla une cage en osier. Puis il suspendit l'autre et l'exposa elle aussi au grand jour. À l'intérieur, des oiseaux secouèrent la tête en tous sens, surpris par la lumière, avant de se mettre à chanter dans le brouillard.

Je connaissais ce rituel grâce à Pékin. Tous les matins, deux retraités s'installaient à l'entrée de ma résidence et accrochaient leurs cages aux arbres grêles qui bordaient la route encombrée pour faire prendre l'air à leurs alouettes et à leurs grives. Cette pratique ancienne et la sollicitude des propriétaires avaient beaucoup perdu de leur charme lorsque j'avais compris la cruauté qu'elles dissimulaient. Apparemment, la solitude et le chagrin des oiseaux chanteurs privés de compagnie par la captivité finissaient par avoir raison de leurs trilles et de leur plumage. À l'extérieur, lorsqu'ils retrouvaient un des leurs, ils se remettaient à piailler, bondir et se lisser les plumes. Leurs maîtres ne voyaient pas ce qu'il y avait de mal à leur montrer un monde plus vaste et plus libre, quoique tout à fait

---

et de sa chute, voir *The Bo Xilai Scandal: Power, Death and Politics in China* de Jamil Anderlini (2012) ainsi que le long article de Carrie Gracie pour la BBC, « Murder in the Lucky Holiday Hotel », bbc.co.uk/news/resources/idt-sh/Murder_lucky_hotel, 17 mars 2017. Pour en savoir plus sur le Parti, voir *The Party: The Secret World of China's Communist Rulers* de Richard McGregor (2010) et *From Rebel to Ruler* de Tony Saich (voir plus haut). Peu de temps après la fin de cet ouvrage, j'ai également découvert le livre de Jude Blanchette : *China's New Red Guards: The Return of Radicalism and the Rebirth of Mao Zedong* (2019), qui offre une belle vue d'ensemble du retour du maoïsme.

inaccessible. Ce que je trouvais déjà triste à l'ombre des immeubles me parut encore plus terrible dans ce parc immense où les confins d'un lac disparaissaient dans le brouillard, et où des oiseaux prenaient leur envol depuis la cime des arbres et côtoyaient les nuages. Les alouettes domestiques n'avaient pas grand-chose à y gagner, si ce n'était le droit de contempler un espace qu'on leur refusait.

Han Pingzhao, mon interlocuteur du jour, écrasa sa cigarette sur le banc en pierre et fit un signe de tête au vieil homme. « Il a mon âge. Il y a peut-être participé. » Han faisait beaucoup plus jeune : ses cheveux, coupés de près, brillaient au soleil, intégralement noirs à l'exception d'une fine bande blanche au niveau des tempes. Il portait une chemise kaki de la marque Timberland, un jean et des chaussures brun clair à lacets. Et pourtant, il avait pris sa retraite du média officiel pour lequel il travaillait et s'intéressait désormais à un sujet que le Parti évitait : le mouvement qui, en ravageant sa ville, ne l'avait pas épargné.

Il venait de formuler une pensée qui ne m'avait pas quittée ces derniers jours. Il suffisait que je voie des hommes attablés dans des salons de thé, des tasses ébréchées à la main, ou des femmes s'occupant de petits-enfants espiègles, pour que mon esprit m'y ramène. Je n'arrivais pas à faire le lien entre ces scènes-là et ce que je savais : parmi eux, se trouvaient des combattants qui, armés de matraques improvisées, avaient roué de coups des camarades de classe et des collègues. Chongqing avait été le théâtre de combats parmi les plus violents ; ici, la scission des gardes rouges en différentes factions avait tourné à la guerre. Pendant l'occupation japonaise, le KMT avait fait de cette ville sa capitale, ce qui expliquait pourquoi elle abritait autant d'usines de munition. Lorsque, en 1967, des conflits armés éclatèrent, l'armée apporta son soutien à un des camps et lui fournit ce dont il avait besoin. Les factions se servirent donc de grenades, de mitraillettes, de napalm, de tanks et de navires de guerre – selon les mots d'un habitant, il ne leur manquait que les avions. Les exécutions furent menées de sang-froid et concernèrent entre autres des personnes blessées ou enceintes. Des dizaines de milliers de personnes fuirent la ville ; si 1200 morts sont attestées, le coût humain total doit être bien plus élevé. Certaines des victimes se trouvaient au mauvais endroit au mauvais moment, comme cet enfant de huit ans tué par une balle perdue alors qu'il jouait dans la rue. D'autres, à peine plus âgées, n'eurent pas beaucoup plus de chance, mais elles faisaient au moins partie des combattants. Personne n'avait pensé que cela irait aussi loin, que des gens mourraient, que tant de gens mourraient. Beaucoup virent des proches, des amis tomber au bout de plusieurs heures de combat. Ils eurent toutes les peines du monde à y croire. Comment était-ce possible ? Tout cela avait-il vraiment eu lieu ?

Le parc Shapingba en était la preuve. Plus de cinq cents victimes, essentiellement des adolescents, étaient enterrées ici, dans un cimetière dédié aux gardes rouges caché derrière un petit bois[1]. Certains dignitaires avaient voulu le raser au bulldozer, comme cela avait déjà été fait pour d'autres cimetières, et le remplacer par un parc d'attractions avec un funiculaire et des imitations de lieux célèbres – ce dont attestait un modèle réduit assez miteux du mont Rushmore. Le projet avait échoué et le parc était devenu le seul endroit en lien avec la révolution culturelle à être déclaré « site patrimonial national ». Mais un mur recouvert de mousse encerclait le site désormais fermé au public. J'étais déjà venue jeter un coup d'œil à travers le portail cadenassé. Le cimetière avait à peine cinquante ans, et pourtant, avec ses tombes en ruine envahies par la végétation, il m'avait rappelé ceux que j'avais vus dans le sud des États-Unis et qui dataient de la guerre de Sécession. Des plantes luxuriantes partaient à l'assaut d'immenses monuments en marbre, jadis immaculés, dont il ne restait plus qu'une surface grise mouchetée de lichen. Des torches sculptées dominaient des piliers et des obélisques en pierre gravés d'étoiles rouges, de slogans maoïstes et du nombre 815, du nom de la faction rebelle à laquelle appartenait les victimes – 815 pour 15 août, la date ayant présidé à sa création en 1966.

Han avait fait partie de la faction 815, puis il s'était battu contre elle avec son groupe baptisé Fandaodi

1. Peng Yining, « Red Guards cemetery reveals scars yet to heal », *China Daily*, 8 avril 2010. Dans *Out of Mao's Shadow*, Philip Pan parle lui aussi du cimetière de Shapingba.

(« Rebelles jusqu'au bout »). Malgré son récit détaillé, bien plus facile à suivre que les histoires verbeuses que ses pairs m'avaient servies à plein volume à mon arrivée, je ne comprenais toujours pas le pourquoi de la scission. Plein de compassion, il me rassura en m'expliquant que les détails importaient peu. C'était surtout une question de circonstances et de capacité à placer ses espoirs en quelqu'un qui savait distinguer entre le bien et le mal, ou qui donnait l'impression de savoir. À l'époque, cela avait dû paraître clair ; mais quand il s'agissait aujourd'hui d'expliquer le pourquoi d'un ralliement à telle ou telle faction, il était difficile d'y voir autre chose qu'un embrouillamini contre nature de disputes idéologiques, de différentes positions sociales, de ressentiments personnels, d'anciennes amitiés, de signaux mal interprétés et de chance – ou de malchance. Il disséqua tout cela comme il put et m'expliqua l'histoire du cimetière. Si je voulais en savoir plus sur ses origines, il allait falloir que j'interroge un ancien camarade et ennemi, Zheng Zhisheng, un homme qui travaillait aujourd'hui dans la chimie mais qu'on appelait à l'époque le « maître des cadavres ».

*

« Les premiers morts recensés datent du 1er juillet 1967. Le 10, on m'a chargé de m'occuper des cadavres », me raconta Zheng. Ses épaisses lunettes à monture en écaille portaient encore l'étiquette de la marque. Deux autres paires prenaient la poussière sur son bureau encombré de livres, de journaux, d'une énorme loupe et de deux tasses en porcelaine avec couvercle.

Il me montra une photo. « Octobre 1967. Vingt-sept personnes – vingt-sept cadavres. » Très peu de visages étaient visibles. J'aurais pu disparaître tout entière à l'intérieur d'une des bouches tant elle béait.

« J'avais déjà vu des cadavres mais c'était la première fois que je devais m'en occuper. J'étais un élève modèle et le chef de faction me trouvait serviable et dur à la peine. » Il s'interrompit quelques instants pour réfléchir. « Et puis on n'était pas toujours d'accord. Donc il a pensé à moi. Je n'ai pas eu le choix. Je maquillais les corps, je leur mettais un brassard, un badge de Mao, la même chose pour tout le monde. Au début, je trouvais ça sale, tous ces corps à nettoyer, je passais mon temps à me laver les mains au savon. Et puis je me suis habitué. Sauf pour l'odeur. La puanteur était terrible, ça me donnait envie de vomir. Sans parler des fantômes – eux, ils me terrifiaient. J'étais athée mais ça fait partie des croyances traditionnelles. J'avais peur. »

Il fouilla dans un autre tas de photos et me montra une jeune fille joufflue, la coupe au carré. « Voici la première victime dont j'ai dû m'occuper, avec du formol. Elle allait aider les blessés sur les champs de bataille, c'est là qu'elle s'est fait faucher par une balle. Elle avait seize ans. » Une autre. « Là, c'est l'université

– on a enterré des gens ici mais le monument a été détruit. Maintenant, ce sont des parterres de fleurs. » Il reposa les photos au milieu du fatras.

« Pour moi, ce sont tous des martyrs. Quel gâchis de mourir si jeune ! Quand on a eu des morts dans notre faction, on s'est mis à détester ceux d'en face. Donc on a fait des prisonniers, on les a lapidés jusqu'à ce qu'ils perdent connaissance, et puis on les a amenés à l'hôpital. Ensuite, on les a changés d'hôpital, mais c'était un prétexte. Il y en a qu'on a battu à mort, c'est pour ça qu'on a fini en prison. On haïssait tellement la faction Fandaodi ! Maintenant, je sais qu'on a été manipulés. Il n'y avait que des innocents. Il n'y a eu que des victimes. »

Les prisonniers en question, alors qu'ils étaient déjà blessés, avaient été tabassés à coups de crosse. Il avait fait partie des bourreaux ? « Non, non, c'étaient deux autres gars », répondit-il en secouant la tête.

Mais c'était lui qui leur avait donné l'ordre ?

« Oui, confirma-t-il sans brusquerie. Je n'étais pas du tout triste, je voulais simplement me venger. L'autre faction avait tué des membres de la nôtre. Je ne les connaissais pas, ça n'avait rien de personnel. »

Il n'était pas le seul à avoir passé des années en prison à la suite de ce conflit armé. À sa sortie, il avait voulu partir à la recherche des familles des victimes pour essayer de se faire pardonner. Mais quelqu'un lui avait dit que les proches pourraient le poursuivre en justice et il avait abandonné. « C'est un cauchemar qui n'en finit pas. Un vrai traumatisme. Dans certains de mes cauchemars, je suis encore en prison. Après ça, j'ai beaucoup travaillé, j'ai cherché à accepter ce que j'avais fait. J'ai essayé de faire le bien et, à chaque coup dur, je me suis relevé et j'ai tenu bon. J'ai beaucoup pleuré. »

Il insistait malgré tout sur le fait que les leçons qu'il avait apprises lui avaient beaucoup servi – et ce même s'il avait du mal à m'expliquer pourquoi. Il laissa échapper un soupir, comme s'il espérait que je change de sujet.

« C'est difficile à expliquer en quelques mots. Pour un étranger, la révolution culturelle, c'est comme un livre très compliqué. On n'y comprend rien. Même les jeunes n'y voient aucun intérêt. »

Il avait peur de ce qui pourrait arriver si personne ne se confrontait au passé ; il avait peur que les nouvelles générations reproduisent les erreurs de la sienne. Il ne croyait pas à une deuxième révolution culturelle, l'Histoire était passée à autre chose. Que craignait-il alors ?

« De nouveaux bouleversements. » Il prit quelques instants pour réfléchir. « Comme ceux de la place Tian'anmen par exemple. À l'époque, mon fils était à la fac, je lui ai écrit pour qu'il n'y aille pas. À cause de ce que j'avais vécu. Les étudiants étaient patriotes, ils voulaient se battre contre la corruption, mais ils se sont fait utiliser. » Sur le coup, j'eus du mal à saisir. « Ils se sont fait utiliser par des sales types, des Fang Lizhi, des Wu'er Kaixi, des Wang Dan, qui rêvaient de démocratie occidentale à grande échelle. Mais on ne peut être gouvernés que par le Parti communiste. On ne peut pas avoir une démocratie comme les Américains. Tout ce que ça risque de nous apporter, c'est du chaos. L'histoire chinoise, c'est plus de deux mille ans de féodalité; les États-Unis sont nés avec deux partis et la démocratie. Les étrangers ne peuvent pas comprendre la Chine ou le passé chinois. Ce n'est pas à cause du parti unique qu'il y a de la corruption : dès qu'il y a pouvoir, il y a corruption. On ne peut pas se débarrasser du Parti, c'est impossible. On ne veut pas de nouveaux bouleversements. »

C'était un point de vue assez courant en Chine, même chez les personnes les plus ouvertes d'esprit. Le pays n'était pas encore prêt à être libre, mais le serait-il un jour puisqu'on ne le laissait même pas essayer ? Personne ne s'inquiétait de ça. Pour Zheng, les responsables de ce désastre étaient la désobéissance, les caprices individuels, la fierté et l'égoïsme. Désormais, seuls la stabilité et le bien commun comptaient.

Zheng avait été puni à la fin du mouvement. Alors qu'il battait encore son plein, Han avait fait partie des millions de personnes accusées d'avoir participé à la « conspiration du 16 mai » – un petit groupe d'étudiants qui, après avoir accusé Zhou Enlai de conservatisme, avait rapidement été démantelé[1]. Mais

---

1. Dans *Turbulent Decade*, Yan Jiaqi et Gao Gao insistent sur l'ampleur de cette chasse à l'homme, qui a fini par donner lieu à l'expression suivante : « La conspiration a touché tous les foyers ; parent ou ami, tout le monde était concerné. »

les cadres de l'armée et du Parti avaient profité de l'occasion pour se retourner contre les gardes rouges rebelles et pour les accuser d'avoir participé à ce complot. Ce qui avait été le fait de cinquante étudiants au maximum avait ainsi entraîné une centaine de milliers de morts. La paranoïa grandement encouragée par la révolution culturelle avait à cette occasion atteint son paroxysme.

Han avait été séquestré pendant des mois dans une prison officieuse et avait dû, encore et encore, établir par écrit la liste de ses supposés péchés. Si, à l'époque, il n'avait rien compris à ce qui lui arrivait, les historiens n'étaient aujourd'hui guère plus avancés. Mais c'était une question très différente des leurs qui l'avait taraudé, nuit après nuit : pourquoi avait-il été si prompt à opprimer, lui qu'on opprimait aujourd'hui ? L'année précédant son incarcération, un ami qui travaillait dans une usine à papier à détruire les livres dangereux lui avait fait passer certains ouvrages, dont une bible. Elle était si mal traduite que Han avait eu du mal à tout comprendre mais, dans sa cellule, il avait vaguement réussi à invoquer certains passages. Il s'était mis à s'interroger sur leur sens et sur le sens de ce qu'il avait vécu. À sa libération, il avait renoncé à la vengeance et fait sien le message du Nouveau Testament : « Aimez vos ennemis. » Ces mots que j'avais entendus enfant et qui m'avaient toujours paru doux voire banals prenaient pour Han un tour radical, car ils étaient à l'opposé du maoïsme.

« Aimer, c'est facile, m'expliqua-t-il. Reconnaître sa culpabilité, par contre, pas du tout. Dieu est juste et honnête. Ceux qui croient en Dieu ont ça en eux. Mais l'environnement dans lequel on évolue pèse tellement sur nos vies. C'est très difficile de nager à contre-courant, on se sent seul, c'est douloureux. »

Pour Han, le christianisme parlait moins de rédemption que de combat personnel et de conscience individuelle. Il fallait que ces voix s'élèvent, il fallait qu'elles soient écoutées pour que la Chine s'épargne de nouvelles catastrophes. Là où Zheng avait placé sa foi dans le Parti, Han s'était tourné vers Dieu et vers ceux qui étaient prêts à écouter la parole divine. À chacun sa vie et à chacun son récit : pour Zheng, la Chine avait besoin de discipline ; pour Han, d'oser se faire confiance. Le premier ne jurait que par le statu quo tandis que le deuxième voulait des réformes.

Ceux qui s'étaient trouvés à la tête de l'État, comme Deng ou le père de Xi, avaient eux aussi dû réfléchir à leurs actions. Ils avaient souffert et vu leurs proches souffrir. Ils avaient perdu leurs vieux amis et leurs rêves d'une Chine heureuse où il ferait bon vivre. Lorsqu'ils revinrent au pouvoir, ils firent tout leur possible pour éviter un nouveau désastre. Dans leur intérêt, et dans celui des masses, ils se rangèrent du côté de la stabilité. Ils décidèrent que plus aucun dirigeant ne piétinerait ses pairs, son pays et son peuple. Deng régna certes jusqu'à sa mort mais il avait lancé un chantier d'institutionnalisation et de partage des pouvoirs[1]. Après les manifestations de 1989, nourries par les désaccords criants existant au sein de l'élite dirigeante, le plus important fut d'éviter toute rupture avec le peuple. Je n'imagine que trop bien ce qu'ils durent ressentir en voyant des millions de jeunes gens rassemblés sur la place Tian'anmen : le réveil de l'instinct de survie et de la brutalité que leur avait inculqués la révolution, pour laquelle ils avaient déjà tant sacrifié, mais aussi la peur viscérale de l'issue qu'aurait le mouvement[2].

Le Parti fixa un âge de retraite et adopta des règles tacites pour s'assurer que personne ne resterait trop longtemps au pouvoir ; ainsi, les dirigeants suprêmes ne pouvaient pas faire plus de deux mandats de cinq ans. Les infractions étaient punies selon un code officieux : les membres du Politburo pouvaient se faire poursuivre pour corruption. En revanche, les personnages les plus haut placés – le comité permanent du Politburo – étaient intouchables, tout comme leurs familles. Mieux valait donc multiplier les protecteurs et s'appuyer sur un vaste réseau. Le Parti devint une entité plus sûre, plus stable, plus calme et plus ennuyeuse.

Des années durant, cela fonctionna. La Chine prospérait. Les foyers qui jusque-là ne mangeaient

1. Dans *Deng Xiaoping and the Transformation of China* (2011), Ezra F. Vogel brosse un tableau exhaustif de la vie et du travail de Deng après la mort de Mao.

2. Les jeunes manifestants de 1989 ont pourtant ouvertement rejeté toute tentative de comparaison avec les gardes rouges.

de la viande qu'une fois par an agrémentaient désormais leurs plats de morceaux de porc fondants une fois par semaine. Ceux qui, par le passé, ne seraient jamais sortis de leur village, se retrouvaient à faire du shopping ou du tourisme à Shanghai, Bangkok ou Paris. Permanentés, affichant des pulls colorés et des Nike, ils buvaient du vin rouge, mangeaient au McDo et s'adonnaient à des loisirs. Le « modèle de Pékin » fascinait les étrangers. Mais tout cela avait un coût. La corruption était endémique. Il fallait payer pour que son enfant aille dans une bonne école, pour obtenir son permis de conduire, conclure un accord commercial ou éviter des poursuites. Un enseignant se contentait de quelques milliers de yuans, un dirigeant haut placé exigeait plusieurs dizaines de millions. Dans des villes comme Chongqing, les gangs de rue fleurissaient, protégés par les cadres qu'ils avaient réussi à acheter. Les inégalités se creusaient. Plus l'économie se développait et se transformait, plus l'appareil politique se figeait.

Personne ne s'y trompait. Le président Hu Jintao et son Premier ministre Wen Jiabao, qui étaient au pouvoir à mon arrivée, avaient mis en place en un temps record l'ossature d'un État-providence. Mais cela ne suffisait pas et la gratitude ne dura guère. Il fallait à tout prix maintenir la stabilité, une obsession qui aurait horrifié Mao et qui consistait en définitive à ne surtout rien changer. Les réformes importantes que tout le monde attendait n'en finissaient pas d'être reportées. La Chine ne pensait qu'à une chose :

s'enrichir et s'agrandir. Une dizaine d'années suffirent à voir fleurir une centaine de nouveaux aéroports et musées. Le métro pékinois se prolongea davantage en ce même laps de temps que le métro londonien en plus d'un siècle et demi. Toujours plus de ponts, d'immeubles, de parcs d'attractions, d'autoroutes, de centres commerciaux, d'usines, de cinémas et de gares. Lors de la crise financière de 2008, le gouvernement injecta 4000 milliards de yuans dans l'économie chinoise, grâce à quoi il fut considéré comme le nouveau sauveur. Il soutint ce développement effréné sans s'occuper des conséquences, à savoir une économie irrémédiablement déséquilibrée, des sols et des fleuves pollués, toujours plus de corruption et de détournement de fonds, des inégalités croissantes entre les plus riches et les plus pauvres, entre les villes et les villages. Mais les richesses avaient beau croître, le mécontentement aussi. Le Parti cessa de rendre publics l'indicateur clé de mesure des inégalités ainsi que le nombre d'« incidents de masse », c'est-à-dire de soulèvements. En 2011, le budget de la sécurité intérieure passa devant celui de l'armée et atteignit par la suite de nouveaux records.

Il ne saurait en être autrement dans un pays où les forces de sécurité interviennent très vite. Ce qui se tient. Le Parti sait qu'il doit à tout prix éviter un mouvement comme celui de 1989. Il doit agir avant que le moindre signe d'agitation ne soit visible. À l'approche de rassemblements politiques d'envergure, d'événements internationaux comme les Jeux olympiques ou d'anniversaires sensibles, les services de sécurité et de censure fonctionnent à plein régime. À chaque nouvel « incident », comme les émeutes ethniques réprimées dans le sang au Tibet et dans le Xinjiang ou la remise du prix Nobel de la paix à un dissident, une date s'ajoute au calendrier du Parti, qui doit déployer de nouvelles mesures, dont le nombre et le coût n'ont d'égal que l'absurdité. Les Pékinois n'ont par exemple plus le droit de faire du cerf-volant ou d'élever des pigeons ; à un moment donné, les compagnies de taxi durent même retirer la manivelle des vitres de leurs véhicules pour que leurs passagers ne puissent pas s'envoyer des messages d'incitation à la rébellion. Les activistes et les dissidents sont assignés à résidence voire emprisonnés sans jugement ; parfois, on les emmène en « vacances », c'est-à-dire qu'ils doivent embarquer vers une destination touristique, accompagnés par des agents de l'État qui – à l'image de parents face à des enfants ingrats – ont toute latitude pour les gronder s'ils refusent de se détendre et de profiter des infrastructures. Malgré une apparence de traitement civilisé et des « vacances » tous frais payés, il s'agit bel et bien d'oppression. C'est toujours mieux que des coups de poing ou des aiguillons à bétail, mais on ne peut pas non plus parler de progrès.

Et surtout, cela ne règle pas le problème. Une croissance à deux chiffres est un phénomène normal lorsqu'une économie a été bridée et un pic démographique est la garantie d'une main-d'œuvre bon marché. Des centaines de millions de Chinois ont bondi sur l'occasion pour essayer de s'extraire de la pauvreté. Il n'y a là ni secret miraculeux ni loi immuable propre au développement chinois. En revanche, rien ne vient combler le vide au cœur de l'Empire du Milieu : ni les villas, ni les ormeaux, ni les Ferrari. On trouvera toujours plus riche que soi et, malgré une consommation effrénée, l'insatisfaction règne. La soif de justice, l'esprit collectif, la volonté de trouver des valeurs et un sens communs ne peuvent pas se satisfaire de la fadeur obstinée cultivée par les hommes au pouvoir. Le manque de prestige et de charisme de Hu Jintao ont fait de lui un président « arbitre ». Jeune pendant les années Mao, il a tout fait pour se fondre dans le paysage. Avec lui a triomphé le culte de la non-personnalité.

*

Arrive Bo Xilai. Bo, comme Xi, était grand et sûr de lui. Bel homme, il était apprécié et le savait. Lui aussi était le fils d'un « immortel » communiste, Bo Yibo, exclu du Parti et torturé pour avoir supposément appartenu à une clique de traîtres ; sa mère, elle, était morte sous la surveillance des gardes rouges. Bo Xilai, lorsqu'il fut libéré de l'horrible camp de prisonniers où il avait passé plusieurs années, raconta à des camarades de classe qu'elle avait été battue à mort[1].

Son père, réhabilité après la mort de Mao, fit jouer ses relations pour qu'il grimpe les échelons au plus vite. À la

1. Pour en savoir plus sur la vie de Bo pendant la révolution culturelle, voir Chris Buckley, « Children of Mao's wrath vie for Power in China », Reuters, 22 juin 2012.

tête de Dalian, une ville du nord-est, Bo Xilai se concilia les faveurs des investisseurs étrangers et des résidents en relocalisant les usines en périphérie et en rénovant le centre-ville. Il ne manquait pas d'idées et savait les mettre en œuvre tout en s'assurant qu'on le voyait faire. Il poursuivit son ascension. Devenu ministre du Commerce, il se révéla aussi doué pour courtiser tant les étrangers que les travailleurs ordinaires.

Mais le Parti avait des doutes. Son ambition dévorante et son style flamboyant faisaient peur. À l'inverse, Xi tissait sa toile lentement mais sûrement. Même lorsqu'il accéda à la fonction suprême, il n'afficha pas la moindre ostentation. Sa femme, chanteuse pour l'armée, était bien plus connue que lui. Bo, trop pressé, se fit beaucoup d'ennemis. En 2007, il faillit intégrer l'organe suprême, le comité permanent du Politburo, mais son père, depuis toujours son plus fidèle soutien, n'était plus là pour l'aider. À la place, on lui imposa un pas de côté plutôt qu'une promotion : il fut nommé à Chongqing. Là, à son habitude, il adopta des mesures en faveur du commerce et des investisseurs étrangers, invitant Henry Kissinger et d'autres à visiter la ville. Cependant, il restait attentif aux cris d'alarme de ceux frustrés par le fossé qui se creusait entre les nantis et les autres, et mit en place des mesures comme la taxation de la propriété privée (dont l'efficacité ne fut pas au rendez-vous). Wang Hui, un des rares penseurs de gauche influents à ne pas être néomaoïste, voit chez lui une prise de distance très nette avec le néolibéralisme et « la volonté d'œuvrer, plus qu'ailleurs, à la redistribution, à la justice et à l'égalité ».

Bo mit également sur pied une campagne très novatrice dans sa manière de s'inspirer du passé, qu'il intitula « Chanter des chants rouges – combattre les forces noires ». Le premier volet du programme se comprend facilement : il s'agit de spectacles de masse reprenant des chansons révolutionnaires comme « L'Orient est rouge », l'hommage à Mao qui avait remplacé l'hymne national pendant la révolution culturelle. La campagne, qui se basait sur une participation « bénévole », suscita un réel enthousiasme, même s'il restait en Chine peu d'individus suffisamment naïfs pour décider de ne participer à aucun des dizaines de milliers d'événements. De grands concerts publics furent organisés. Les journaux publièrent des partitions. Les stations de radio se mirent à ne plus diffuser que cette musique. Bo puisait sciemment au répertoire de Mao : « À quoi bon se la jouer artiste ?... Seuls les dilettantes préfèrent l'art mystérieux », déclara-t-il. (Peut-être avait-il raison, mais quand les chaînes de télévision locales remplacèrent les séries par des performances de chants révolutionnaires, l'audimat dégringola.) Les chants révolutionnaires étaient « le médicament spirituel » à même de sauver l'âme blessée de la Chine. Bo envoyait des citations de Mao par message aux habitants de Chongqing ; il ordonna aux étudiants d'aller travailler à la campagne et organisa pour ses cadres des visites de sites révolutionnaires. Dans le même temps, il sévit contre les gangs de rue

– les « éléments noirs » – qui menaient la vie dure à de nombreux résidents. Des milliers d'arrestations se soldèrent par des procès spectaculaires et une poignée d'exécutions.

Chongqing se régalait. La Chine aussi. Tout le monde parlait de Bo. À quelques exceptions près (notamment Hu Jintao et Wen Jiabao), tous les membres du comité permanent du Politburo – dont Xi Jinping, en passe de devenir président – se rendirent à Chongqing et lui apportèrent leur soutien. Les habitants étaient d'excellente humeur. Les commerçants étaient libérés des gangs et de la terreur qu'ils faisaient régner. Un quadragénaire avait composé une chanson en hommage au regard perçant et au « sourire printanier » de son maire. Les universitaires parlaient de « modèle de Chongqing », même s'il était difficile de comprendre les règles qui structuraient ce mélange hétérodoxe de priorités données aux logements sociaux, aux investissements étrangers, aux chants révolutionnaires et à la lutte contre les éléments noirs[1]. Les admirateurs de Bo saluaient la mise en couleur du monochrome qu'avait jusque-là été la politique communiste et l'apparition de principes moraux dans une économie gouvernée par le marché ; ses détracteurs le trouvaient tape-à-l'œil, superficiel et néfaste. Les étrangers le comparaient à Silvio Berlusconi, à Huey Long voire à JFK. Mais il était avant tout chinois, et

1. Yueran Zhang, « The Chongqing Model One Decade On », *Made in China Journal*, vol. 6, n° 1, janvier 2021.

c'était à un autre personnage chinois qu'il ressemblait le plus. Bo avait revêtu le manteau de Mao ; pourtant, chaque fois que la ressemblance était évoquée, il avait l'effronterie de se déclarer choqué. Lorsqu'il sentit qu'il était allé trop loin, il essaya de redorer son blason en parlant de sa volonté de promouvoir le civisme – une rhétorique qui avait le mérite d'être floue et d'en appeler aux bons sentiments. « L'Orient est rouge » laissa la place à des chants patriotiques plus modernes et des cadres expliquèrent que le mot « rouge » ne voulait pas forcément dire « révolutionnaire » et qu'il renvoyait aussi à la joie, à la santé et à la positivité.

Mais c'était moins le contenu que la stratégie employée qui posait problème. Ceux qui avaient vécu pendant la révolution culturelle auraient reconnu le danger entre tous[1]. La propagande faisait partie du quotidien ; en revanche, le narcissisme éhonté de Bo et son autopromotion dérangeaient. Torturer les suspects pour obtenir des aveux était une pratique répandue et les tribunaux chinois, soumis au Parti, n'étaient pas indépendants. Mais les ennemis de Bo et de ses proches étaient ciblés de manière trop voyante, leurs biens saisis et redistribués avec trop de promptitude pour que l'opération passe inaperçue.

1. Dans « Le renouveau maoïste et le virage conservateur dans la politique chinoise » (*Perspectives chinoises*, n° 2012/2), Willy Lam s'intéresse entre autres à la stratégie de Bo ; il conclut habilement de la manière suivante : « Malgré la chute de Bo Xilai, les chances sont raisonnablement élevées que l'essentiel du renouveau des normes maoïstes continue sous Xi Jinping. »

Lorsqu'un avocat de la défense fut condamné à une peine de prison pour avoir falsifié des preuves, on commença à s'intéresser au sujet. On vit d'un autre œil les shows grandioses, on s'aperçut de la manipulation des émotions de masse visant à renforcer l'hostilité à l'égard des riches, du recours assumé à son pouvoir personnel contre ses opposants et ce au mépris de la loi, de l'usage de la terreur. Et pardessus tout, de l'utilisation du peuple pour aller à l'encontre de ce que garantissaient les institutions politiques.

« Ses méthodes, c'étaient celles de la révolution culturelle, m'expliqua Han. S'il avait le soutien de la population, c'est parce que beaucoup de gens continuent à penser que la révolution culturelle était une bonne chose. »

Bien après que ce constat eut été établi par ses pairs, Bo apparut alors à tous comme un dirigeant puissant et charismatique se servant des masses pour s'en prendre à ses ennemis voire les liquider. Il semblait désirer à tout prix intégrer le comité permanent du Politburo mais, après tout, pourquoi son ascension s'arrêterait-elle là une fois son objectif atteint ? Tous les présidents de la République populaire de Chine avaient été adoubés par un des fondateurs de la Chine moderne : de par son âge, Xi est le premier à s'être soustrait à cette règle. Son arrivée au pouvoir fut en effet le résultat de négociations en coulisses. Le mois de novembre 2012 devait marquer le début de son mandat. Au moment où certains se mirent à en douter, dans une chute aussi spectaculaire que l'avait été son essor, Bo implosa.

*

L'enthousiasme que Bo suscita auprès des habitants de Chongqing est tout aussi étrange que ses emprunts à la révolution culturelle. Le mouvement avait coûté la vie à sa mère et à beaucoup de jeunes gens du coin. Mais, visiblement, tout le monde n'avait pas tourné la page du maoïsme. On ne força la main à personne, les gens se lancèrent de leur plein gré dans l'aventure; aussi durent-ils faire un véritable deuil lorsqu'elle s'arrêta. Le fait de travailler ensemble à un objectif commun leur avait manqué. L'époque à laquelle les cadres étaient pauvres et s'efforçaient de servir le peuple leur avait manqué. Les millions de personnes qui avaient perdu leur travail à cause des réformes touchant les entreprises d'État rêvaient d'un emploi, d'argent et de certitudes. Les classes moyennes voulaient à nouveau pouvoir compter sur le fait que tout le monde possédait strictement la même chose. L'espace public, remplacé par des centres commerciaux, leur avait manqué. Le fait de ne pas avoir à prendre de décision, de vivre en sécurité, de savoir distinguer le bien du mal leur avait manqué. Et surtout, tous ceux qui en avaient fait l'expérience voulaient revivre le court moment pendant lequel ils avaient cru qu'un monde nouveau où tout était possible adviendrait.

La plupart étaient partagés entre le chagrin et la joie que leur conféraient les plaisirs de leur nouvelle vie. Ceux-là souscrivaient au point de vue de Zheng Zhisheng, à savoir que les communistes modérés avaient sauvé la Chine en lui offrant richesse et stabilité. Mais, pour d'autres, leur avenir leur avait été volé par des bandits. Dans un monde où régnait la méfiance, ils voyaient les escrocs partout. Pour ces maoïstes de la première heure, Deng et les autres réformistes étaient des arnaqueurs de génie puisqu'ils avaient réussi à priver le peuple de ses droits imprescriptibles et à les servir à leurs proches et amis. La révolution culturelle n'avait pas été une déformation de la cause communiste mais son point culminant; fidèles à leur dirigeant éternel par-delà la mort, ils regrettaient donc qu'elle ne soit pas allée jusqu'à son terme. Certains se souvenaient des jours glorieux, du temps où ils faisaient partie de l'avant-garde. Pour d'autres, cette légende brillait de mille feux. Un petit groupe ouvrit une librairie et un site qu'ils appelèrent *Utopie*. Alors même que cela sous-entendait que leur objectif ne serait peut-être jamais atteint, leurs rangs grossirent de belle manière. Ils organisèrent des voyages en Corée du Nord afin d'admirer ce qui était selon eux la société idéale. Ils créèrent une commune rurale pour accueillir des étudiants. Pour beaucoup, la Chongqing de Bo – dans ses aspects les plus à gauche en tout cas – était un modèle.

Le maoïsme est une idéologie de lutte, or ces maoïstes se refusaient à trahir la cause. Ils trouvaient les médias aux mains des réformistes – des gens de droite selon leurs termes – bornés, intolérants et sourds aux problèmes et à la voix des plus pauvres. Ils se considéraient comme une minorité persécutée alors qu'ils étaient loin de souffrir autant que les partisans de la démocratie puisqu'on préférait emprisonner ceux qui demandaient la tenue d'élections multipartites plutôt que ceux qui professaient le retour au bon vieux temps. Ils ne supportaient pas qu'on critique la révolution culturelle. Ils sermonnaient les réformistes lorsqu'ils prenaient la parole en public. Dix mille personnes signèrent une pétition demandant l'arrestation de Mao Yushi, un économiste modéré de quatre-vingts ans qui avait qualifié le président Mao de « marionnettiste responsable de la ruine de la Chine et des Chinois » – on le menaça même de représailles violentes. Un des cofondateurs d'*Utopie*, professeur de son état, fit la une des journaux après avoir giflé un « traître » octogénaire qui avait osé se moquer de jeunes maoïstes.

Han, qui était pour les réformes, désapprouvait ce type de comportements. Mais il m'encouragea à aller parler à ces extrémistes. « Je peux vous présenter Zhou Jiayu. On est d'accord sur les problèmes, pas du tout sur les solutions. Il n'y en a pas beaucoup qui pensent comme moi, la plupart sont dans son camp. Avant, on était amis. On a tous les deux participé à la révolution culturelle, c'est pour ça qu'on arrive à s'entendre. Pour ça, et parce que je suis convaincu du droit de chacun à la différence et à ne pas être d'accord. Nous avons des points de vue différents mais je te reconnais le droit d'exprimer ton avis. »

Puis il éclata de rire. « Si Zhou et les autres étaient au pouvoir, ils ne seraient pas aussi charitables. »

*

Han n'était pas le premier à me parler de Zhou. « Il ne faut surtout pas prononcer les mots "bouc émissaire" devant lui », m'avait prévenu Zheng.

« Il a toujours été mesquin. Aujourd'hui, il continue à tout nier en bloc », m'avait confié un autre garde rouge.

« Il y a ceux qui sont prêts à parler, ceux qui ne le sont pas, et puis il y a tous ceux qui sont prêts à parler mais qui refusent de dire la vérité, comme Zhou Jiayu », m'avait raconté un historien en souriant d'un air triste.

C'était le mois d'avril. Le jour du nettoyage des tombes, le cimetière de Shapingba était ouvert aux anciens gardes rouges et à leurs familles. Ce rassemblement annuel donnait lieu à un drôle d'assemblage mêlant rituels féodaux et souvenirs maoïstes. Zhou portait une grande couronne mortuaire blanche rehaussée de vert et d'orange. L'année précédente, debout sur un banc, il avait harangué les vétérans et les avait poussés à honorer le sacrifice de leurs camarades tombés au combat. Cette année, il prononça son discours dans un salon de thé – depuis la chute de Bo, le climat politique était à l'inquiétude. De la rubalise blanche claquait au vent à l'entrée du cimetière où des dignitaires humides recouverts d'un vêtement de pluie attendaient assis en ligne derrière une table pliante. Seuls les visiteurs dont le lien avec les défunts était établi pouvaient entrer; les étrangers n'étaient pas les bienvenus. De peur qu'on écourte mes interviews, je ne m'attardai pas. « La police voudrait savoir si vous êtes là en vacances ou pour travailler », m'avait lancé le réceptionniste en me voyant quitter l'hôtel ce matin-là.

Peut-être la police avait-elle des tombes à nettoyer elle aussi; toujours est-il que personne ne se manifesta. Le lendemain, accompagnée de Han, je retrouvai Zhou dans un restaurant de son quartier. Après tout ce que j'avais entendu sur lui, il me parut petit et effacé. Il portait un pull en acrylique à motifs et un pantalon. Je fus désarçonnée par la manière dont il m'accueillit: « Ah, vous êtes britannique ? Thatcher ! Une dame de fer, d'accord, mais avec cette gentillesse propre aux femmes... »

J'avais grandi dans le Nord dans les années 80, autant dire que je ne partageais pas son avis – un avis qui ne manquait pas de me surprendre venant d'un maoïste comme lui.

« Mais si, reprit-il lorsque je tentai une objection, elle était très bien. Et elle n'a pas eu peur de muscler son jeu lorsque la situation l'a exigé, comme pendant la guerre des Malouines. Très bien, je vous dis ! Nos dirigeants devraient s'inspirer d'elle. Sur tous les plans. »

Lorsque les premières mesures de *L'Internationale* retentirent, il répondit à son téléphone. Puis il revint à notre conversation et passa directement au sujet qui nous intéressait. « Ces trente dernières années, la grande révolution culturelle a été marginalisée et diabolisée[1]. Lorsqu'ils en entendent parler, les gens l'associent naturellement à quelque chose de mauvais. Pour eux, la société se porte mieux grâce aux réformes et à l'ouverture. Mais ils ne connaissent pas la vérité. L'échec de la grande révolution culturelle est un très grand malheur. Ce que nous craignions le plus à l'époque n'a jamais été aussi puissant. »

Tout le monde utilisait le mot *wenge*, une abréviation en deux syllabes, pour parler du mouvement. Zhou, lui, déroulait l'expression dans son entier – *wenhua da geming* –, comme s'il voulait redonner toute sa grandeur à la révolution culturelle.

« Nous ne voulions surtout pas que la Chine devienne capitaliste. Un de nos problèmes principaux, c'était la corruption des dirigeants. Je ne voulais pas devenir quelqu'un de connu, je ne faisais pas ça pour la gloire, pour la fortune ou dans mon intérêt personnel. C'était simple, je faisais ça pour le pays, pour

1. Dans *Bataille pour le passé de la Chine. Mao Tsé-Toung et la Révolution culturelle* (traduit par Sven Sillou et Clarissa Y. Yang, Delga, 2020), Mobo Gao défend le mouvement avec passion au motif qu'il a libéré les classes de la société chinoise les plus pauvres. Le travail de Dongping Han va dans le même sens ; voir par exemple « Impact of the Cultural Revolution on Rural Education and Economic Development: The Case of Jimo County », *Modern China*, vol. 27, n° 1, janvier 2001, un article dans lequel il souligne l'aspect positif des réformes de l'éducation, qui ont notamment contribué à la massification de l'instruction dans les zones rurales.

la nation. Pour sauver la Chine et pour défendre le président Mao. »

L'engagement de Zhou se fondait sur un sentiment de gratitude car, pour lui, il devait tout à Mao et au Parti. Son père était mort pendant la guerre de résistance contre l'agression japonaise ; six de ses frères et sœurs étaient morts en bas âge – malgré les efforts de sa mère, il n'y avait pas assez à manger. Poussée par le désespoir, elle avait placé ses quatre derniers enfants dans un orphelinat. Lorsque les communistes prirent le pouvoir, ses sœurs aînées rejoignirent le Parti et réunirent la fratrie une fois leur position assurée.

« De l'école primaire à l'université, ma famille n'a payé aucun frais de scolarité. L'hôpital était gratuit. Le logement aussi. Chaque mois, nous touchions huit yuans, ce qui était beaucoup. Le président Mao a offert un avenir radieux aux pauvres. L'écart entre l'ancienne société et la nouvelle, entre le règne de Chiang Kai-shek et celui de Mao, était le même que celui qui sépare l'enfer du paradis ; voilà ce qu'on disait à l'époque. Mais le même écart sépare aujourd'hui le présent, qui ressemble en tout point à l'ancienne société, de l'époque de Mao. Alors que la Chine est la deuxième économie mondiale, 85 % des citoyens ordinaires n'ont pas de quoi acheter une maison, se soigner ou aller à l'école. C'est un comble. Nos représentants considèrent que le pays leur appartient plus qu'à nous. Ils sont corrompus. Ils ne font preuve d'aucune moralité, d'aucune humanité, ils s'en fichent. Tout ce qui compte, c'est l'argent. Tout le monde les appelle “patrons”. C’est le règne du capitalisme ! »

Han se renfonça dans son siège et ferma les yeux, les mains derrière la tête. On lui avait déjà servi ce monologue.

« Un patron peut te virer quand ça lui chante. Si tu lui demandes une augmentation, tu dégages. Les conditions de travail sont terribles, les gens se sentent comme des agneaux qu’on envoie à l’abattoir. La seule culture qu’on entretient, c’est celle de l’argent et du pouvoir. Ça n’a rien à voir avec la culture chinoise traditionnelle, c’est comme si on n’avait gardé que le pire. Dire qu’on a remplacé par la culture occidentale la sagesse de la pensée Mao Zedong… »

La première partie du sermon de Zhou touchait à sa fin. Son agitation retombait.

« Il y a d’un côté les oppresseurs, de l’autre les gens qu’on opprime. Du temps de Mao, c’était radicalement différent. »

Plutôt que de lui raconter la blague suivante : « Le capitalisme, c’est l’exploitation de l’homme par l’homme ; le communisme, c’est le contraire », je profitai de son silence pour commander. Il faisait froid dans ce restaurant. Les murs en faux marbre, le lustre en plastique et le brocart en polyester sur les tables semblaient vouloir mettre les gens à l’aise, un effort réduit à néant par les panonceaux interdisant de parier. Ce microcosme reproduisait la superposition d’éléments criards et austères propre à la Chongqing de Bo. Comme tout ce que j’avais vu dans la nouvelle zone de Chayuan, il paraissait à l'abandon. Les grands immeubles blancs et gris ne donnaient quasiment aucun signe de vie. Chayuan se trouvait en périphérie de la ville ; le quartier avait poussé sur des terres jusque-là agricoles, ce qui donne toujours un aspect inhabité, miséreux aux constructions. Zhou était convaincu que sa relocalisation à cet endroit, loin de ses vieux amis, était une preuve de plus des persécutions politiques qu'il subissait – « c'est un peu comme si j'avais été envoyé en Sibérie ». Il vivait dans le centre jusqu'à ce que, soudain, on le mette à la rue puis on lui attribue ce logement. Ce qui pouvait ressembler à un délire paranoïaque avait un fondement : le Parti savait faire pression sur les propriétaires de logements loués à des activistes. Comme j'avais pu le constater, Zhou n'était pas du genre à faire profil bas.

Il avait presque terminé ses études à l'université de Chongqing quand la grande révolution culturelle avait commencé.

« Nous savions que certains cadres étaient corrompus, nous avions entendu parler des problèmes liés au bureaucratisme mais nous ne savions pas qui était concerné. La grande révolution culturelle nous a permis d'identifier les pires éléments capitalistes et de nous battre contre eux. Je me suis beaucoup impliqué, je voulais défendre le président Mao, c'est pour ça que j'ai osé dire non quand le pouvoir aux travailleurs est devenu le pouvoir aux laquais du capitalisme. »

Lorsque Han parlait de « laquais du capitalisme », j'entendais les guillemets. Zhou était plus littéral, il énonçait un fait. D'après lui, les dirigeants de Chongqing s'étaient attaqués à leurs subordonnés pour se soustraire à l'attention du public. Une de leurs premières cibles fut le président de l'université – un ancien révolutionnaire apprécié pour son humilité, son dévouement aux étudiants et son érudition. Un cadre modèle, de ceux dont le Parti chantait les louanges. Mais un différend l'opposait au secrétaire du Parti de Chongqing, qui gouvernait la ville et préférait qu'il s'en aille. Les équipes de travail envoyées sur place forcèrent les étudiants à le dénoncer avant de le jeter en prison, où il se suicida.

Zhou prit la tête des manifestations qui suivirent. Des milliers d'étudiants en colère défilèrent et se rallièrent à Mao, qui luttait pour le peuple et contre l'inhumanité des dirigeants. La section sport fournit douze motos ; la section divertissement, des drapeaux et des tambours. À l'époque, précisa-t-il, on avait le droit de manifester. On pouvait écrire des affiches en gros caractères. On pouvait débattre.

« Je n'avais pas peur. Et peur de quoi, d'ailleurs ? Il y avait tellement de gens à mes côtés. Grâce à la grande révolution culturelle, nous avons eu un aperçu de la démocratie et des droits humains. Les classes les plus basses ont eu un espace d'expression et des étudiants lambda comme moi se sont retrouvés en tête de ligne. Sans la grande révolution culturelle, rien de tout cela n'aurait été possible. »

À ma grande surprise, Han renchérit. « C'était magnifique. Nous avancions vers une société idéale. Tout le monde avait le choix de croire en ce qu'il voulait, on nous disait : "Placez votre confiance dans le peuple et remettez-vous-en à lui !" ou "Il faut que le peuple se libère de ses chaînes". J'étais d'accord avec tout. »

Pour ceux qui ne possédaient rien et les marginalisés – les étudiants pauvres, les travailleurs luttant pour joindre les deux bouts, toutes les victimes d'injustices bureaucratiques –, c'était l'occasion de revenir sur leur statut, de redéfinir les termes de leur vie et d'être entendus[1]. L'humiliation qu'il y avait à faire nettoyer les toilettes aux intellectuels et aux responsables politiques était voulue. Mais ceux dont c'était habituellement le travail y trouvaient également une forme de justice. C'était la première fois qu'ils osaient exprimer leur colère, la difficulté qu'ils avaient, jour après jour, à nourrir leur famille et le sentiment qu'ils éprouvaient face au traitement qu'on leur réservait. Ils voulaient croire à une « grande démocratie » dans

1. Dans *Proletarian Power: Shanghai in the Cultural Revolution* (1997), Elizabeth J. Perry et Li Xun s'intéressent à la manière dont les travailleurs ont su saisir cette occasion. « Ce qui est sans doute le plus extraordinaire avec la révolution culturelle, c'est moins la pesanteur de l'atmosphère politique, une pesanteur due aux instances dirigeantes, que la diversité des modes d'organisation du peuple, de la base. » Dans *The Cultural Revolution at the Margins: Chinese Socialism in Crisis* (2014), Yiching Wu étudie les moments les plus radicaux de cette époque ainsi que leur répression, ce qui m'a permis de mieux comprendre les possibilités qu'un mouvement destructeur peut receler.

laquelle les dirigeants (ceux qui se trouvaient sous les ordres de Mao, évidemment) leur rendraient des comptes. Mais cet horizon de possibilités aussi radicales que marginales ne resta ouvert que très peu de temps. Beaucoup firent l'erreur de prendre Mao au pied de la lettre.

C'est à cette occasion que Zhou, Zheng, Han et d'autres constituèrent la brigade 815, dont la renommée gagna bientôt les usines de la ville. Ils obtinrent le soutien de l'armée dans leur lutte contre le gouvernement municipal et les équipes de travail – puis contre d'anciens membres, comme Han, lorsqu'ils firent sécession.

Pour Zhou, c'était la droite qui était responsable d'actions que la plupart considéraient sans le moindre doute avoir été menées par la gauche. L'incendie de l'ambassade britannique à Pékin ? « L'œuvre du faux Parti communiste. Le président Mao n'a rien à voir là-dedans. » Les combats armés dans les rues de Chongqing ? « La faute aux capitalistes. Ils nous ont monté les uns contre les autres en soutenant différentes factions. Au début, on débattait. Et puis on s'est mis à se battre à coups de bâton. Ensuite, les armes, les pistolets et les tanks sont arrivés. »

Un membre de Fandaodi m'avait raconté la pire des batailles, celle où ils avaient perdu face à la brigade 815. Ceux de son groupe qui le pouvaient s'étaient jetés dans le fleuve pour s'enfuir à la nage mais lui était blessé. Incapable de bouger, il s'était fait capturer puis tabasser. Le plateau du camion dans lequel on l'avait enfermé avec d'autres était rouge de sang. Une fois en prison, ils furent à nouveau tabassés. Là, il demanda à voir Zhou, son ancien camarade. Mais celui-ci n'avait rien voulu entendre, il était parti sans se retourner.

« Je ne me souviens pas de ça, me répondit Zhou quand je l'interrogeai. Ce sont des rumeurs. »

Vous avez pourtant participé à la lutte armée.

« Non. Je n'ai frappé personne. »

Beaucoup de gens disent que vous y avez participé. C'est d'ailleurs pour ça que vous avez fait de la prison.

« Ce sont des rumeurs ! Quelqu'un a même écrit dans un livre que j'étais à la tête de la lutte armée. Ce n'est pas vrai. Il voulait régler ses comptes avec moi. Je suis prêt à assumer mes responsabilités, je ne suis pas du genre à faire porter le chapeau à d'autres. J'ai fait quinze ans de prison, je n'ai plus peur de rien. Par contre, il faut dire la vérité. »

D'après Zhou, le commandement de l'armée l'appréciait, c'est pour ça qu'il avait été invité à séjourner sur la base militaire et qu'il avait pu échapper aux violences lorsqu'elles avaient atteint leur paroxysme. Il était responsable de la section en charge de la défense de la culture, pas de la section de combat. « J'ai assisté aux combats et j'ai contribué à la propagande en ce sens. C'était inévitable pour quelqu'un qui participait à la grande révolution culturelle. Je disais aux gens de ne pas avoir peur et de continuer à se battre. C'est comme ça que j'ai reçu le surnom de Zhou-Trois-Forces. Après un de mes discours à une réunion du gouvernement central, Zhou Enlai a dit: “Le camarade Zhou Jiayu a trois forces: son niveau, son esprit et sa posture.” »

Il me parut plus grand tout à coup, plus assuré aussi. Je continuai à l'interroger sur les combats.

« Je savais très bien que ce n'était pas une bonne chose ! répondit-il en se remettant à crier. J'étais écœuré par toute cette violence. Mais j'étais obligé de réagir. Les autres factions se battaient. Qu'est-ce que vous faites, vous, quand quelqu'un vous frappe ? Il n'y avait pas d'autre solution. Bien sûr que je regrette certaines des choses que j'ai faites pendant la grande révolution culturelle. J'étais très jeune, j'avais vingt et un ans, je n'étais pas assez réfléchi. La lutte armée était une erreur et je ne me suis pas assez renseigné sur les gens au pouvoir avant de m'en prendre à eux. Mais c'était un honneur de faire partie de ce mouvement. Au moins, ma vie aura servi à quelque chose. Alors que je venais d'un milieu très pauvre, j'ai participé à des discussions qui ont eu des conséquences à l'échelle nationale. » Voilà où s'étaient trouvés les idéalistes. Eux n'avaient ni enfants ni comptes bancaires à l'étranger et ne jouissaient pas de plusieurs passeports comme les dirigeants actuels. Ils n'avaient pas cherché l'enrichissement personnel. Ils s'étaient battus pour le peuple. Leur âme était pure.

Mais le prix à payer n'était-il pas un peu élevé ?

« Difficile à dire. On parle de trente pour cent d'erreurs pour la révolution culturelle. Les souffrances et les morts font partie de ces trente pour cent. Mais toute révolution sociale implique des sacrifices. C'est le prix à payer. Combien de personnes sont mortes pendant la guerre de Sécession ? Là aussi, le coût est trop élevé ? Combien de personnes sont mortes en Chine pendant la Guerre civile ? Vous trouvez toujours ça trop cher payé ? »

Sa voix allait crescendo.

« Et la Seconde guerre mondiale, la guerre contre le fascisme ? Combien de morts ? Trop cher payé ou pas ? »

Il se rassit pour mieux me sermonner. « Il ne faut pas raisonner en termes de prix à payer. Certaines choses sont inévitables. C'est comme ça que l'Histoire avance. »

*

L'étoile qui guidait Zhou disparut avec la mort de Mao et la chute de la Bande des quatre. « Liu Shaoqi et Deng Xiaoping étaient les plus puissants, c'est eux qui ont fini par gagner. »

Liu était pourtant mort pendant la révolution culturelle ; privé de son traitement, il avait agonisé à même le sol de sa cellule. Mais pour Zhou, l'idéologie était plus forte que tout. La mort ne se mettait jamais en travers de la victoire et ne justifiait aucun pardon. Que valaient une vie, mille vies dans la guerre contre l'Histoire ? Les réformateurs avaient fêté leur retour au pouvoir en arrêtant des millions de gardes rouges.

Des millions ?

« Des dizaines de milliers, dit-il d'un ton brusque. Quelle horrible époque. »

Le procès de Jiang Qing et de la Bande des quatre fut retransmis à la télé et tous les gauchistes du pays furent traduits en justice. Zhou fut accusé d'être contre-révolutionnaire, d'avoir tué des gens et d'avoir comploté contre le gouvernement. Selon lui, l'injustice était criante. La plupart des cadres à l'origine des procès avaient eux aussi participé à la révolution culturelle. Pourquoi n'étaient-ils pas inquiétés ? Quelles preuves avaient-ils contre lui ? On ne donna le nom d'aucune victime et d'aucune bataille. Les procès, comme les réformes et l'ouverture qui suivirent, participaient d'une justice des vainqueurs : « La loi et les tribunaux, il n'y avait rien de vrai dans tout ça », se lamenta-t-il.

Les gardes rouges d'élite – comme ceux qui avaient tué Mme Bian – ne furent pas poursuivis. Nombreux étaient ceux qui avaient fait bien pire que Zhou, quels qu'aient été ses torts, et qui n'en ont jamais payé le prix. Mais pour les autres, on recourut à une procédure juridique. Le procès de Jiang, qui refusa pourtant les services d'un avocat, est l'acte fondateur de la défense en Chine[1]. (Les interjections et les témoignages amers de cette femme puissante firent de ce simulacre de procès un véritable spectacle : « J'étais le chien du président Mao, déclara-t-elle dans une tirade restée célèbre, je mordais tout ce qu'il me disait de mordre. ») Le diffuser à la télé, même sous une forme censurée, était

1. Voir Judith Bout, « L'invention de la défense en Chine », *La Vie des idées*, 20 novembre 2012, laviedesidees.fr/L-invention-de-la-defense-en-Chine.html, ainsi que mon entretien avec Zhang Sizhi, commis d'office pour représenter Jiang Qing (qui le révoqua pour se défendre seule).

une façon de montrer qu'à bien des égards, les temps avaient changé. Pendant la révolution culturelle, les accusés n'avaient pas le droit de se défendre ou d'être défendus ; le face-à-face se faisait entre eux et des entités purement politiques. L'État réinstaurait désormais son monopole de la violence. Lors de ce procès, les avocats n'eurent pas le droit de plaider non coupable pour leurs clients et eurent l'interdiction d'aborder le rôle de Mao. Tous étaient très inquiets à l'idée qu'ils puissent un jour payer pour avoir défendu ces personnes si les tendances politiques devaient à nouveau s'inverser. À bien y regarder, ce furent en définitive des victimes de la révolution culturelle (tous ces dirigeants, ces avocats et ces juges mis au placard) qui garantirent aux accusés les droits dont ces derniers les avaient privés.

Comme Jiang, Zhou s'était battu, avait renvoyé ses avocats et défié le tribunal. Il se vanta d'avoir cloué le bec aux juges sur certains points de droit, ce qui lui avait valu les applaudissements du public. À la fin du procès, il s'était écrié : « Vive le Parti communiste ! Vive la Grande Révolution culturelle ! Vive ceux qui vont à contre-courant ! Le socialisme triomphera du capitalisme ! L'histoire m'innocentera ! »

« À ce moment-là, j'avais trois images en tête. Celle du dirigeant de l'Internationale communiste à son procès par Hitler[1], celle de Che Guevara et celle de Castro. »

1. Le Bulgare Georgi Dimitrov était secrétaire général du comité exécutif du Komintern de 1934 à sa dissolution en 1943. Il a tenu tête à ses accusateurs nazis lors du procès de Leipzig en 1933. (*N.d.T.*)

Mais il n'eut guère le temps de se réjouir. Il passa trois ans et demi dans une prison souterraine. Des deux autres condamnés de sa cellule, l'un devint fou et l'autre mourut. Zhou était coupé du monde extérieur : pas de lettres, pas d'appels, pas de visites, pas même le ciel. Il était rongé par la solitude autant que par la faim. Il se récita des poèmes des dynasties Tang et Song, des œuvres plus récentes de la main de Mao, bien sûr, et des chansons. « Je savais que je n'étais pas coupable, ajouta-t-il, c'est ça qui m'a permis de tenir. »

Ensuite, on l'envoya dans un camp de travail. Là, au moins, il voyait le soleil, respirait l'air du dehors et pouvait parler à d'autres prisonniers. Ils travaillaient dans de grandes fosses à extraire de l'argile ; chaque jour, il fallait qu'ils aient chacun rapporté de quoi façonner deux cents briques pour recevoir de la nourriture. Ensuite, pieds nus même en hiver, ils foulaient l'argile, la terre grise se tachant peu à peu de leur sang. Une promotion finit par lui valoir de passer au département technique de l'usine du camp. Il fut libéré au bout de quinze ans, mais la liberté n'était pas non plus une partie de plaisir. Ses pieds ne guériraient jamais vraiment ; lorsque le vent tournait, la douleur lui remontait jusque dans les os. Toutes ces années de malnutrition l'avaient beaucoup affaibli et il souffrait de maux de ventre chroniques. Son arrestation lui avait également coûté son mariage et il n'était plus en contact avec son fils, qui vivait au Canada. « Vous n'avez pas d'enfant ? C'est bien. Quel fardeau, la famille ! »

Mais le plus dur avait été de s'accommoder du monde tel qu'il était devenu. Il avait réussi à se faire aux changements pratiques mais la mort du pays cher à son cœur l'avait profondément ébranlé. Pour lui, la vraie révolution culturelle s'incarnait dans ses tendances les plus courtes, comme cette éclosion d'idéaux radicaux donnant le pouvoir au peuple et tout aussitôt réprimés. Le reste n'était que prétexte ou détournement. Pour lui, tout le mérite de la situation chinoise actuelle revenait au maoïsme. La croissance économique ne devait rien aux réformes ou à l'ouverture, elle était la conséquence naturelle du progrès technologique[1].

« Il y a trois gros enjeux en Chine : l'éducation, le logement et les soins. Ce sont des enjeux parce qu'il y a des groupes d'intérêts corrompus. Ces problèmes n'en étaient plus avant la Grande Révolution culturelle. Beaucoup de gens trouvent qu'on vit mieux qu'avant, mais ce n'est vraiment pas le cas de tout le monde. On subit des pressions à la fois politiques, économiques

1. La question de savoir si la révolution culturelle a joué un rôle dans la croissance économique chinoise a fait l'objet de débats poussés. Dans *The Chinese Cultural Revolution Reconsidered: Beyond Purge and Holocaust*, dirigé par Kamyee Law (2003), Mark Lupher explique que les réformes ne sont pas mises en place par Deng « en réaction à la révolution culturelle [; elles sont] la conséquence de changements survenus pendant la décennie précédente » qui avaient contribué à une restructuration du pouvoir. Dans le même ouvrage, Christine Wong note que l'industrialisation rurale à laquelle la révolution culturelle a mené a ensuite donné lieu à la croissance rapide des entreprises rurales de bourgs et de cantons (*xiangzhen qiye*).

et culturelles. Les réformes et l'ouverture de la Chine ont accéléré le transfert de richesses depuis le peuple vers les ultra-riches. Le plus gros conflit de classe se situe aujourd'hui entre les groupes d'intérêts à qui on a conféré un pouvoir et le peuple qu'ils oppriment et exploitent. En tant que membre de la classe la plus basse, je peux vous dire qu'on vit très mal. »

Il se tut. Il avait terminé.

*

Il insista pour nous raccompagner à notre taxi malgré les violentes bourrasques et la pluie qui balayaient la place. Au moment où il lui dit au revoir, Han essaya sans succès de lui glisser de l'argent pour ses médicaments. Zhou attendit poliment que notre véhicule s'éloigne, une main accrochée à son parapluie qui s'agitait furieusement dans la tempête, l'autre battant la mesure sur son torse pour détourner son attention de la douleur.

Han secouait la tête, partagé entre l'inquiétude et l'exaspération. Les libéraux avaient cru que les réformes économiques amèneraient une ouverture politique. Mais pour eux aussi, la richesse et le pouvoir avaient fini par former une alliance qui semblait désormais indestructible. Les milliardaires se multipliaient au même rythme que les actifs des responsables politiques et de leurs familles. Pendant ce temps-là, les réformes dont avaient désespérément besoin les plus pauvres et les plus vulnérables ne voyaient pas le jour, soit qu'elles aient risqué de réduire les profits de quelqu'un, soit que toute modification du statu quo ait paru trop périlleuse. Et pourtant, Han voyait comme une régression la nostalgie du passé dont Zhou faisait preuve. Il trouvait naïve et autocentrée sa lecture du monde uniquement fondée sur son expérience personnelle.

« Les gens étaient sans doute moins corrompus à l'époque mais c'était une autre forme de corruption. Beaucoup de victimes de la révolution culturelle ne connaissaient rien au capitalisme. Ils venaient de milieux pauvres, de familles d'ouvriers, de paysans. On se battait contre un faux ennemi. La position actuelle des gauchistes est plus intéressée qu'idéaliste. S'ils bénéficiaient de meilleures conditions de vie, ils n'auraient rien à redire au gouvernement. Zhou n'a vraiment pas eu de chance. Il ne lui reste plus rien. »

La révolution culturelle marquait l'apogée de la vie de Zhou. Grâce à elle, il avait été une force agissante de première importance, on l'avait admiré, porté aux nues et craint. Il vivait désormais dans la pauvreté, sa santé ruinée par des années en prison, et devait compter sur la charité d'anciens ennemis pour survivre. Quant à Han et Zheng, qui préféraient le présent, ils s'en étaient mieux sortis. Ils avaient les moyens d'être magnanimes, tout en sachant que Zhou ne l'aurait jamais été ; et même si ce dernier méritait sa peine, il aurait dû avoir droit à mieux. Avec d'autres anciens gardes rouges, ils lui donnaient régulièrement de l'argent. Ces trois hommes avaient été amis et camarades puis ennemis jurés, à tel point qu'ils auraient pu s'entre-tuer. D'une certaine manière, ils avaient aujourd'hui moins de choses en commun que par le passé. Alors qu'ils n'étaient d'accord sur rien et ne donnaient pas l'impression de beaucoup s'apprécier, ils avaient trouvé un arrangement. Leur relation restait malgré tout marquée par le besoin, un soupçon de condescendance, une méfiance prudente et un manque de respect pour les choix et les croyances des autres. Mais ce genre d'arrangements était possible entre des individus, pas entre des institutions. Le Parti ne pouvait pas compter sur des Zheng, notamment parce que l'effet révolution culturelle – la promesse faite par le Parti de garantir la stabilité – était circonscrit dans le temps. Son aura allait décroissant : beaucoup n'avaient pas vécu cette époque et n'y connaissaient rien puisque le Parti préférait ne pas en parler. La carotte de la prospérité était elle aussi en perte de vitesse. Le Parti devait se trouver de meilleurs arguments. Il devait faire quelque chose.

*

Même si ses actions étaient restées superficielles, Bo avait donné l'impression de faire quelque chose. Il avait contracté d'énormes dettes, dépensé l'argent public dans des toquades (1,5 milliards de dollars pour planter des ginkgos inadaptés au climat de Chongqing) et servi des contrats juteux à ses collaborateurs. Il avait été la mauvaise, la pire réponse à une question qu'il fallait pourtant se poser : et la suite ? Au moins, il avait montré au Parti qu'il y avait besoin d'une suite, que le statu quo ne pouvait pas durer. Peut-être l'avait-il d'ailleurs si bien montré que la seule issue possible pour lui avait été la défaite.

Sa chute fut aussi spectaculaire que son ascension. En février 2012, son bras droit, le chef de la police, chercha à rejoindre un consulat américain pour fuir à l'étranger. Ce ne furent pas les agents de Bo mais ceux de Pékin qui l'arrêtèrent. Deux semaines plus tard, la réunion des « Deux Assemblées », un rassemblement politique annuel, devait se tenir à la capitale. En temps normal, l'événement était calibré pour être ennuyeux, mais Bo en fit un véritable spectacle. Il reprocha à ses détracteurs d'avoir « sali » sa famille. Citant un poème de la révolution culturelle, il s'engagea à « se battre contre le mal ». Il s'autoproclama porte-étendard des masses chinoises : « Si les riches ne sont qu'une minorité, ils tomberont dans le capitalisme et nous aurons échoué », déclara-t-il.

En parallèle, Wen Jiabao se retirait car c'était la fin de son mandat de Premier ministre. Ouvertement opposé à Bo, trop libéral pour certains, il profita de sa dernière conférence de presse pour critiquer le patron de Chongqing et encourager les réformes politiques. Sans elles, les changements économiques ne pourraient porter leurs fruits et les nouveaux problèmes de société resteraient irrésolus. « Des tragédies historiques comme la révolution culturelle pourraient ainsi se répéter ». De la part d'un dirigeant, les références à cette époque étaient très rares[1].

Bo fut exclu des rangs de l'Assemblée nationale le lendemain, ce qui provoqua un tollé. Les sites néomaoïstes furent fermés avant que quiconque puisse laisser libre cours à son indignation. Pour beaucoup de ceux qui les fréquentaient, Bo était l'étoile polaire des masses, même si certains – dont Zhou Jiayu – voyaient surtout en lui un opportuniste. Quelques semaines plus tard, un nouveau choc ébranla la Chine : la femme de Bo, Gu Kailai, accusée d'avoir tué un Britannique, Neil Heywood, après une discussion d'affaires qui avait mal tourné, se fit arrêter. Voilà le secret avec lequel le chef de la police s'était rendu au consulat américain. Gu fut condamnée et incarcérée ; Bo, reconnu coupable de corruption et d'abus de pouvoir, aussi, non sans avoir agrémenté son procès d'ultimes provocations dans le plus pur style de Jiang Qing. Mais le scandale, tout explosif qu'il fut, avait des causes systémiques. Bo était une cible depuis longtemps. Les enquêteurs mandatés par Pékin s'étaient d'abord intéressés au chef de la police. En effet, avec le Parti, l'idée est toujours de commencer par les subordonnés afin d'étayer les accusations contre la personne visée. Le chef de la police avait essayé de contraindre Bo à le protéger en menaçant

1. Pour en savoir plus sur la manière dont fut accueilli le discours de Wen Jiabao, voir David Bandurski, « In China, political past, present and future collide », *China Media Project*, 19 mars 2012.

de tout raconter sur Gu, mais Bo l'avait limogé. Considérer ses alliés comme dispensables pouvait être une énième preuve de son arrogance, à moins qu'il n'ait pas vu d'autre moyen de s'en sortir.

Il est difficile de savoir précisément ce que les enquêteurs cherchaient. Il s'avéra que Bo, comme on l'apprit plus tard, espionnait les plus hauts dirigeants. Pour certains, voyant son avenir menacé, il avait pensé au putsch ; d'aucuns disaient même que Zhou Yongkang, le puissant chef de la sécurité, était de mèche. Les jours suivant la disparition de Bo, les langues allèrent bon train. Selon la rumeur la plus tenace, au tout début de la révolution culturelle, il se serait concilié les faveurs des gardes rouges en giflant son père. D'après d'anciens camarades de classe de Bo plutôt critiques de ce qu'il était devenu, c'était faux. Mais peu importait. Beaucoup d'enfants s'étaient retournés contre leurs parents à cette époque brutale où la survie l'emportait sur tout. Son frère avait été chef des gardes rouges. Des élèves de son école avaient torturé des enseignants et tracé sur les murs des slogans en lettres de sang comme « Vive la terreur rouge ! » Ce qui importait, c'était qu'il *aurait pu* donner cette gifle. Même si c'était un mensonge, il sonnait vrai, à tel point qu'il n'avait sans doute pas été inventé de toute pièce. Devenu adulte, Bo avait puisé dans le mouvement qui avait coûté la vie à sa propre mère. C'était un détail de rien du tout dans l'imbroglio de meurtres, de corruption, de violence et d'ambition qui avait fini par le rattraper, et pourtant… La révolution culturelle était un bon moyen de le salir, son emprise sur l'imaginaire collectif s'expliquant autant par la méconnaissance qu'on en avait que par ses horreurs. Les rares fois où les représentants de l'État en parlaient, c'était pour souligner que le moindre écart risquait d'entraîner le même genre de désastre. Bo et sa ferveur maoïste étaient autant le produit de cette époque que les étudiants « de droite » qui avaient manifesté en 1989 ou que les partisans de la démocratie à Hong Kong. Selon l'agence de presse nationale Xinhua, « si la Chine devait imiter le système de démocratie parlementaire multipartite de l'Occident [...], l'histoire chaotique et turbulente de la révolution culturelle, avec toutes ces factions, pourrait se répéter ». La révolution culturelle est cet épouvantail qui tire son pouvoir de l'ombre dans laquelle on l'a laissé. Elle est ce qu'on veut qu'elle soit, ce qu'on craint qu'elle soit.

*

Un matin, alors que je sortais de chez moi, je remarquai que le lion en fibre de verre à l'entrée de ma résidence avait perdu son beau pelage de lierre en plastique qui, de loin, lui donnait un air distingué et m'évoquait la majesté de certaines demeures anglaises. L'animal portait désormais un ruban rouge autour du cou, ce qui me fit penser aux dernières photos que j'avais vues de Xi entouré des Jeunes Pionniers du Parti, un foulard rouge autour du cou. Une semaine plus tôt, le président chinois s'était rendu en

France, où il avait cité une phrase souvent attribuée à Napoléon : « La Chine est un lion endormi qui fera trembler le monde lorsqu'il s'éveillera. » Le lion s'était réveillé, confia Xi à ses auditeurs, mais c'était un lion « pacifique, sympathique et civilisé ». Il avait de grands projets pour la Chine : renaissance, richesse et puissance. Deng Xiaoping avait invité son pays à cacher sa brillance et à cultiver l'obscurité, une doctrine à laquelle s'étaient tenus ses successeurs. Mais Xi avait d'autres ambitions. Il voulait que la Chine domine le monde, qu'elle rayonne. Pour ce faire, il fallait qu'elle resserre la focale, qu'elle se concentre sur son idéologie et qu'elle renforce son pouvoir central. Il fallait également qu'elle rejette une bonne fois pour toutes les valeurs occidentales et qu'elle réaffirme ses engagements politiques à l'échelle nationale. La Chine ne se taillerait une part du gâteau que si le léninisme chinois gagnait en force.

Le virage répressif date d'avant Xi ; sans doute tient-il au Printemps arabe, au mécontentement domestique et aux machinations de Bo. Le Parti communiste n'a jamais donné le pouvoir aux citoyens chinois, pas plus qu'il ne les a sortis de la pauvreté. La prospérité, les Chinois l'ont acquise à la sueur de leur front, ils y ont sacrifié leur famille voire, pour certains, leurs bras ou leurs jambes. Petit à petit, ils ont réussi à créer un espace de discussion, de débat, un espace où ils ont pu s'affirmer. Ils ont appris à se débrouiller seuls. Ils sont devenus plus durs, plus individualistes, moins soumis à la pensée unique. Le Parti y a vu quelques avantages, même s'il tolère plus qu'il n'encourage l'essor de la société civile et la volonté d'obtenir davantage de droits. Plus le peuple gagne en confiance, plus l'inquiétude des dirigeants grandit. Le pacte entre le Parti et la société s'effrite un peu plus à chaque nouvelle génération. Se servir de la révolution culturelle comme preuve que le Parti a toujours été un rempart contre le chaos n'est plus si efficace maintenant que la majorité des Chinois ne l'ont pas connue. On se souvient mieux d'une expérience vécue que d'un conseil, et personne ne reste à jamais redevable. Les améliorations apportées aux systèmes de l'assurance santé et des retraites ont suscité l'approbation jusqu'à ce que des critiques ciblant leurs défauts se fassent entendre ; de la même manière, la prospérité croissante est aujourd'hui prise pour acquise et l'heure est à se comparer aux autres et à se demander pourquoi on ne réussit pas aussi bien qu'eux.

Au niveau du Parti, certains cherchaient depuis quelque temps à donner plus de pouvoir à l'exécutif afin que des réformes passent en force. L'affaire Bo semble indiquer que la question n'est pas tant de savoir si les choses doivent changer que de savoir si ce changement peut avoir lieu sous contrôle. Elle a pu suffire à faire basculer la situation. L'histoire a enseigné aux dirigeants du Parti que le pouvoir doit rester en cage ; et voilà qu'ils en ont remis les clés à Xi. Ils l'ont autorisé à rompre avec la tradition lorsqu'il a décidé d'exclure du Parti Zhou Yongkang, le parrain de Bo, le chef de la sécurité et le premier membre du comité permanent du Politburo à connaître ce traitement depuis la chute de la Bande des quatre. Xi a pris le contrôle de l'armée et du Parti en même temps, là où ses prédécesseurs avaient attendu plusieurs années avant de s'y risquer. Ensuite, c'est-à-dire de son vivant, son idéologie a été inscrite sous son nom dans la Constitution, un honneur jusque-là réservé à Mao. Puis, à l'occasion d'une déclaration d'intention, il a mis un terme à la limite des mandats présidentiels. Son mandat de secrétaire général du Parti promet lui aussi de devenir une charge à vie car c'est ce rôle-là qui lui confère tout son pouvoir. Il est peu probable que ses aînés aient imaginé qu'il devienne aussi puissant en un si court laps de temps. Mais ce sont eux qui lui en ont donné la possibilité.

Xi est différent de Bo. Il fait moins dans le clinquant, moins dans le court terme. Mais des ressemblances troublantes existent entre l'ancien chef de Chongqing et l'actuel dirigeant chinois. Le pouvoir de Xi s'affirme chaque jour un peu plus et les voix qui le soutiennent résonnent toujours plus fort. Dans les médias, on loue son humilité, son charisme et sa force. Il s'inspire lui aussi de techniques de Mao qu'il a modernisées, comme ces confessions filmées de magnats connus pour leur franchise en matière de critique sociale ou ces longues émissions diffusées à la télé au cours desquelles des cadres du Parti sont invités à répondre de leurs erreurs. Les médias officiels sont de plus en plus dogmatiques. La valorisation de la pureté idéologique, la volonté que la Chine joue un rôle mondial de premier plan, les adresses personnelles au peuple dans un registre affectif, tout cela nous est on ne peut plus familier. Mais Xi veut le soutien tacite des masses, pas leur participation active. Ce n'est donc pas du maoïsme à proprement parler, même sur un plan purement politique : il cherche à dominer sans le chaos, son idée n'est pas de mettre la Chine sens dessus dessous mais de la mettre au pas. Ceci étant dit, il a entrepris de détricoter des mesures censées protéger le Parti et la Chine de désastres comparables à celui de la révolution culturelle… Comme si, pour stabiliser le pays, il était moins important de distribuer le pouvoir ou de lui mettre des garde-fous que de le concentrer afin que des actions décisives puissent être menées. Des leçons qu'il semble avoir tirées non pas en dépit des cicatrices laissées par le maoïsme mais précisément du fait des souffrances subies par sa famille et de ses longues années d'exil à la campagne.

Six[1]

Le monde est autant le vôtre que le nôtre,
mais au fond, c'est à vous qu'il appartient.
Vous les jeunes, vous êtes dynamiques,
en plein épanouissement, comme le soleil
à huit ou neuf heures du matin.
C'est en vous que réside l'espoir.

Mao Zedong[2]

---

1. Je dois beaucoup au travail très complet de Michel Bonnin intitulé *Génération perdue. Le mouvement d'envoi des jeunes instruits à la campagne en Chine, 1968-1980* (Éditions de l'EHESS, 2004). Son panorama éclairant de l'époque et les nombreux détails fournis (comme l'inimitable extrait de journal mettant en garde contre ce qui « ne mène pas au socialisme ») m'ont grandement aidée à rédiger ce chapitre. Je me suis également inspirée de mes interlocuteurs à Chongqing ainsi que des témoignages d'anciens jeunes instruits (et des membres de leurs familles).

2. Il s'agit d'un discours improvisé prononcé par Mao Zedong au début de l'hiver 1957, à l'occasion de son voyage officiel en Union soviétique pour la commémoration du 40e anniversaire de la révolution d'Octobre. Le 17 novembre, il a rencontré près de 4 000 étudiants chinois à l'université de Moscou ; c'est à cette occasion qu'il a prononcé ces paroles impromptues. Voir *Citations du Président Mao Tsé-toung*, Pékin, Éditions en langues étrangères, 1966, p. 320.

Personne n'avait pensé que cette révolution pourrait devenir ennuyeuse. Mais, fin 1968, les excès des gardes rouges se firent moins nombreux : c'en était fini des bûchers, des destructions des vieilleries féodales et des raids menés chez les bourgeois. Faire le tour de la Chine pendant le « grand échange des expériences révolutionnaires » n'était plus qu'un souvenir. Traîner dans les ruelles n'avait plus grand-chose d'amusant. Après deux ans consacrés exclusivement aux séances d'étude et de critique, même les plus appliqués virent leur ferveur refluer. Yu Xiangzhen et ses camarades ne s'attendaient pas à ce que l'école leur manque mais, avec la fin de leurs aventures ferroviaires, ils se prirent à rêver de manuels et de devoirs. Dans son établissement, le seul cours qui recommença fut l'anglais, un choix qui peut paraître surprenant quand on sait que les gardes rouges avaient mis le feu à l'ambassade britannique un an auparavant. « Mais tout ce qu'on nous apprenait à dire, c'était "Longue vie au président Mao !" » me confia Yu en guise d'explication.

Le règne des gardes rouges, qui symbolise aujourd'hui la révolution culturelle pour la plupart des gens, a en réalité duré très peu de temps. Mao avait planifié un mouvement sur trois ans mais, au bout de deux ans et demi, lui aussi s'agaça du chaos. Il ordonna donc à l'armée de maîtriser ces gardes rouges qui ne lui servaient plus à rien. Des adolescents contrariés et sans exutoire allèrent ainsi grossir les rangs de la jeunesse urbaine désenchantée. Le communisme avait en effet beaucoup œuvré à l'instruction mais les occasions professionnelles manquaient. Un cinquième de la population chinoise vivait en ville, or les emplois n'étaient pas au rendez-vous. L'atmosphère était électrique, un mélange détonant de frustration, de ressentiment, de fanatisme, d'esbroufe adolescente et d'oisiveté. Les jeunes n'avaient pas grand-chose d'autre à faire que chercher les ennuis : ils cédaient donc au vandalisme et à ce qui « ne mène pas au socialisme », selon les mots d'un journal.

Un jour aussi long et ennuyeux que les autres, Yu fut appelée par un chef qui lui remit une pile de documents à distribuer à ses amis et camarades.

« Personne n'a eu le choix, tout s'est fait très vite, se rappelait-elle. À l'époque, il y avait quatre possibilités pour les jeunes. L'armée, ce qui était un honneur, mais les critères étaient très stricts – il fallait venir d'une famille de révolutionnaires ou prouver que son père, son grand-père voire son arrière-grand-père venaient de familles très pauvres. Pour les filles, il y avait une place pour deux cents demandes ; pour les garçons, peut-être une pour quelques dizaines. L'usine, ce que j'ai fait moi, et qui était une chance puisque ça permettait de rester en ville avec ses parents ; les plus chanceux travaillaient dans les usines d'État. Les "sociétés de construction" – des programmes étatiques de construction de fermes –, qui envoyaient dans le Heilongjiang, en Mongolie-Intérieure ou à Xining. Là encore, c'était plutôt bien. Le pire, c'était de se faire envoyer à la campagne. »

Et pourtant, c'est là que la plupart finirent. Les camarades de Yu firent partie de la première vague de cette immense marée de jeunes urbains qui déferla sur la Chine rurale et pauvre : en tout, 17 millions de jeunes gens, de quoi peupler une nation. On les appelle aujourd'hui la « génération perdue ». Le Parti, lui, parlait à l'époque de *shangshan xiaxiang*, littéralement « grimper dans les montagnes » et « descendre à la campagne », des termes qui soulignaient la noblesse de cette tâche et rendaient hommage à la terre sans prétention dans laquelle on plantait ces étudiants. Certains avaient à peine quatorze ans et beaucoup n'avaient jamais dormi ailleurs que chez eux. Ils furent envoyés à des centaines voire des milliers de kilomètres de leur foyer, ce qui leur valut par la même occasion de faire un formidable voyage dans le temps : leur village de destination était parfois sans eau courante et sans électricité, voire inaccessible par la route.

Yu alla donc distribuer ces documents, porte après porte ; chaque nouvelle fut accueillie par des pleurs. Dans les jours et les semaines qui suivirent, les gares routières et ferroviaires se remplirent d'adolescents en larmes et de parents tentant de ravaler leurs cris de peur. Le « grand échange des expériences révolutionnaires » avait été une aventure, il fallait désormais revenir à une réalité qui pourrait bien durer à jamais puisqu'il fallait « s'enraciner » dans son nouveau foyer. La plupart des familles avaient des proches qui vivaient à la campagne, tout le monde savait à quel point la vie était dure là-bas. Beaucoup avaient perdu quelqu'un pendant la Grande famine.

« Ce n'étaient que des enfants. Tout le monde savait que la vie était rude à la campagne, c'est pour ça que tout le monde avait peur. Celles et ceux qui avaient été les plus actifs pendant la première partie de la révolution culturelle ont alors compris que les bonnes choses touchaient à leur fin. »

C'est l'obsession de Mao pour l'idéologie qui le mena à cette solution pragmatique. Dans la théorie marxiste, la paysannerie est un vestige de la féodalité. Maltraité pendant son adolescence à cause de ses origines paysannes, Mao inversa la donne et déclara que les paysans les plus pauvres étaient le moteur de la révolution. Les jeunes urbains devaient mettre leurs compétences, leurs savoirs et leur sagacité au service des habitants des campagnes afin d'œuvrer à leur bien-être. Ils devaient sortir de la pauvreté et de l'ignorance des villages qui n'avaient jamais connu que ça, leur apporter l'hygiène, l'instruction et battre en brèche les superstitions. De leur côté, les paysans avaient pour mission de délivrer ces jeunes gens d'une ignorance bien plus grande : l'indifférence de l'élite urbaine pour les masses. Mao n'avait jamais perdu de vue les dangers qu'il pouvait y avoir à triompher, et la situation de la Chine lui donnait raison. Les « balles enrobées de sucre » de la bourgeoisie avaient bel et bien atteint les communistes dans leur âme. Les cadres qui avaient travaillé, s'étaient battus et avaient failli tout perdre face au KMT se prélassaient dans leur nouvelle vie urbaine de cols blancs. Leurs enfants étaient tombés encore plus bas. Ils privilégiaient le confort à la lutte, s'inquiétaient égoïstement de leur famille et cherchaient à s'accomplir personnellement. Rien ne resterait de ce qu'il leur avait laissé. Ils avaient été intoxiqués par une décennie d'éducation révisionniste. Les paysans remodèleraient cette génération : ils lui apprendraient à ne vivre de rien, à faire et à aimer les travaux les moins attrayants, à se sacrifier voire à s'effacer pour le bien commun. Ainsi, la révolution de Mao serait totale et la Chine serait enfin un pays à l'économie, à la société, à la culture et au système politique communistes.

*

Sur les affiches de propagande, on voit ces jeunes gens marcher en direction des champs, prêts pour une nouvelle journée de travail. Ils font souvent des pauses, le temps de s'adresser à un paysan ridé et jovial. Ils ont les joues roses, sont candides, vigoureux. Ces beaux enfants en veste de coton ont des faucilles et des binettes à l'épaule et, évidemment, les *Citations du président Mao Zedong* à la main.

Voilà qu'ils se tenaient sur scène en face de moi. En uniforme, casquette et brassard, le *Petit Livre rouge* serré au niveau du cœur, ils chantaient. Le plus mince des trois se faisait appeler Zhongguo Sheng, « Voix de la Chine », et préférait que je n'utilise pas son vrai prénom même si je ne voyais vraiment pas comment ses confidences auraient pu heurter un cadre, aussi névrosé fût-il. Être un jeune instruit – un enfant des villes envoyé à la campagne – l'avait rendu plus courageux et plus fort, m'expliqua-t-il à la fin du spectacle. Il avait appris à apprécier la vie à sa juste valeur et à se satisfaire de peu. Il était fier des avancées que la Chine avait faites et du rôle, aussi minime soit-il, qu'il avait joué dans tout ça. Il éprouvait beaucoup de reconnaissance envers les dirigeants. Tout autour de lui, on opinait du chef, on souriait et on faisait des messes basses. J'avais rencontré l'amicale des jeunes instruits de Chongqing quelques jours plus tôt, dans un parc, complètement par hasard. Ils dansaient sur une place à côté de l'entrée, avançant puis reculant selon une chorégraphie complexe, certains agitant des foulards, la plupart donnant des ordres. Je n'avais pas voulu les interrompre mais ils s'étaient arrêtés dès qu'ils avaient vu que je les observais pour m'inviter à leur gala. De « jeunes », ils n'avaient plus que le nom : tous étaient désormais d'âge mûr. Et pourtant, de loin, on aurait pu les prendre pour des adolescents. Sans doute les minijupes, les talons, les silhouettes menues, les queues-de-cheval et le rouge à lèvres criard y étaient-ils pour quelque chose, mais il n'y avait pas que ça. Les femmes se donnaient la main, se touchaient le bras, se massaient les épaules, rajustaient la manche ou la bretelle du sac d'une camarade, autant de preuves d'affection qui se manifestaient également quand elles se taquinaient ou posaient pour des photos, leurs doigts recourbés en oreilles de lapin. Je vis une danseuse chaussée de cuissardes en similicuir pincer l'oreille d'un homme qui couina tout en s'efforçant de garder sa contenance. De près, leurs habits étaient un véritable feu d'artifice de couleurs, de motifs, de fioritures en tous sens. Col à paillettes sur robe en dentelle, ruchés et roses sur rayures colorées, maquillage épais, sourcils très dessinés, longs cheveux teints en un noir de jais ou en un blond cuivré…

Ils se retrouvaient deux ou trois fois par semaine pour aller marcher dans la montagne, manger une fondue chinoise, jouer au mah-jong ou chanter, au motif qu'on s'amuse davantage à plusieurs. Une fois par an, après des mois de préparatifs, ils mettaient en scène un spectacle grandiose. Cette fois-ci, ils avaient loué une grande salle avec cour, un choix à la hauteur d'un programme aussi long qu'ambitieux et que je ne cherchai pas à comprendre. À la place, je me laissai porter par toute cette activité : photos de groupe, cacahuètes et concombres à grignoter, chansons, photos, danses, photos, poulet engourdissant les papilles, et toujours plus de chansons, de nourriture et de photos, qui demandaient de nombreux changements de costume, des réorganisations infinies et quelques prises de bec, notamment à mon sujet. En ma qualité d'hôte de marque, j'avais d'abord été accueillie par un silence, puis une annonce avait été faite et tout le monde s'était finalement levé pour m'applaudir. Je dus poser sur des photos avec des dames en robe et d'autres avec des éventails, avec des hommes à l'air à la fois fier et sérieux, avec des amis, à côté, au milieu, assise, debout, en posant mon bras sur leurs épaules, en approchant mon visage du leur… Bientôt, une main se glissa dans la mienne et je tombai sur un doux sourire et des yeux tout ridés. Gu était beaucoup moins apprêtée que les autres. Elle portait un survêtement rose et noir, pas de maquillage et avait les cheveux longs au naturel. Elle paraissait plus calme, même si le flot de ses souvenirs, questions, suggestions et remarques, à l'occasion enrichi de commentaires à l'attention de quelqu'un qu'elle reconnaissait et de brèves tentatives de récupération de son petit-fils de trois mois, un bébé potelé et placide qui passait de main en main, s'arrêtait rarement. Elle était ici chez elle. Dans la seule ville de Chongqing, vingt-six groupes de jeunes instruits avaient une existence officielle, m'expliquèrent-ils, et beaucoup d'autres ne s'étaient pas enregistrés auprès des autorités. En tout, ils étaient des milliers. Certains s'adonnaient à une passion particulière, comme la photographie ou la danse. Leur groupe à eux était généraliste : ils s'enorgueillissaient de leur éclectisme et de l'atmosphère chaleureuse et informelle qui régnait entre eux. Je pensais qu'ils se connaissaient de longue date et qu'ils s'étaient retrouvés sur le tard, mais ils étaient entrés en contact pour la première fois six ans plus tôt, sur Internet. L'expérience commune de la vie rurale, même s'ils avaient été envoyés à différents endroits, était un liant assez fort. Ils parlaient la même langue. D'après Gu, cette expérience était une véritable richesse spirituelle : « Nous sommes fiers d'être des jeunes instruits. Avant nous, personne n'avait jamais fait ça et nous savons que personne ne le refera jamais après nous. »

Voix-de-la-Chine m'accompagna tout au long de mes discussions, intervenant ici et là, me rappelant à quel point ils étaient contents que la Chine se développe et insistant sur le respect qu'ils vouaient aux fondateurs du pays. Malgré son âge, il me faisait penser à un scout, sans doute à cause de son uniforme et de l'obéissance sans faille que trahissaient ses réponses. Alors qu'il me parlait, je me laissai distraire par le *Petit Livre rouge* qu'il serrait dans sa main. Je reconnus la couverture en plastique rouge, la mine débonnaire de Mao, le titre en caractères dorés – seules les pages manquaient.

*

Aussi improbable soit-elle, une rumeur veut que Deng Xiaoping ait rencontré Shirley MacLaine lors de sa visite aux États-Unis en 1979[1]. L'actrice, assise à côté de lui lors d'un banquet organisé à la Maison Blanche, lui aurait répété sa discussion avec un scientifique chinois qui lui avait dit s'être senti plus heureux et plus productif pendant les années où il avait travaillé à la campagne. « Il a menti », l'aurait coupée Deng.

1. L'anecdote est de MacLaine; voir par exemple *From the Center of the Earth: The Search for the Truth about China* de Richard Bernstein (1982).

Deng avait été purgé deux fois pendant la révolution culturelle. Il avait passé trois ans à travailler à la campagne dans une usine de tracteurs. C'était mieux que de se faire tuer ou de suer dans les champs, mais il ne fallait pas non plus idéaliser ces années-là. On retrouvait cette même franchise dans les mémoires de la première vague de jeunes instruits, qui avaient jugé inutiles et désespérantes ces retraites à la campagne. Ces ouvrages faisaient partie de la littérature des cicatrices, qui avait tenté de trouver un sens au mouvement. Mais si la misère d'un hameau peut paraître pittoresque à distance, un exil rural peut lui aussi, avec le temps, donner l'impression d'être une aventure saine porteuse d'un message de vie. Au début des années 90, une exposition de photos et de souvenirs illustrant la vie quotidienne des jeunes instruits attira 150 000 visiteurs en deux semaines[1]. D'autres expositions comparables eurent lieu par la suite : la mode était lancée. Des groupes organisèrent des séjours dans les villages qui les avaient accueillis et, bientôt, les agences de tourisme s'intéressèrent au filon. Sans doute n'y a-t-il rien d'étonnant à ce que ce retour au passé ait fait son apparition juste après le massacre de 1989 et le coup fatal porté à la vision d'un avenir radieux pour la Chine, à un moment où la restructuration des entreprises d'État donnait lieu

1. Guobin Yang, « China's Zhiqing Generation: Nostalgia, Identity, and Cultural Resistance in the 1990s », *Modern China*, vol. 29, n° 3, juillet 2003.

à des licenciements massifs plongeant la génération concernée dans une crise identitaire. L'industrie de la nostalgie se développa à plein régime et le Parti prit conscience de son potentiel. L'inquiétude de Voix-de-la-Chine n'avait pas vraiment lieu d'être car c'était – c'est – le seul aspect de la révolution culturelle dont on a beaucoup parlé et dont on parle encore, le seul élément de ce mouvement à avoir été et à toujours être porté aux nues, moyennant la censure habituelle. Purgées de leur dimension fanatique, ces retraites à la campagne passent aujourd'hui pour des séjours au grand air en bonne compagnie organisés autour d'un travail honnête. Les Chinois ne sont certes pas les seuls à éprouver de la nostalgie pour les moments difficiles de leur histoire. Mais, si on devait transposer le phénomène à la Grande-Bretagne, cela reviendrait à trinquer à l'état d'esprit qui régnait dans le métro londonien converti en abri antiaérien au début de la Seconde Guerre mondiale sans parler des bombardements et des très nombreuses victimes civiles.

Xi Jinping, comme d'autres dirigeants de la Chine, a fait partie des 17 millions de jeunes instruits. En son temps, laissant Pékin derrière lui, il a dû rallier un village du nord-ouest de la province du Shaanxi et vivre pendant sept ans dans une petite maison troglodyte sentant le renfermé et creusée dans la terre jaune d'une colline. C'est à Liangjiahe qu'il est devenu un homme : sa vie consistait alors à tirer des chariots remplis de charbon, à transporter du fumier, à construire des digues, à cultiver du maïs et des pommes de terre[1]. Il a connu les puces, le froid mordant ainsi qu'un régime alimentaire et un travail toujours plus monotones. Il lisait quand il gardait les moutons ou tard la nuit, au mépris de son sommeil. Devenu président, il y retourna, en 2015 ; à cette occasion, il en parla comme du lieu où sa vie avait commencé.

Sa réussite transforma Liangjiahe en site touristique. Des milliers de curieux – essentiellement des responsables du Parti – allèrent visiter son ancien chez-lui et admirer le puits qu'il avait creusé. Mais Xi avait commencé à mettre l'accent sur ces années difficiles dans des interviews et des articles dès les années 90[2]. Lorsqu'il parvint à la fonction suprême, un ouvrage intitulé *La Gouvernance de la Chine* – traduit dans trente-trois langues et vendu à 13 millions d'exemplaires à ce jour – fut publié ; on y faisait l'éloge de sa rigueur toujours aimable, de son dévouement pour les paysans et de l'humilité avec laquelle il les avait écoutés (comme Mao, pouvait-on presque lire entre les lignes). Il les avait aidés à accroître la production et à renforcer les berges du fleuve menacées par l'érosion. Son dévouement exemplaire lui avait d'ailleurs valu le titre de « jeune modèle », qu'il échangea contre des

1. Edward Wong, « Tracing the myth of a Chinese leader to its roots », *New York Times*, 16 février 2011.
2. Une interview datant de 2004 fit le tour d'Internet lorsqu'il accéda au poste de président. Voir Zhuang Pinghui, « Flea Bites and Wading in Sewage: Xi Jinping's Account of Working Among Peasants Goes Viral », *South China Morning Post*, 12 juin 2014.

outils agricoles pour ses hôtes. Même le responsable local du Parti se tournait vers lui pour lui demander son avis. L'adolescent naïf qu'il était à son arrivée devint un homme déterminé à servir le peuple. Selon ses propres mots, « à mon arrivée au village, j'avais 15 ans, j'étais inquiet et perdu. À 22 ans, quand j'en suis parti, mes objectifs étaient clairs et j'étais sûr de moi[1]. »

Comme mythe fondateur, on pouvait difficilement faire mieux. Un récit qui témoignait de son endurance, de sa discipline et de son humilité; un séjour qui soulignait son héritage immaculé et rappelait l'œuvre révolutionnaire de son père tout en prouvant qu'il appartenait aux masses. Oui, il avait souffert mais il s'était élevé au-dessus de cette souffrance. Si, dans ses premières interviews, il fait preuve d'une candeur étonnante, la version officielle a rapidement été expurgée des détails gênants, comme le fait d'avoir été harcelé par les gardes rouges à Pékin (« dans tout le train spécial, tout le monde pleurait, sauf moi qui riais. [...] si je n'y allais pas, je ne sais même pas si je vivrais ou mourrais ici : ne valait-il donc pas mieux partir[2] ? »). Un article en anglais d'un média officiel parle d'un « enfant des villes parti à la campagne »,

1. John Garnaut, « The Creation Myth of Xi Jinping », *Foreign Policy*, 19 octobre 2012.
2. Joseph Torigian, « Legs historiques et visions du monde des dirigeants : histoire du Parti communiste et leçons retenues (ou non) par Xi », *Perspectives chinoises* [En ligne], 2018/1-2, mis en ligne le 1er juin 2018. Journals.openedition.org/perspectiveschinoises/7968.

une tournure qui sonne comme une fable ou comme une émission de télé-réalité. Il n'y est pas précisé qu'après quelques mois passés à Liangjiahe, l'adolescent rentra à Pékin et ne repartit que parce qu'il n'avait nulle part où aller. Ce n'est pas par hasard si Xi a été envoyé dans un endroit où on se souvenait de son père avec nostalgie et où tout le monde était disposé à veiller sur lui. Il n'y a rien de surprenant non plus à ce qu'on ait fait appel à lui en cas de problème : il connaissait du monde. Parfois, les jeunes instruits bénéficiaient de meilleures rations que les villageois. Les médias officiels dressent le portrait d'un jeune homme capable de porter jusqu'à cent kilos de blé, d'un travailleur exemplaire et compétent ayant gagné le respect de tous. Les villageois, eux, se souviennent de sa maladresse et des descentes qu'il faisait sur les fesses, déséquilibré par le poids de seaux qu'eux transportaient sans peine.

Mais qu'importe la manière de raconter cette histoire. À l'heure où le fossé entre villes et campagnes, entre gouvernants et gouvernés, se creuse toujours plus et où la corruption est devenue une évidence aussi bien pour ceux qui en profitent que pour ceux qui la subissent, elle se révèle plus puissante que jamais. Elle fait écho à la Longue Marche, qui avait en son temps elle aussi transformé l'hostilité rurale en triomphe de l'esprit et de la discipline communiste, à l'opposé du train de vie luxueux qu'affiche aujourd'hui l'élite du Parti. Elle rappelle que le président connaît le sens du mot « lutte ». C'est vrai. Xi a beaucoup travaillé et beaucoup étudié, ce qui lui a valu d'être apprécié et respecté. Des années après avoir quitté son village, alors qu'il occupait un bon poste, il a donné de l'argent à un vieil ami pour qu'il se fasse opérer. Son expérience lui a appris à quel point la vie peut être dure quand on se trouve tout en bas de la société. Il sait au plus profond de lui des choses que très peu de jeunes gens – ou de dirigeants occidentaux – savent. Certes, il a bénéficié d'un traitement de faveur qui a permis d'atténuer un tant soit peu les conditions éprouvantes de cette greffe obligée de prendre. Mais il se souvient encore du choc qu'il éprouva lorsqu'il déboucha un tuyau et que du fumier lui gicla au visage. La nourriture était mauvaise et il n'y en avait jamais assez ; de sommeil, il n'y en avait pas assez non plus là où l'ennui, lui, était roi. Il avait dû faire ses adieux aux petits plaisirs qu'il tenait pour acquis comme la viande, les fruits, des habits propres ou encore des camarades. Pendant les premiers mois, les villageois et lui avaient du mal à se comprendre. Il avait mené une vie solitaire.

*

Lors de ma rencontre suivante avec Gu, après qu'elle m'eut serrée dans ses bras et montré les dernières photos de son petit-fils, et avant que j'aie pu lui poser la moindre question, elle me raconta l'histoire d'une jeune fille qu'elle avait rencontrée au village où elle avait été envoyée.

« Un instituteur très doué, quelqu'un de vraiment compétent, est tombé amoureux d'elle. Une nuit, ils l'ont trouvé chez elle, il avait tellement peur qu'il s'était caché sous son lit. Ils l'ont extirpé de là et ils l'ont condamné à huit ans de prison. Le type avait une famille, c'était une relation adultère, ils avaient donc appliqué le traitement habituel – si des locaux couchaient avec des jeunes instruits, ils pouvaient être exécutés. Pour le protéger, mon amie a nié avoir entretenu une relation avec lui mais il a fini par avouer. »

Je n'avais aucun mal à imaginer comment ils s'y étaient pris pour lui soutirer des aveux.

« Elle a repris contact avec lui l'année dernière, continua Gu. Je les connais tous les deux, je sais qu'elle a fini par se marier mais son mari est mort. Alors ils se sont parlé pour la première fois depuis tout ce temps. Ils se sont donné leurs numéros et sont restés au téléphone pendant des heures. Elle a beaucoup pleuré. Ils ont décidé que lui quitterait sa campagne et s'installerait à Chongqing. Ils sont voisins maintenant. Elle s'occupe de lui – il est handicapé – même s'ils vivent dans deux appartements séparés. Sa femme à lui est toujours au village. »

Une certaine Huang s'immisça dans la conversation : « Sa femme est plutôt compréhensive. En même temps, il touche une retraite de trois mille yuans par mois alors qu'elle n'a pas de revenus. Elle n'a pas vraiment le choix. »

« À l'époque, il n'y avait quasiment que des mariages arrangés. Personne ne se mariait par amour », compléta Gu en faisant défiler ses albums sur son téléphone.

Elle me montra une photo de la jeune fille et de l'instituteur. Dessus, on voyait un couple lambda aux cheveux gris qui n'avait pas l'air particulièrement heureux d'être ensemble. Je n'arrivais pas à savoir ce que Gu pensait de cette liaison – une folie ? une vraie idylle ? – et je me demandais pourquoi elle me l'avait racontée. La conversation et la promenade se prolongèrent sans que l'histoire quitte mes pensées.

Le long des routes, des étals d'ananas chargeaient le doux air printanier d'une odeur sucrée. Des femmes piochaient des cerises et des mûres sombres dans des paniers tressés. Des migrants venus de la campagne, avec leurs tennis en toile déchirées, leurs vieilles vestes militaires et leur solide perche en bambou, se tenaient accroupis au bord des trottoirs : ici, le mot « porteur » se disait *bang bang* et désignait tous ceux qui, répartissant leur charge aux deux extrémités de leur perche, partaient à l'assaut des pentes de Chongqing pour la modique somme de dix yuans. Si nous avions appartenu à une génération plus dépensière, nous en aurions recruté un, chargées comme nous l'étions de boîtes de nourriture en plastique, de lunettes de soleil, de chapeaux, de vêtements de récupération pour le petit-fils, de costumes de danse, d'un lecteur CD et j'en passe. Avec autant de bagages et de participants, ce qui était censé être une promenade se transforma bientôt en une véritable excursion. Voix-de-la-Chine avait beau travailler dans la logistique, il avait abandonné toute velléité de rassembler les troupes. De toute façon, lui et les quelques autres hommes n'avaient pas vraiment leur mot à dire. L'énergie venait principalement des femmes, qui passaient leur temps à s'éparpiller et à se regrouper dans les rues que nous traversions en direction de l'université de Chongqing.

L'entrée finit par apparaître devant nous. C'était un jour férié et des familles pique-niquaient au milieu des palmiers, des saules et des larges bosquets de bambous du campus. Notre bande bavarde et distraite s'étira sur toute la longueur de la pente avant de converger au niveau d'un petit pavillon bordant le lac. Voix-de-la-Chine prononça un discours que je n'écoutai pas : je parlais avec Gu. Une femme alluma le lecteur CD, sélectionna une vieille chanson et commença à danser. Je la reconnus, c'était celle qui portait des cuissardes la fois précédente ; elle les avait aujourd'hui assorties avec une courte jupe filet noire à froufrous.

Autour de nous, des couples d'étudiants jouaient aux cartes et au badminton. Les jeunes gens qui arrivaient transpirant des terrains de basket s'essuyaient la nuque avec leur veste en se baladant.

« Parfois, je les envie », me confia Huang.

Des jeunes filles en jeans et T-shirt pastel se promenaient sous nos yeux, leurs visages presque à se toucher.

« On n'avait pas toutes ces tenues. On pouvait porter du bleu ou du gris, point. Quand je vois tout ça… C'est pour ça qu'aujourd'hui, on s'habille aussi bien, c'est pour ça qu'on s'intéresse à la mode. Il y a un immense fossé générationnel à cause de cette époque. C'est la société qui l'a voulu, pas nous. Moi aussi j'avais plein de projets, je voulais aller à la fac, mais je n'ai pas pu. J'avais dix-huit ans. J'avais l'impression que plus aucun espoir n'était permis. Plus aucun espoir ne nous était permis. Si quelqu'un se mettait à pleurer, ça gagnait tout le monde. Ma mère et mon père me manquaient. On était désespérés. On pensait qu'on passerait notre vie à la campagne. On était abattus, complètement découragés. Je suis restée quatre ans dans mon village, elle, là-bas, huit. Il y avait beaucoup d'amertume. »

La femme qu'elle m'avait désignée du menton avait des cheveux aile de corbeau coiffés en un chignon complexe et évanescent qui défiait les lois de la gravité. Elle nous jeta un regard assassin avant de s'éloigner ; visiblement, cette confidence n'était pas destinée aux oreilles d'une inconnue. Huang ne se rendit compte de rien. Les membres de l'amicale des jeunes instruits de Chongqing s'étaient rencontrés sur Internet : ils avaient beau s'être raconté plein de choses, de larges zones d'ombre demeuraient. En effet, il était assez rare de retrouver des personnes avec qui on avait travaillé pendant sa jeunesse, soit parce qu'elles vivaient trop loin, soit parce que le moment n'était pas le bon, ce qui faisait beaucoup d'obstacles d'un point de vue pratique. Mais peut-être n'y avait-il pas que ça... L'amicale créait à la fois les conditions pour une certaine intimité et pour une forme de distance. Peut-être aurait-elle dû s'appeler « jeunes instruits anonymes ». On pouvait parler de tout, les femmes confiaient ce qu'elles n'arrivaient pas à raconter à leur mari, les parents ce qu'ils ne savaient pas comment dire à leurs enfants. Mais c'était à chacun de choisir si, oui ou non, il voulait partager ses secrets. À chacun de décider si, oui ou non, ces amis-là faisaient partie de sa vie – une liberté inimaginable pour des gens assignés à des brigades de production et à des unités de travail qui avaient déterminé leur lieu de vie, leur droit à voyager ou non, leur droit à se marier ou à divorcer jusque dans les années 90. Le sentiment de proximité qu'ils ressentaient au sein de ce groupe les rassurait. Ils retrouvaient la vie en petites communautés soudées qu'ils avaient toujours connue, le risque de la dénonciation en moins. Personne ne leur disait plus « Pas comme ça ! » ou « Non, ce n'est pas ce que tu as fait ». Chacun pouvait être ce qu'il avait envie d'être. Chacun disposait de ses histoires, quelles qu'elles soient. Les choses étaient telles que chacun se les rappelait – or ils se rappelaient tout. Les jours passés gagnaient en force, en pouvoir de séduction, en confusion aussi.

Un homme se mit à chanter et Gu se joignit à lui, sa voix légère offrant un contraste mélancolique avec le puissant baryton. Tout le monde connaissait l'air, ils l'avaient beaucoup chanté lors des longues veillées passées dans le noir[1]. Elle leur évoquait la lampe à

1. Dans « Music, Memory and Nostalgia: Collective Memories of Cultural Revolution Songs in Contemporary China » (*The China Review*, vol. 5, n° 2, automne 2005), Lei X. Ouyang s'intéresse au souvenir ému que beaucoup ont de la musique de ces années-là.

kérosène, des intérieurs sombres et les larmes amères qui mouillaient leurs vêtements.

Là où Gu avait vécu, la lampe était posée sur un cercueil, mais sa lumière voilée n'avait pas beaucoup contribué à réduire la terreur qu'elle éprouvait. À la campagne, on préférait prendre ses dispositions funéraires le plus tôt possible, au grand dam de la jeune urbaine censée vivre et mourir là loin des siens, que la grosse caisse en bois terrorisait. Avant cet exil rural, tout n'avait pas été rose pour elle : son père était certes ouvrier en usine mais sa mère était morte dans son enfance et, très jeune, elle avait dû s'occuper des tâches domestiques. Elle avait pensé que cette nouvelle vie serait peut-être plus intéressante, qu'à la campagne elle pourrait travailler et s'amuser. Mais lorsque le camion s'était mis en mouvement, tous avaient craqué. Gu et ses camarades passèrent les trois jours du trajet à vomir et à pleurer.

« Au début, nous étions idéalistes. Nous voulions changer les choses à la campagne », me raconta Huang. Mais les villages étaient des endroits sales et désolés et les paysans, qui n'avaient que la peau sur les os, n'étaient guère émus par les théories censées leur apporter le progrès. Ces jeunes, qui avaient pour consigne de refaire le monde, se demandèrent s'ils réussiraient à changer quoi que ce soit. Il y avait trop à faire. Dans les villages appartenant à un seul clan, où tout le monde s'appelait Meng ou Li, les jeunes gens fraîchement débarqués de la ville détonnaient. Les premiers jours, les enfants du village tentèrent par tous les moyens de caresser les mains douces et pâles de Gu, ses longs cheveux ainsi que ses vêtements en coton, qui paraissaient étonnamment séduisants dans ce contexte.

Malgré sa volonté d'apprendre des paysans, Gu récolta surtout des bleus et des ampoules. Elle pleurait sous le poids des fardeaux qu'elle devait transporter. Si on voulait de l'eau chez soi, il fallait aller remplir ses seaux en bois au puits puis revenir avec. À cause de la sécheresse, il n'y eut bientôt plus de rations supplémentaires. Elle et ses camarades durent donc se nourrir de feuilles de maïs, comme les paysans. Le sel et l'huile étaient un luxe.

J'étais ravie que Voix-de-la-Chine se soit joint à une autre conversation. Ce genre de souvenirs avait peu de chance d'être à son goût. Huang me parla d'une amie, une jeune fille emportée par la maladie alors qu'on pensait qu'elle avait attrapé un rhume. Affaiblis par le surmenage et la malnutrition, beaucoup succombèrent à la malaria ou à la pneumonie. Des milliers d'autres connurent des morts « violentes » : tués par des paysans ou des cadres ou victimes d'accidents du travail – écrasés par un arbre qu'il fallait couper ou sous le poids d'une charrette renversée sur eux. La propagande se délectait de ces sacrifices inutiles et encourageait la jeunesse à aller toujours plus loin dans cette direction. Jin Xunhua, un adolescent de Shanghai, fut élevé au rang de martyr après avoir perdu la vie en tentant de sauver des piquets en bois lors d'une inondation. Des timbres le montrent au milieu des flots, la tête haute, le bras levé à la manière d'un sportif de natation synchronisée et la bouche ouverte sur les derniers mots qu'il adressait à ses camarades.

Au milieu de tous ces dangers, les jeunes instruits devinrent plus soudés qu'une famille. Ils se défendaient les uns les autres, veillaient sur ceux qui tombaient malades, se tenaient compagnie et faisaient preuve d'empathie. Mais l'épuisement et la faim finirent par peser sur cette entente. Les amis indiscrets et les colocataires qui disparaissaient au moment de la corvée du bois les faisaient sortir de leurs gonds. Ils se mirent à se juger les uns les autres en fonction des décisions qu'ils prenaient dans ce nouveau monde : bientôt, ils surent distinguer les fayots des manipulateurs et de ceux dont les parents avaient les moyens de faire des cadeaux aux cadres, ce qui leur rendait la vie moins difficile.

La bonté de Gu lui assura l'affection de ses camarades et de ses voisins. Elle aida une veuve âgée que ses enfants négligeaient avec sa récolte. En compagnie d'amis, elle donna des cours aux enfants du village, organisa des concerts pour les paysans et attrapa des grenouilles dans les champs pour rassasier leur envie de viande. Mais même les plus gentils des villageois perdirent bientôt patience. La population rurale était trop importante pour la productivité agricole. Ils n'avaient pas besoin de ces bras supplémentaires et ne voulaient pas plus de bouches à nourrir. Ces jeunes qui avaient lu des livres avaient de belles idées mais ils étaient lents et maladroits, ne connaissaient rien aux outils agricoles ni à la terre, gaspillaient les graines, n'arrivaient pas à transporter des charges modérées ou à accomplir des tâches simples.

Les adolescents luttaient pour gagner les points de travail équivalant à une ration de nourriture. Ils savaient qu'ils n'avaient aucune chance de faire aussi bien que des travailleurs plus expérimentés. Les enfants et les femmes gagnaient moins de points que les hommes, et encore moins lorsqu'ils s'adonnaient aux tâches les plus ingrates, celles que les paysans ne faisaient jamais et qu'ils voulurent confier aux nouveaux arrivants. Incapables de s'en sortir, ces derniers se découragèrent. Si on faisait des exceptions pour eux, les paysans leur en voulaient au motif qu'aucune famille du village ne recevait d'aide lorsqu'elle se montrait paresseuse ou inefficace. La faim en poussa certains à voler des poulets ; en représailles, les paysans leur volèrent des objets. Deux cultures s'affrontaient. Les paysans étaient choqués de voir des filles et des garçons se promener ensemble, même lorsque la balade se faisait en toute innocence, et leur reprochaient de donner un mauvais exemple à leurs enfants. Le puritanisme maoïste, pour lequel les histoires d'amour étaient un piège bourgeois, paraissait ouvert d'esprit à côté du conservatisme qui régnait à la campagne[1]. « Là-bas, un garçon et une fille qui se fréquentaient n'osaient pas se regarder dans les yeux », m'expliqua Huang.

1. Il est à noter cependant que les citadins purent eux aussi être choqués par des discussions à caractère sexuel très crues entre paysans.

Les jeunes filles qui venaient de la ville, naïves et isolées, étaient une proie facile pour les paysans et les cadres. Écrasées par la peur et la honte, beaucoup s'abstinrent de porter plainte alors que des milliers d'abus furent signalés en un an. Le problème était suffisamment grave pour que le pouvoir central menace à plusieurs reprises les violeurs de sanctions. Le plus souvent, c'étaient les victimes qui portaient le chapeau puisqu'elles venaient du mauvais milieu social, ce qui n'était pas le cas de leur agresseur.

Un cadre malintentionné ou déterminé à faire de l'obstruction disposait de beaucoup de leviers pour faire souffrir ces jeunes : il pouvait refuser de leur donner leurs rations, leur confier les pires tâches ou les accuser de crimes politiques. Un des camarades de Huang qui était arrivé sur place à quatorze ans mourut en prison après avoir été accusé d'appartenir à une association anti-Parti. On pouvait se faire punir pour une simple remarque, murmura Gu. L'auteur de la « Chanson des jeunes instruits », le plus connu des airs qui tournaient dans leurs cercles, fut condamné à une peine de mort avec sursis à cause des sentiments dangereusement réactionnaires que sa création inspirait : il y parlait de son désir de retrouver sa mère et sa ville de naissance et de revivre ses années étudiantes. Plus je les écoutais et plus je m'en voulais d'avoir été irritée par la prudence agressive de Voix-de-la-Chine.

Les groupes de jeunes instruits déploraient les épreuves, l'amertume, les amis disparus ; mais, pour eux, s'il y avait quelque chose à retenir de ces années-là, c'étaient les souffrances vécues. Ils me faisaient penser aux anciens combattants parlant de leur guerre à ceux nés trop tard pour y participer et à leur ton chargé de regrets, de mépris, de colère parfois, d'incrédulité à l'idée d'y avoir survécu mais aussi, reconnaissable entre tous, d'un soupçon de supériorité. Ils en étaient ressortis plus courageux, plus forts, plus compétents. Ils savaient et sauraient toujours mieux que les autres.

Du temps où Bo Xilai était encore à la tête de Chongqing, il avait envoyé les étudiants à la campagne pendant quelques mois. Les intellectuels s'étaient moqués de cette mesure ou en avaient eu peur ; elle leur rappelait les attaques maoïstes contre la culture. Gu et ses amis avaient trouvé l'idée plutôt bonne. Le fossé se creusait toujours plus entre les villes et les campagnes. Les revenus des citadins étaient trois fois supérieurs aux revenus des populations rurales, et beaucoup de jeunes gens ne sortaient de leur ville que pour faire du tourisme. À l'ère des téléphones portables et des routes goudronnées, un séjour villageois ne paraissait pas si terrible. Pour Gu, c'était le meilleur moyen de gagner en indépendance. De nos jours, les jeunes se reposaient beaucoup trop sur leurs parents, qui les aidaient à acheter leur appartement et à s'occuper de leur enfant. Et pourtant, elle ne tenait pas à ce que sa fille, une jeune femme élégante, trouve dans les champs la richesse spirituelle dont elle me parlait.

L'histoire du couple réunifié me hantait. Je repensais à tous leurs malheurs, à ce jeune homme intelligent et isolé qui avait rencontré une jeune fille et en était tombé amoureux. Enfin quelqu'un à qui parler, avec qui partager ses idées et ses rêves, quelqu'un d'instruit, d'intéressé, quelqu'un qui n'avait pas encore été broyé par de longues années de labeur et qui pensait à autre chose qu'à la manière de nourrir ses enfants. Et à la jeune fille aussi, seule, loin des siens, une bête de somme tout juste bonne à travailler et à dormir, dont il avait de nouveau fait une personne désirable, une personne de valeur capable de nourrir une réflexion, des espoirs et de les confier. Pendant un temps, ils avaient dû penser pouvoir s'échapper de leur vie ; en réalité, ils s'étaient enfermés dans une cage. Cette passion de courte durée avait fait souffrir le jeune homme et sa famille. Quant à elle, elle avait dû éprouver beaucoup de culpabilité et de honte car, aux yeux des autres, elle était celle qui avait envoyé un homme en prison et qui avait privé des enfants de leur père. Je me demandais si leur amour avait pu résister à toutes ces années de séparation ou si c'était quelque chose de plus fort qui les avait réunis et qui faisait que, curieusement, ils vivaient aujourd'hui dans deux logements différents. De la culpabilité ? De la complicité ? Une dette l'un envers l'autre ? Une volonté de prendre leur revanche sur ceux qui s'étaient mis en travers de leur chemin ?

Et puis il y avait l'épouse légitime, qui devait composer avec la folie de son mari. L'absence d'amour est un bon terreau pour la jalousie. Peut-être les années en prison avaient-elles été un soulagement pour elle, à moins que la colère d'avoir à élever seule leurs enfants l'ait emporté. Des décennies plus tard, elle avait compris qu'elle ne faisait pas le poids face à un souvenir et s'était de nouveau vu abandonner. Dans cette histoire, tout le monde était malheureux.

Gu n'avait pas de morale à m'offrir. C'était comme ça. Peut-être ces trois retraités n'étaient-ils pas si malheureux, peut-être que leur situation actuelle n'était rien d'autre que la conséquence d'espoirs et de décisions vieux d'un demi-siècle et du souvenir qu'ils en avaient. Toujours est-il qu'elle avait dû éprouver un choc, ce qui expliquait pourquoi elle m'en avait parlé. Pourtant, c'était leur histoire à tous. Pour elle, c'était à la fois quelque chose d'extraordinaire et de familier. Aucun jeune instruit ne pouvait oublier son passé. Ils avaient ramené en ville leur long exil à la campagne et il n'y avait de fin heureuse que sous un certain angle.

*

Seuls les plus chanceux, les plus ingénieux et les plus pugnaces parvinrent à revenir en ville. Xi Jinping fut de retour à Pékin en 1975, plus tard que beaucoup de ses camarades. Une très bonne position l'attendait. Les universités rouvrirent avec des programmes fortement politisés ; d'ailleurs, les étudiants étaient davantage recrutés sur la foi de leurs diplômes politiques que sur celle de leur cursus académique. Sans doute les relations familiales de Xi jouèrent-elles un rôle dans cette prise de poste – il put ainsi réintégrer le

Parti après de multiples refus. D'autres eurent moins de chance.

« Dans ma brigade de production, il y avait un homme qui avait été soldat pendant quinze ans. Il avait donc eu le droit de s'installer en ville avec son épouse et ses trois enfants, me raconta Gu, mais une de mes camarades l'a séduit, il a divorcé de sa femme et ils sont partis tous les deux. Peu de temps après, tous les jeunes instruits ont pu rentrer. Ma camarade a beaucoup regretté son action. »

Huang aussi s'était retrouvée face à un dilemme. Se marier à la campagne réduisait considérablement les chances de rentrer chez soi, mais elle et son futur mari pensaient qu'ils n'avaient pas grand-chose à perdre – leur milieu social les condamnait de toute façon. Ils se marièrent donc et, peu de temps après, eurent un fils. Un an plus tard, sa ville de naissance à elle eut besoin de travailleurs ; elle y retourna seule avec son fils. Son mari ne put les rejoindre que quatre ans plus tard.

Gu dut attendre jusqu'en 1977 : « Le père d'une de mes camarades qui travaillait dans une compagnie minière m'a donné sa place – ce n'était pas idéal mais l'occasion était trop rare pour la laisser passer. » Son sourire disparut. « Je pensais que les dirigeants de ma commune me laisseraient partir, parce que je m'étais bien comportée et parce que mes parents étaient morts, mais ils nous évitèrent, moi et le père de mon ami, et après son départ ils me dirent que j'étais encore jeune, qu'il y avait quelqu'un qui était là depuis plus longtemps que moi dont la mère l'attendait en ville.

C'était à lui qu'ils voulaient donner la place. Je me suis enfuie. Il pleuvait à seaux, je me souviens de la foudre et des éclairs. Tout le monde est parti à ma recherche. Ensuite, un des chefs avec qui je m'entendais bien m'a confirmé que la place serait confiée à l'autre. J'étais anéantie mais je ne pouvais rien faire. Je ne pouvais pas montrer que ça me touchait autant. »

Au début, il y avait très peu d'options pour revenir en ville. Certains rentrèrent clandestinement mais tombèrent dans le piège de la petite délinquance ; d'autres allèrent jusqu'à se blesser volontairement pour obtenir le certificat médical les autorisant à rentrer. Des difficultés familiales hors norme pouvaient à l'occasion débloquer une situation. Dans ce contexte de concurrence acharnée, la solidarité disparut : pour quitter leur village, tous ces jeunes sautaient sur le premier travail ou la première place à l'université venus. La vertu politique était une autre option, même si elle s'illustrait par exemple par la volonté exprimée de s'installer à la campagne. L'hypocrisie finit de concourir au désenchantement de cette génération, sans parler de la diligence des cadres à favoriser leurs propres enfants et à accepter les pots-de-vin – voilà comment ils servaient le peuple. Plus personne ne s'embarrassait de scrupules. La calomnie et le chantage étaient plus efficaces que le zèle pour ruiner les chances d'un rival. On promettait aux filles de les aider si elles consentaient à des rapports sexuels.

À partir de 1975, le nombre de ces retours s'accrut, même si cette année-là plus de deux millions d'adolescents furent encore envoyés à la campagne. Le désespoir qu'éprouvaient les jeunes instruits finit par se transformer en résistance de masse; en 1978, cette résistance prit la forme de protestations: il y eut des grèves, des manifestations, des tracts et des occupations de lieux[1]. Ils voulaient rentrer chez eux. Leur expérience les avait endurcis, ils savaient désormais qu'il fallait se battre pour obtenir ce qu'ils voulaient. Certains s'enfuirent. Le gouvernement avait prévu de continuer sur sa lancée mais la pression était trop forte. Gu finit par rentrer chez elle en 1979. L'année suivante, cette politique fut abandonnée; presque un million de jeunes étaient encore coincés à la campagne.

« Le retour n'a pas été simple, on a dû se battre pour réintégrer notre vie d'avant, soupira Huang. On n'était plus si jeunes et on n'avait pas fait d'études. Pour certains, il fallait réfléchir à comment nourrir leur famille tout en apprenant de quoi se trouver un métier, pour survivre. »

Les injustices allaient croissant. Ils avaient souffert pendant des années à la campagne, tout ça pour se rendre compte qu'ils n'étaient pas beaucoup plus utiles dans un contexte urbain. Ils avaient perdu leurs idéaux, leurs objectifs et jusqu'aux moyens de les réaliser. Les universités étaient restées fermées si longtemps que la concurrence pour y entrer était

1. Voir par exemple Bin Yang, « "We Want to Go Home!" The Great Petition of the Zhiqing, Xishuangbanna, Yunnan, 1978-1979 », *The China Quarterly*, n° 198, juin 2009.

terrible ; seuls les plus doués et les plus déterminés avaient leur chance. Les établissements de deuxième cycle diplômaient quant à eux de potentiels employés plus jeunes et plus sophistiqués. Les jeunes instruits se tournèrent donc vers des emplois très peu qualifiés, les plus désespérés tombant dans la prostitution ou la délinquance. Certains se rendirent compte que toutes ces difficultés leur avaient beaucoup appris et devinrent entrepreneurs, tirant profit des réformes économiques mises en place notamment pour les occuper. (Quant à ceux d'entre eux promus à des postes politiques, ils œuvrèrent au développement rural.) Gu eut beaucoup de chance : elle fut recrutée par une usine de vélos. Sa fille, elle, travaillait dans un bureau ; peut-être que son petit-fils irait à l'université.

Aucun de mes interlocuteurs ne trouvait curieux de passer autant de temps à parler d'un endroit qu'ils avaient désespérément cherché à fuir. Leur triste expérience rurale les définissait. Elle parlait de sacrifice, de communauté, d'altruisme et d'endurance. Ils avaient bien mérité leur logement, leurs dîners au restaurant, leur rouge à lèvres et leurs pulls à volants. Les dirigeants qui avaient souffert à leurs côtés confirmaient ce récit. Tandis que d'autres aspects de la révolution culturelle avaient été foulés aux pieds et relégués dans la boue du passé, celui-ci nourrissait le récit national.

« Qui n'est pas nostalgique de sa jeunesse ? » avait rétorqué Yu Xiangzhen quand je lui avais parlé du groupe de Chongqing. Pour autant, les bons souvenirs qu'ils gardaient de cette époque lui paraissaient risibles. J'avais été surprise par la brusquerie de son ton : c'était la première fois qu'elle s'aventurait sur un autre terrain que celui de la politesse la plus stricte. Je compris pourquoi quelques mois plus tard, quand elle me raconta que son séjour à la campagne avait laissé sa sœur au bord du suicide.

« Avec le temps, on finit par ne plus se souvenir que des bons moments. Mais ç'a été horrible, reconnut Huang, la vie était très dure, c'est difficile de mettre des mots dessus. On est beaucoup à ne pas savoir comment raconter les horreurs qu'on a vécues. Mais on a quand même l'impression qu'il faut transmettre cet héritage. »

Ça comptait pour eux ? Ce n'était pas juste du gâchis ? On ne leur avait pas volé leurs meilleures années ?

« Je me pose la même question ! Je n'arrive pas à me décider. Bien sûr que c'est du gâchis. Mais quand j'y réfléchis, ça m'a aussi beaucoup apporté. D'une certaine manière, c'est comme un trésor. Je ne peux pas dire que je ne regrette pas mais je ne peux pas non plus dire que je n'éprouve pas un minimum de reconnaissance. On ne peut rien y changer. »

Elle prit quelques instants de plus pour y réfléchir.

« Ce que ça nous a vraiment apporté, c'est qu'on a été confrontés à tellement de difficultés jeunes que, ensuite, tout nous a semblé facile », reprit-elle sur un ton plus enjoué.

La conclusion de Xi était la même : « Impossible de faire pire. »

Le sourire de Huang me bouleversa.

Notre conversation avait duré si longtemps que les amateurs de pique-nique et les athlètes étaient rentrés chez eux. Le campus baignait dans la douce lumière du crépuscule. Non loin, la femme en cuissardes, très attentive à ses pas, se remit à danser sur une musique tonitruante. Son épaisse couche de mascara lui donnait un air étonné. Sa jupe à volants remontait sur ses cuisses. Elle avait l'air plutôt heureuse : elle plongeait, virevoltait, un bras en l'air, scandant à l'occasion : « Longue vie au président Mao ! Longue vie au Parti communiste ! »

Sept[1]

« Le président Mao, le grand dirigeant
du peuple chinois, est à la fois
partout et nulle part. »

Réponse d'un dignitaire du Parti
à un journaliste étranger
l'interrogeant sur Mao

Un immense miroir installé à l'angle d'un couloir donnait l'impression que je me tenais à un carrefour. J'hésitai. Le lieu d'exposition était à la fois lumineux et exigu, avec des couloirs sinueux qui revenaient sur leurs pas, si bien que le temps et l'espace s'en trouvaient déformés. Depuis combien de temps étais-je là ? Dix minutes ? Une heure ? Tout autour de moi, des miroirs se reflétaient les uns les autres à l'infini. Il y en avait des milliers, aux murs, au plafond, suspendus, encastrés. Certains étaient décorés du visage de

1. *Mao Cult*, de Daniel Leese, est un récit fascinant qui raconte la mise en place de ce culte de la personnalité; il m'a beaucoup aidée à écrire ce chapitre.

Mao, bien sûr, d'autres d'instructions et de poèmes du dirigeant, de ponts, de pruniers en fleur, du palais de l'Assemblée du Peuple, de livres et d'encriers, de machines à coudre et de volants de badminton, de drapeaux rouges et de héros des opéras modèles, de tournesols par milliers tournés vers leur soleil à eux : Mao. Il y avait des miroirs sur lesquels Mao figurait seul. Mao devant un soleil rouge. Mao devant toujours plus de drapeaux rouges. Des bateaux fendant des flots à la crête blanche bien découpée : « Pour naviguer en haute mer, il faut un timonier ». Des panoramas de Shaoshan, le lieu de naissance de Mao, et des monts du Jinggang où il fonda le premier soviet paysan. Des poèmes de Mao et des instructions indigestes : « Il faut veiller à accorder une attention sérieuse à la politique lors de l'étape combat-critique-réforme de la Grande Révolution culturelle. » Sur certains miroirs, on pouvait lire les mots de Lin Biao – il était encore, à cette époque, une étoile montante. Le ministre de la Défense, qui avait aidé Mao à mettre en place un culte de la personnalité, avait été sacré héritier présomptif après la chute de Liu Shaoqi, une drôle de reconnaissance qui reposait exclusivement sur sa soumission. Toutes ses déclarations visaient à renforcer la dévotion à Mao : « Lisez les œuvres du président Mao, écoutez ce qu'il dit et suivez ses instructions ! » ou encore « Longue vie au président Mao ! Notre guide, notre dirigeant, notre commandant, notre timonier à tous ! »

« Longue vie au président Mao ! Longue vie au président Mao ! Longue vie au président Mao ! »

Je m'imaginai essayer de me recoiffer face à ces exhortations. La surface de certains miroirs était presque entièrement couverte de décorations. Ils n'étaient pas là pour refléter fidèlement celui qui s'observait mais pour montrer ce qu'il devait être : une personne dévouée, persévérante, en bonne santé, patriote et dans le droit chemin idéologique. Il s'agissait donc de miroirs aux alouettes dans un monde de faux-semblants où, comme le disait la Reine rouge à Alice, « il faut courir de toute la vitesse de ses jambes pour simplement rester là où on est[1] ».

*

Un peu perdue, je me dirigeai vers la salle d'exposition des Besoins fondamentaux à l'époque révolutionnaire. J'y découvris des taies d'oreillers, des harmonicas et des soufflets décorés de citations de Mao. Elles étaient partout : sur les assiettes et bols en émail superposés en piles de dizaines de centimètres de haut, sur les éventails pour quand il faisait chaud et les couvertures pour quand il faisait froid, sur les manuels de maths à côté du président représenté devant le soleil de manière que les rayons semblaient émaner de lui, sur les boîtes de thé ou de biscuits, sur

1. Lewis Carroll, *Œuvres*, éd. publ. sous la dir. de Jean Gattégno, avec la collab. de Véronique Béghain, Alexandre Révérend et Jean-Pierre Richard, trad. de Philippe Blanchard, Fanny Deleuze, Jean Gattégno, Henri Parisot *et al.*, Gallimard, « Bibliothèque de la Pléiade », 1994, p. 277.

les couvertures en vinyle écarlate du *Petit Livre rouge* – beaucoup d'exemplaires étaient partis au pilon après la mort de Mao, mais il en restait un certain nombre puisqu'un milliard en avait été publié pendant la révolution culturelle, ce qui en faisait le deuxième ouvrage le plus imprimé du monde après la Bible. Le sinologue Simon Leys se rendit en Chine en 1972, une époque à laquelle le culte de la personnalité entourant Mao était censé avoir reflué. Voici ce qu'il écrit : « Les portraits de Mao sont partout, présentés dans tous les formats et matériaux possibles : ils ornent la façade des immeubles officiels et l'intimité des chaumières [...]. Les pensées de Mao, les poèmes de Mao s'étalent en lettres géantes sur tous les murs, les reproductions de ses calligraphies décorent les monuments et sites historiques, les chambres d'hôtel, les salons de réception des ministères, les carrefours des rues, les salles d'attente des gares, les jardins publics, les bureaux de poste, les zoos, les wagons de chemin de fer, les écoles, les digues des barrages hydroélectriques, les paravents, les éventails, le portail des casernes, la page de garde des agendas... Les citations de Mao entremêlent les émissions radiophoniques, précèdent les séances de cinéma, les représentations théâtrales, les concerts et les séances de music-hall, elles figurent chaque jour en tête des journaux[1]. »

1. Simon Leys, « Ombres chinoises », *Essais sur la Chine*, Robert Laffont, 1998, p. 269.

Le volume des objets domestiques – bassines, serviettes, allumettes, tasses – ainsi décorés était le meilleur indicateur de son statut de quasi-divinité à la fois omnipotente et omniprésente. Il était aussi proche d'un mari que son épouse ou d'enfants que leurs parents. Lui ou ses mots, depuis votre oreiller, veillaient sur votre sommeil et vous tenaient chaud pendant la nuit. Ils étaient là à votre réveil, pendant votre toilette, lorsque vous vous essuyiez le visage, buviez du thé, allumiez une cigarette. Il vous surveillait tout le temps. Il guidait chacune de vos actions.

Sur une bouée à rayures rouges et blanches accrochée à un mur, je lus une incitation à nager. Mao adorait l'eau ; sa photographe personnelle m'avait confié avoir pris beaucoup de clichés de lui en train de faire la planche, une cigarette aux lèvres – avant qu'elle aussi ne soit purgée pendant la révolution culturelle[1]. Mais cette passion avait également une dimension politique – tout était politique. Elle lui servit à humilier Khrouchtchev qui, parce qu'il ne savait pas nager, dut mettre des brassards à l'occasion d'une rencontre « amicale » dans sa piscine privée. Huit ans plus tard, il en usa contre ses collègues : en juillet 1966, après plusieurs mois passés hors de vue du public, Mao refit surface en allant nager dans le Yangzi au niveau de Wuhan. À plus de soixante-dix ans, il arrivait encore à dompter les courants, le vent et les vagues. En une du *Quotidien du peuple*, il fut question de quinze

1. Interview de l'autrice avec Hou Bo.

kilomètres parcourus en soixante-cinq minutes, de quoi émerveiller nos athlètes olympiques. Le mois suivant, Mao lança la révolution culturelle avec la même vigueur. La symbolique n'échappa à personne et l'heure n'était de toute façon pas à l'audace. Pendant dix ans, les nageurs célébrèrent la date anniversaire de cet événement en se mettant à l'eau avec des drapeaux rouges et des portraits de leur dirigeant.

Je continuai à avancer. Des tas de bustes blancs strictement identiques emplissaient quatre caisses. Yu Xiangzhen m'avait raconté la fin de la révolution culturelle telle qu'elle l'avait vécue : une collègue de son usine, qui s'était mariée alors que le mouvement battait son plein, eut comme seul cadeau des statues de Mao plutôt que les objets du quotidien dont elle avait besoin. Quand Yu était allée lui rendre visite dans son petit chez-elle, elle en avait vu partout, sur la table, sur le lit, etc. ; il ne serait venu à l'idée de personne de s'en séparer. Tout le monde portait un badge à l'effigie de Mao, le visage doré du dirigeant se détachant sur un fond rouge émaillé, le tout aussi brillant et attirant qu'un bonbon au caramel dans son emballage. De loin, tous les badges se ressemblaient mais, de près, chacun comportait des détails spécifiques. Il y avait notamment celui qui disait « Rendez-moi ma Grande Muraille », la réponse agressive de Mao à un éditorial publié en 1967 qu'il avait lu comme une attaque contre l'APL et qui avait été l'occasion d'une lutte de plus entre factions. Des milliards de badges furent produits afin que chaque homme, chaque femme et chaque enfant puisse témoigner quatre ou cinq fois de sa loyauté – ce qui eut par ailleurs raison des réserves d'aluminium chinoises[1]. Selon un collectionneur, 40 000 avions auraient pu être construits à la place, ce qui aurait fini par inspirer à Mao la variante suivante : « Rendez-nous nos avions ! »

*

Il est étrange de constater à quel point tout ceci devint la norme. Une drôle de routine s'installa par la répétition, or une routine, par définition, ne peut pas être remarquable. À force de la seriner à longueur de jour et de nuit, elle fut bientôt prise pour acquise. Ce qui devait être fut, et ce qui était devint ce qui devait être.

« Les gens étaient devenus des entités sans pensées, sans sentiments. On ne pensait pas. On faisait ce qu'on nous disait de faire. Il n'y avait aucun libre-arbitre, personne n'avait d'idées, m'expliqua Yu. Au début, personne n'avait osé se plaindre. Et puis, petit à petit, on avait intégré les choses, on n'y pensait plus. »

Même lorsque le choc initial se dissipa, une fois que l'APL eut restauré l'ordre, que les gardes rouges eurent été envoyés à l'usine ou à la campagne et que seul subsista l'écho de ces terribles affrontements, le

1. Voir « Badges of Chairman Mao Zedong » de Bill Bishop sur wp.sinocism.com. Le site maozhang.net de Clint Twist donne à voir l'incroyable palette de badges.

paysage n'était plus le même. On avait encore l'impression de pouvoir y comprendre quelque chose, en rassemblant tous les détails, en disant voilà ce qui est arrivé et pourquoi – jalousie, ressentiment, question de commodité... Pourtant, rien ne justifiait vraiment quoi que ce soit. Ceux qui essayaient d'empiler dans un même tas tous les éléments de leur passé pour mieux les trier n'allaient pas bien loin. Le monde était sens dessus dessous, chacun voyait les choses à sa manière. Pendant ces années-là, les comités révolutionnaires, ces instances politiques initialement créées pour remplacer l'ancienne bureaucratie mais rapidement tombées sous la coupe de l'APL et des cadres installés de longue date, avaient exercé un contrôle mortifère. Les choses changeaient à une vitesse folle; ce qui était obligatoire un jour devenait interdit le lendemain et vice versa. Quelle que soit la manière dont on les interprétait, certaines situations n'avaient aucun sens, comme le fait de devoir écrire des confessions à l'infini sans jamais savoir ce qui vous était reproché. Vous aviez beau suivre de près les consignes politiques, il était impossible de savoir précisément à quel moment vous aviez fauté. Il y avait un flot continu de nouvelles règles qui n'en finissaient pas de se transformer. Tout un temps, à chaque rencontre avec un inconnu, il fallait commencer par citer le *Petit Livre rouge* avant d'entrer dans le vif du sujet. Dans la queue pour les commissions, il fallait dire: « Servir le peuple ! Camarade, je voudrais une livre de poireaux. » Lorsque cette pratique fut abandonnée, de nouvelles campagnes, de nouveaux ordres et de nouveaux tabous la remplacèrent.

Yu avait eu de la chance : quand ses amis quittèrent la ville, elle alla travailler à l'usine où, comme les autres travailleuses du métal de ces années-là, elle assemblait des composants – de véhicules miniers dans son cas. (Je ne fus pas surprise d'apprendre qu'elle y avait gagné plusieurs prix : membre modèle de la Ligue de la jeunesse communiste, jeune modèle dans les pas de Lei Feng, travailleuse modèle du 8 Mars...) Le travail était très dur et les journées déjà longues finissaient encore plus tard à cause des campagnes politiques. Il fallait se lever à 6 heures du matin, heure à laquelle tous les ouvriers se rassemblaient devant le portrait de Mao pour lancer des vivats ; il fallait ensuite étudier la politique, se pencher sur les éditoriaux et les ordres qui venaient de plus haut et se critiquer les uns les autres. Les travailleurs qui étaient de la mauvaise origine sociale occupaient les postes les plus fatigants et subissaient les sessions de critique les plus longues.

« Pendant la révolution culturelle, il y a eu beaucoup de mouvements politiques, ce qui s'est traduit par un grand nombre de séances de critique et d'éducation, m'expliqua Yu. Elles pouvaient prendre différentes formes. Parfois, elles avaient lieu entre les membres d'un même groupe de production ; d'autres fois, entre les membres de la même usine. Les gens étaient épuisés. La lutte des classes primait tout. La révolution devait l'emporter sur la production. Il n'y avait aucune place pour l'individu. »

Après une heure ou deux d'éducation politique, tout le monde se mettait au travail. À midi, les haut-parleurs relayaient les actualités, des chants révolutionnaires ou de nouveaux textes politiques. La journée de travail se terminait à 18 heures, mais il y avait encore deux heures d'éducation politique. Ensuite seulement on pouvait rentrer chez soi. Mais, par zèle ou par souci de leur réputation, certains continuaient à travailler et parfois, quand il fallait rester tard, les médecins distribuaient des pilules qui aidaient à tenir. À une occasion, Yu avait travaillé trois jours et deux nuits d'affilée interrompus seulement par quelques courtes pauses. Certains soirs, les haut-parleurs reprenaient du service car le président Mao avait donné de nouvelles instructions. Même quand on avait fini et qu'on était couché, on pouvait se faire rappeler. Il fallait alors sortir dans la nuit et se diriger vers la place Tian'anmen pour écouter des discours politiques ou vers l'ambassade soviétique pour manifester. Tant pis pour ceux qui perdaient leurs chaussures en cours de route : il fallait continuer à marcher, un sourire déterminé aux lèvres malgré une démarche bancale et bientôt boiteuse.

*

Et aujourd'hui, quel sens pouvait-on en tirer ? Je balayais du regard les objets entassés devant moi, qui représentaient à peine 1 % du stock que possédait le fondateur du musée. C'était vertigineux. Fan Jianchuan disposait de dix mille journaux intimes, presque un million de lettres et trois millions de photos datant de la révolution culturelle.

« Un objet, c'est comme un pixel : plus vous en avez, meilleure est la définition de votre image, la photo est plus nette. J'ai beau avoir mis la main sur tous ces objets, plus je lis de choses sur la révolution culturelle, moins je comprends ce qui s'est passé. C'est trop récent ; pour moi, si on veut comprendre cette époque, il faudrait plus de distance. »

Le complexe de musées de Jianchuan, le plus gros de Chine, avait surgi au bout d'une longue allée bordée de hauts bambous qui me donna l'impression d'entrer dans un club ultra-sélect. Les vingt-cinq galeries s'étendaient sur trente-trois hectares au milieu d'oliviers de Chine et de petits lacs. À mon arrivée, deux oiseaux se baignaient dans un ruisseau, s'ébrouant à qui mieux mieux. Un panneau d'affichage était couvert de photos immortalisant le passage de célébrités et de patriciens favorables au projet : les incontournables dignitaires du Parti, un réalisateur et le petit-fils de Mao, Mao Xinyu, dont les « nombreuses prouesses » – aux dires des cadres – lui avaient valu de devenir le plus jeune général de division de l'APL. La galerie traitant du tremblement de terre meurtrier qui avait frappé le Sichuan en 2008 jouissait d'un soutien officiel, ce qui aurait aussi pu être le cas du pavillon consacré aux crimes perpétrés par les soldats japonais lors de guerres d'agression contre la Chine. Il y avait également le musée sur les pieds bandés et celui sur la société de l'industrie aéronautique de Chine et les Tigres volants, ces pilotes américains qui combattirent avec la Chine contre le Japon. J'en visitai six, tous sur les années rouges. À la différence du musée de Peng Qi'an, ceux-ci n'avaient pas de visée éducative. « Les objets parlent d'eux-mêmes », m'expliqua Fan.

Il me reçut dans le centre de recherches du site. Son assistant ouvrit une porte encastrée dans un énorme pilier au milieu de la pièce dans laquelle je me trouvais. Je descendis à sa suite un escalier en spirale mal éclairé. Fan était assis dans un fauteuil en cuir à l'extrémité d'une longue table taillée dans un tronc d'arbre, aux bords aussi irréguliers que sa surface était lisse. Un plateau avec deux espressos apparut au moment où Fan me tendait sa carte de visite, deux fois plus longue que la normale. Son nom, imprimé en énormes lettres d'un côté et calligraphié à la même échelle de l'autre, était flanqué de la liste de ses nombreux titres dans une police plus petite : *conservateur du complexe de musées Jianchuan (Sichuan) ; membre du comité permanent du comité pour la province du Sichuan de la conférence consultative politique du peuple chinois ; membre du comité pour la province du Sichuan du comité consultatif politique du PCC ; membre du gouvernement populaire provincial du Sichuan ; conseiller du gouvernement populaire municipal de Chengdu.*

Tout comme Peng, Fan avait été cadre du Parti. Ses supérieurs l'auraient bien vu maire mais, pour Fan, les hommes d'affaires étaient plus libres et mieux payés. Aucun entrepreneur ne pouvait cependant prospérer sans entretenir de bonnes relations avec le Parti… Au sommet de sa fortune et avant de construire ses musées, Fan faisait partie des cinq cents hommes les plus riches du pays. En Chine, qui dit riche dit nouveau riche – sauf pour ceux qui ont réussi à convertir en argent leur patrimoine politique ; l'histoire de Fan était donc des plus classiques[1]. Lorsqu'il me raconta que, plus jeune, il lui était arrivé de s'évanouir parce qu'il n'avait pas de quoi manger, je sentis que la faim n'était pas une projection, qu'elle était bien ancrée dans son corps. La plupart des riches que je rencontrais adoraient ces histoires qui disaient tout de leur ténacité et de leurs capacités exceptionnelles, sans lesquelles ils ne se seraient pas hissés aussi haut. Fan, lui, écarta tout de suite cette rhétorique : « Je n'y suis pour rien, c'est grâce aux réformes et à l'ouverture. »

Il avait commencé ses collections en 1966, l'année où Mao avait lancé la révolution culturelle. Son père, un vétéran communiste, s'était battu huit ans contre les Japonais, trois ans contre le KMT puis contre les États-Unis pendant la guerre de Corée. Quand les

1. Ceci étant dit, des travaux de recherches récents suggèrent que les descendants de l'élite prérévolutionnaire ont beaucoup mieux réussi que la moyenne en dépit de tous les efforts de Mao. Voir « The Grandchildren of China's Pre-revolutionary Elite are Unusually Rich », *The Economist*, 9 juin 2022, economist.com/graphic-detail/2022/06/09/the-grandchildren-of-chinas-pre-revolutionary-elite-are-unusually-rich.

gardes rouges s'en étaient pris à lui, il s'était senti perdu et affolé. À cause de son manque d'instruction et d'éducation politique, il avait demandé à son fils de neuf ans de rassembler tous les tracts et articles qui pourraient l'aider à comprendre ce qu'il avait fait de mal. Il n'y avait évidemment rien à comprendre mais Fan, une fois lancé, ne s'arrêta plus. Les choses se compliquèrent lorsqu'il dut trouver un endroit pour entreposer son butin. Il commença par chercher dans des grandes villes comme Shanghai et Pékin mais il échoua à obtenir l'aval des responsables politiques locaux. À l'inverse de Peng Qi'an, ce n'était pas ce qu'il comptait construire qui posait problème ; simplement, personne ne croyait que le moindre bâtiment sortirait de terre. Dans une Chine en plein essor immobilier, les arnaques et les transactions douteuses étaient légion. Il y avait quelque chose de louche à ce qu'un multimillionnaire ayant fait fortune dans l'immobilier soit à la recherche d'un immense terrain pour construire des musées sur ses propres deniers. Le seul moyen pour qu'un responsable donne son autorisation, c'était qu'il y trouve un avantage sonnant et trébuchant. Fan finit par acheter un terrain dans une petite ville située à cinquante kilomètres de la capitale du Sichuan.

Il tint parole. L'installation des galeries lui coûta 200 millions de dollars, auxquels il fallait ajouter 2 millions par an pour l'entretien. Il avait récemment vendu une station essence pour pouvoir payer ses factures. Il ne plaisantait qu'à moitié quand il disait être l'esclave de ses musées – « c'est-à-dire l'esclave de l'histoire, des objets culturels et des visiteurs». Il ne s'inquiétait pas de ce qu'il laisserait à sa fille car elle et son mari étaient à l'abri du besoin. On le voyait rarement dans des restaurants branchés et il n'achetait pas de vêtements de grands couturiers. Il ressemblait plus à un étudiant qu'à un homme d'affaires : lors de notre rencontre, il portait un pantalon foncé en toile, une chemise à carreaux et un T-shirt kaki sur lequel on pouvait lire «Fais la différence» en caractères rouges. Il se tourna pour me montrer le dos : *Fan, jeune instruit, brigade de production de Zuixiang, brigade de production S-1, commune populaire de Richeng, comté de Yibin.* Malgré tous les titres qui figuraient sur sa carte, il s'identifiait encore à son moi adolescent envoyé à la campagne. Il avait été le fils d'un héros puis d'un mauvais élément, mais aussi un jeune instruit, un soldat, un enseignant, un responsable politique, un magnat... Aujourd'hui, il était conservateur, historien et philanthrope. Ça faisait beaucoup pour quelqu'un de cinquante-cinq ans. C'était comme s'il avait vécu plusieurs vies, toutes très différentes les unes des autres. Mais non, disait-il, c'était un continuum, sa vie était un seul et même arbre. Je me fis la réflexion que, s'il arrivait à donner une cohérence à une histoire aussi fragmentée, à voir chaque épisode comme un cerne de plus sur le tronc de sa vie, alors il devait être possible d'en faire de même avec l'histoire chinoise malgré sa progression heurtée et ses changements de direction.

*

Quand le sujet était évoqué autour de moi, j'entendais surtout l'expression *wuji bifan*, c'est-à-dire « lorsqu'un extrême est atteint, il ne reste plus qu'à repartir dans la direction opposée ». De retour du Sichuan, j'arrivai chez moi en fin d'après-midi, à l'heure où mes voisins promenaient leur chien sur le sentier qui faisait le tour du petit lac de notre résidence. Cette scène me rappela une histoire que Yu m'avait racontée et qui datait de la fin de la révolution culturelle. Ses parents, partiellement réhabilités, avaient pu quitter leur logement insalubre pour s'installer dans un immeuble de meilleure qualité. Là, ils furent horrifiés de découvrir que trois des pièces étaient inutilisables car remplies, du sol au plafond, d'aquariums confisqués aux familles du quartier. Seuls les capitalistes avaient des plantes. Seuls les bourgeois avaient des animaux domestiques. Les gardes rouges avaient piétiné les jardins et confisqué les bocaux. N'importe quel plaisir ou passion qui ne glorifiait pas Mao ou qui n'œuvrait pas à la révolution était décadent et réactionnaire.

Aujourd'hui encore, à Pékin, la règle veut qu'il n'y ait qu'un chien par foyer et, dans le centre, les animaux ne doivent pas dépasser trente-cinq centimètres – la mesure est censée limiter la population de chiens agressifs susceptibles de transmettre la rage. L'après-midi, un défilé de chihuahuas, de terriers et de pékinois avait lieu autour de chez moi – un défilé de mode, pour être plus précise, puisque la plupart s'habillaient pour l'occasion. Ils compensaient leur petite taille par beaucoup d'ostentation : Converse, jupes à volants et pulls à capuche, salopettes en jean et vestes à brillants, serre-tête à antennes et capuches bordées de fourrure... L'un d'eux était toujours habillé en Père Noël, même lorsque le printemps était bien entamé ; d'autres préféraient les treillis et les imprimés léopard. Certains des chiens de mon quartier disposaient d'une penderie plus fournie et beaucoup plus extravagante que la mienne, tandis qu'à quelques kilomètres de là, des enfants n'avaient pas forcément grand-chose à se mettre sur le dos. La Chine était non seulement plus inégalitaire que les États-Unis ou l'Europe, mais ces inégalités, qui s'étaient creusées très abruptement, se côtoyaient allégrement.

D'un extrême à l'autre. Pour la plupart des gens, l'expression renvoyait à l'abandon du maoïsme au profit de la loi du marché et au remplacement du totalitarisme par un individualisme effréné. Mais je l'entendais de plus en plus souvent dans la bouche de gens parlant de ce qui viendrait après l'âge du bling-bling, inacceptable et tout sauf durable, que nous traversions. Personne ne s'attendait à avoir des responsables politiques intègres mais on parlait avec nostalgie de la corruption des dirigeants de la décennie précédente, qui avaient amassé des dizaines de millions d'euros là où les dirigeants actuels en engrangeaient plutôt des centaines. On évoquait la vie telle qu'elle était il y a vingt ans, quand tout le monde parlait à ses voisins, ou il y a quarante ans, quand les conditions étaient difficiles mais qu'on croyait encore à quelque chose.

Lors de la campagne anticorruption lancée par Xi, il avait fallu douze camions pour vider la demeure d'un des anciens généraux les plus puissants de Chine[1]. On retrouva notamment chez lui plus d'une tonne de coupures de banque et une statue de Mao en or massif.

1. Wang Heyan, « PLA General "Profited from Military Housing Projects, Land Deals" », *Caixin Global*, 15 janvier 2014.

Huit[1]

« La pauvreté n'est pas le socialisme. »

Deng Xiaoping

À Nanjiecun, la journée commençait à 6 h 15 au son de « L'Orient est rouge ». La musique se répercutait dans les avenues vides, surprenant au passage la statue de Mao d'un blanc de neige dont le bras était levé en un salut éternel. Je devais écrire un article sur son héritage à l'occasion du 120e anniversaire de sa naissance. Ce village du Henan, dans le centre de la Chine, faisait partie des dernières communes collectivistes du pays.

1. *The Tragedy of Lin Biao: Riding the Tiger During the Cultural Revolution* de Frederick C. Teiwes et Warren Sun (1996) ainsi que *The End of the Maoist Era: Chinese Politics During the Twilight of the Cultural Revolution, 1972-1976 (2007)*, des mêmes auteurs, m'ont aidée à rédiger ce chapitre. *The Culture of Power: The Lin Biao Incident in the Cultural Revolution* de Qiu Jin (1999) offre un point de vue de l'intérieur sur les événements : l'autrice, qui est la fille de Wu Faxian, commandant de l'Armée de l'air à l'époque, proche de Lin et purgé après sa mort, s'inspire dans son travail des mémoires inédits de son père ainsi que d'entretiens menés auprès d'anciens dignitaires du Parti et de membres de leur famille.

Suite aux réformes et à l'ouverture de Deng Xiaoping, partout en Chine la terre avait été divisée en parcelles que chaque foyer pouvait labourer individuellement. Les paysans avaient bondi sur l'occasion, certains concluant des accords dans le plus grand secret pour préempter une surface donnée, prenant par là même un risque considérable. Pour la plupart, ces nouvelles règles avaient été synonymes de prospérité. Mais à Nanjiecun, les revenus s'étaient effondrés et il avait fallu rendre la terre à l'État.

Partout ailleurs, dans les petites maisons comme dans les immenses appartements-terrasse, on jouissait des fruits du capitalisme : chips, faux T-shirts Nike, voitures de sport et Château Lafite. À Nanjiecun, on était fier de ne pas avoir cédé à ces petits plaisirs. Plutôt que de s'amuser sur leur téléphone, les travailleurs chantaient des airs révolutionnaires avant leur service. Ils recevaient des rations de céréales pour leur travail et échangeaient des jetons contre de la nourriture dans des commerces d'État avant de rentrer chez eux dans des logements de fonction construits selon un modèle unique – chacun décoré de la même horloge digitale dorée à l'effigie de Mao. Lorsque les haut-parleurs se taisaient, l'endroit était calme voire sinistre. Pas de chansons pop, pas de circulation dans les rues immaculées, personne qui ne soit pas à sa place, pas de fouillis d'enseignes et de publicités mais des slogans communistes et l'image de Mao sur tous les panneaux. On avait l'impression de faire un voyage dans le temps. Ce lieu, qui était l'antithèse de la passion chinoise pour l'agitation, l'animation, le bruit et le désordre, hypnotisait par son ennui ; c'était comme regarder la neige sur l'écran d'une télé. L'ordre, la propreté et le fait que rien ne se passe me rappelaient Pyongyang. Pour les néomaoïstes, qui organisaient des séjours en Corée du Nord, Nanjiecun était un modèle et la preuve que, aujourd'hui encore, la pensée Mao Zedong apportait prospérité et bonheur. Si tous les villages chinois avaient suivi cet exemple, tout le monde serait bien plus heureux. Les conditions de vie seraient meilleures, les paysans ne seraient pas allés en ville où ils étaient traités comme des citoyens de seconde classe, les prolétaires auraient vu leurs droits garantis, les écarts de richesse ne se seraient pas creusés.

Mais l'histoire de Nanjiecun n'était pas si simple. La statue de Mao avait été érigée dans les années 1990 et les immenses posters représentant Marx, Engels, Lénine et Staline avaient été installés la décennie suivante, sans doute davantage pour attirer les visiteurs que pour inspirer les habitants. Selon certaines sources, le village était très endetté – même si les banques d'État étaient censées avoir annulé ses dettes. L'usine de nouilles locale était codirigée par une entreprise privée japonaise. Beaucoup des ouvriers qu'elle embauchait vivaient ailleurs et ne touchaient rien d'autre qu'un salaire. Le calme troublant s'expliquait en partie par la présence d'un marché très animé derrière la porte nord, où l'on se rendait pour mettre l'utopie à distance l'espace d'un instant. Le communisme donnait l'impression d'être autant une stratégie promotionnelle qu'un engagement politique. Le jardin botanique qui s'étendait à l'extérieur de la cité exposait des maquettes de bâtiments ayant accueilli des événements clés de l'histoire du Parti, mais les girafes et les pandas en fibre de verre abîmée semblaient plus populaires auprès des touristes. Lorsque j'y fis un tour, un shooting de photos de mariage de grande ampleur était en cours : des dizaines de jeunes mariés posaient en pull tricoté assorti, en costume pastel ou en robe de bal. C'était le consumérisme chinois dans sa version la plus mièvre.

Le soir venu, les haut-parleurs faisaient retentir un autre classique du Parti rassurant les auditeurs sur le fait que la société communiste était en cours de réalisation. Je parcourus en sens inverse les mêmes rues, qui étaient encore plus calmes, et m'attablai au restaurant de l'hôtel pour déguster des raviolis trop cuits et de la bière tiède – dans cette Arcadie, le choix était limité. Autre emprunt au passé : une femme m'ouvrit ma chambre car elle ne faisait pas suffisamment confiance aux clients pour leur laisser les clés. Alors que j'étais couchée et sur le point de m'endormir, mon téléphone sonna. C'était un numéro chinois inconnu ; vu l'heure, la personne en question devait avoir des problèmes.

Une voix lança : « Vous vous souvenez de moi ? » Sans attendre ma réponse, qui aurait été décevante, elle continua : « C'est Gao Xiguang ! C'est pour une urgence ! »

Si c'était vraiment le cas, il était beaucoup trop jovial. Je ne voyais toujours pas.

« Gao Xiguang ! Lin Biao ! »

Lin Biao. Bien sûr. Nous nous étions rencontrés un an plus tôt alors que j'écrivais un article sur les imitateurs de Mao, qui semblaient aussi nombreux en Chine que ceux d'Elvis en Occident. Ils étaient plusieurs dizaines, de corpulence et de taille différentes ; il y avait même une imitatrice, étonnamment convaincante, qui se plaignait que son mari ne la touchait plus depuis qu'elle jouait ce rôle. Ils intervenaient dans des pièces diffusées à la télé et lors d'événements officiels. Ils pouvaient ainsi participer à l'ouverture d'un restaurant tout comme se rendre en prison pour améliorer le moral des équipes et œuvrer à rééduquer les prisonniers. Celui que j'avais interviewé s'était présenté à moi en costume, jusqu'au grain de beauté en latex, entouré de sa troupe : Zhou Enlai, son Premier ministre, Zhu De, héros militaire, Song Qingling, femme d'État de premier plan et veuve de Sun Yat-sen, adulé pour son rôle clé dans la révolution de 1911 qui avait renversé la dernière dynastie impériale. À mon immense surprise, ils étaient accompagnés par le plus grand traître des années communistes : Lin Biao. Son imitateur avait refusé de me parler tant que Mao ne lui en avait pas donné l'autorisation. J'avais ensuite appris qu'il s'appelait Gao Xiguang et qu'il endossait ce rôle depuis quelques années. J'avais pris son numéro pour assister à une de ses représentations mais il était tellement méfiant que j'avais fini par abandonner. J'étais curieuse de savoir ce qui le poussait à me rappeler.

« C'est pour une urgence ! » répéta-t-il avant de me donner une date distante d'un mois et de me demander si j'étais libre. Tous les autres seraient là : Mao, Zhou Enlai, peut-être Chiang Kai-shek... Je lui répondis que je serais ravie de venir. En quel honneur se retrouvaient-ils ?

« Super ! C'est l'anniversaire des cent jours de mon petit-fils ! Appelez-moi dans la matinée ! »

J'aurais donc moi aussi mon rôle à jouer, celui de l'amie étrangère de Gao. Tout comme certains expatriés se plaisaient à faire allusion à leur « ami chinois », certains Chinois étaient moins intéressés par le fait d'avoir des amis étrangers que par la possibilité de les montrer. Une amie que cela agaçait m'avait mise en garde : « Tout se monnaye maintenant, rien n'est gratuit. » De mon côté, j'avais surtout été traitée avec beaucoup de gentillesse, mais elle était loin d'être la seule à se plaindre. Tout le monde cherchait à se faire de l'argent. Le relationnel avait toujours été au cœur de la société chinoise, mais la différence aujourd'hui tenait peut-être à un contexte très changeant qui rendait les liens fragiles, à moins qu'elle ne tienne à la totale décomplexion avec laquelle on affichait désormais ses besoins ou sa vénalité. « Qu'est-ce que tu peux m'apporter ? » était la question qui régissait tous les rapports. Si, pour certains, le responsable en était la ruée vers le capitalisme (qui avait donné lieu à des licenciements massifs dans les entreprises d'État, accentué le côté « jetable » des travailleurs qu'on pouvait licencier à trente ans parce qu'on les trouvait trop âgés, ainsi qu'appuyé l'impératif de réussir et de gagner plus), la plupart reprochaient à la période ayant précédé le capitalisme de les avoir coupés de leurs émotions et d'avoir fait disparaître toute forme de convenance ou de lien affectif. Même les serments de loyauté les plus sincères s'étaient retrouvés vides de sens. Gao et ses camarades n'avaient aucune raison de croire ceux qui les assuraient de leur bonne foi. Il fallait prouver qu'on était fiable en amitié. Il fallait montrer les cartes si on voulait être considéré comme un donneur honnête. La parole ne valait rien, il fallait agir. C'était uniquement comme ça qu'on pouvait construire des relations durables.

Dans l'histoire, j'étais moi aussi intéressée. Je voulais que Gao me fasse confiance et m'invite à une de ses représentations. J'avais toujours autant de mal à croire qu'il incarnait Lin Biao, le plus grand flatteur de Chine devenu bouc émissaire d'un pays tout entier.

*

Les imitateurs étaient kitsch sans le vouloir. Ils faisaient leur travail sérieusement, refusant de se produire quand ils jugeaient l'événement inadéquat, lorsqu'il s'agissait de faire la promotion d'une marque de spas par exemple. Ce qui n'avait pas sa place dans l'histoire chinoise nourrissait l'industrie du divertissement. Les restaurants « de la révolution culturelle » faisaient de cette époque tragique une mascarade. Le restaurant pékinois des Classiques rouges, avec sa devanture rutilante, accueillait ainsi des mariages à thème où les mariés pouvaient poser en costume Mao sur le tracteur garé dans un coin. On avait poussé le souci du détail jusqu'à décorer les toilettes d'étoiles rouges au-dessus de chaque lavabo. Après avoir consulté un menu qui ressemblait à un journal du Parti, les clients pouvaient commander des aubergines à la mode secrétaire du Parti ou de la viande façon jeune instruit. Les serveuses, leurs tresses brillantes fixées par un ruban rouge, portaient l'uniforme des gardes rouges. On distribuait des drapeaux que les convives agitaient à contretemps pendant que, sur scène, la fête battait son plein. D'abord, un résumé rapide sur le mode publicitaire de l'exposition *Vers une renaissance* : 1921, le premier congrès du Parti ! Deng Xiaoping ! Les JO ! Le président Xi ! Ensuite, des reconstitutions de batailles et une série de chansons maoïstes avec un accompagnement énergique au synthé, pendant laquelle des danseurs grimpaient sur les chaises et enjoignaient la salle à scander : « Longue vie au président Mao ! Longue vie au président Mao ! »

Le public était principalement masculin et saoul ; beaucoup étaient trop jeunes pour avoir vécu la révolution culturelle, qu'ils voyaient donc comme quelque chose de nouveau là où d'anciens gardes rouges avaient violemment critiqué ces dérives. Quant aux séances de lutte recréées par des étudiants de Harbin pour leur cérémonie de remise de diplômes, au cours desquelles ils s'étaient amusés à poser face à des victimes coiffées d'un bonnet d'âne, elles avaient causé un tollé. Cette colère n'avait rien d'étonnant. Mais comment la jeune génération pouvait-elle comprendre quelque chose qu'elle n'avait pas le droit de savoir ?

Au fond de la salle, un quinquagénaire méditait sur les plaisirs du bon vieux temps, un verre à la main et de la sueur perlant à son front. « Après ma journée de travail, je suis content de pouvoir venir chanter et danser ici. Je mets mon cerveau en pause, je me détends », me confia-t-il.

Est-ce qu'il avait été « content » pendant la révolution culturelle ? Il essaya de se concentrer, non sans peine, et émit un petit rire gêné. « Ce n'est pas bien de dire ça, vous devriez le savoir. » Avant que je puisse renchérir, le chanteur se mit à hurler : « Le premier qui ne chante pas la prochaine chanson alors qu'il la connaît ne respecte pas Mao et mérite d'être soumis à une séance de critique ! »

Je me rappelai une phrase que j'avais lue quelque part : notre complaisance pour la nostalgie, ou pour quelque chose s'en approchant, faite de polystyrène. Si les vrais souvenirs ne s'achètent pas – d'ailleurs, qui achèterait celui-ci ? –, il est en revanche possible de vendre quelque chose s'en approchant. Quelle ironie que les excès du maoïsme, comme ceux qui ont eu lieu pendant la révolution culturelle, aient débouché sur l'individualisme le plus radical. Il suffit à ceux qui ont vécu à cette époque de posséder quelque chose pour savoir quelle stratégie adopter afin de prospérer et de négocier à leur avantage. Avec un brin d'ingéniosité, tout s'échange, même quelque chose d'aussi peu prometteur sur le papier qu'une ressemblance avec Lin Biao.

*

Du temps où Lin se trouvait au sommet de sa gloire grâce à son aura de héros militaire et de successeur de Mao, Gao n'était encore qu'un petit garçon. Pour mieux comprendre l'homme qu'il imitait, il avait passé au peigne fin biographies et livres d'histoire. Il avait visionné un grand nombre de photos et d'images d'archives pour reproduire les gestes susceptibles de ressusciter Lin. Il avait écouté en boucle des enregistrements du dignitaire déchu, accélérant à dessein son rythme habituel, travaillant son accent pékinois pour qu'on y entende celui du Hubei et la diction datée de Lin – il ne pouvait pas non plus parler exactement comme lui, le risque que personne ne le comprenne était trop important. La ressemblance était suffisamment frappante pour qu'il n'ait pas besoin de toucher à ses cheveux. (Tous deux étaient plutôt chauves, ce qui ne semblait pas être sujet à plaisanterie.) Peu de jeunes le reconnaissaient, convint-il, mais les plus de cinquante ans ne se posaient même pas la question. À un rassemblement d'anciens combattants, il avait été littéralement submergé : pour lui comme pour son public, Lin Biao avait d'abord été un des dix plus grands maréchaux de Chine. Tacticien brillant, il avait survécu à la guerre civile malgré les 100 000 dollars supposément offerts en récompense à qui l'abattrait, puis été de tous les affrontements et marché à la tête de l'APL pour libérer Pékin en 1949.

« Sans le Parti communiste, il n'y aurait pas de nouvelle Chine, déclara Gao. Ce sont eux qui nous ont donné écoles et nourriture. Lin Biao s'est battu pour les générations futures ; moi, je veux transmettre ces idées. Il ne faut pas oublier ce qu'il a apporté à la Chine. »

Lin avait surtout toujours été un fervent défenseur de Mao, « une page blanche sur laquelle Mao pouvait écrire ce qu'il voulait » selon les mots d'Otto Braun, un représentant de l'Internationale communiste envoyé en Chine pendant les années 30. Lorsque le PCC prit le pouvoir, Lin redoubla d'efforts. En tant que « meilleur élève de Mao », il enjoignit un jour ses camarades à « suiv[re ses] instructions, que vous les compreniez ou pas ». Il en fit plus que presque tous, à l'exception de Mao, pour mettre en place son culte de la personnalité. C'est à lui qu'on doit la politisation de l'armée. C'est également lui qui eut l'idée du *Petit Livre rouge*. Certains en ont fait un comploteur ambitieux et impitoyable, d'autres l'ont pris en pitié, rongé comme il l'était par la maladie ou l'hypocondrie[1]. Mais, propagande mise à part, il tient moins de la personnalité politique de premier plan que d'une somme de personnages créés selon les besoins. Sa préoccupation centrale était sans doute de survivre, comme l'illustre ce conseil donné à un subordonné: « Il faut être passif, passif, toujours passif. » Sa stratégie s'avéra payante: en 1969, après la chute de Liu Shaoqi, il fut nommé « plus proche compagnon d'armes et successeur de Mao ».

Mais son obséquiosité ne lui fut pas d'un secours durable et peut-être scella-t-elle même son destin. Donner toujours plus de preuves de sa loyauté à Mao était le seul moyen de se distinguer les uns des autres, car le Grand Timonier exigeait ces déclarations de fidélité. Et pourtant, chacune d'entre elles redoublait sa méfiance. Les deux hommes se brouillèrent définitivement lorsque Lin poussa Mao à rétablir le poste de président de la République et à l'occuper contre l'avis de l'intéressé. Lin attendait-il en réalité de Mao qu'il lui laisse la place ? Ou pensait-il à une réticence feinte de la part de Mao, qui voulait ainsi le forcer à lui fournir de nouvelles preuves de sa loyauté ? Peut-être l'empereur était-il jaloux du pouvoir qu'il avait donné

1. Pour Li Zhisui, un des médecins de Mao, Lin était un grand hypocondriaque. Voir Li Zhisui, *La Vie privée du président Mao*, traduit de l'anglais par Henri Marcel, Frank Straschitz et Martine Leroy-Battistelli, Plon, 1994.

à Lin; peut-être se disait-il que, sous des apparences serviles en public, il le critiquait en privé. Il ne faut pas non plus oublier les luttes entre les factions et le rôle de Jiang Qing, traitée de « serpent cinq pas » par Lin Biao, qui œuvra beaucoup à alimenter les peurs de Mao.

En septembre 1971, il devint évident que Mao s'était retourné contre l'homme dont il avait jusque-là été si proche. La panique s'empara de la famille de Lin[1]. Un soir tard, sa femme, son fils et lui embarquèrent dans un avion qui s'écrasa en Mongolie. Il n'y eut aucun survivant. Le mystère qui entoure encore les circonstances de son départ et de sa mort ne sera peut-être jamais levé dans la mesure où tous les documents s'y rapportant ont été détruits. Un bon millier de ses partisans furent purgés. « Quelques jours après l'incident, des rumeurs ont commencé à circuler, m'avait raconté Yu Xiangzhen. Comme on vivait dans la résidence Xinhua, on était plutôt bien informés, c'est pour ça qu'on a su assez vite ce qui s'était passé. Le fait que Mao ait pris ses distances avec Lin n'avait échappé à personne. Mais l'issue de cette affaire nous a profondément choqués. »

1. Lin Liguo, le fils de Lin Biao, est à l'origine d'une piètre tentative d'assassinat sur la personne de Mao : l'idée était de saboter son train mais le trajet fut finalement modifié. Pour certains, Lin Liguo espérait que sa famille puisse s'enfuir à Canton afin de lancer un coup d'État de cette ville ; il semblerait qu'ils aient plutôt cherché à atteindre l'Union soviétique.

Le public dut attendre beaucoup plus longtemps, presque un an. Avec la disparition de Lin, tout le monde se doutait de quelque chose, si bien qu'on entendit bientôt des commentaires peu flatteurs le comparant à Liu Shaoqi. L'annonce n'en fut pas moins sidérante : Lin, jusque-là au cœur du Parti, était en réalité un droitier et un traître. Il avait prévu d'assassiner Mao et de prendre le pouvoir ; quand le pot aux roses avait été découvert, il avait filé comme une flèche.

Les dirigeants avaient bien préparé leur histoire. Ils avaient prévu des documents, des réunions, des émissions et des gros titres comme « Le traître Lin Biao à jamais maudit par le peuple ! Son corps puant jeté à la poubelle de l'Histoire ! »[1] Mais le verdict officiel posait plus de questions, et des questions sérieuses, qu'il n'apportait de réponses. Lin Biao, loué pour son dévouement à la révolution culturelle et à Mao, haïssait tellement ce qu'il avait tant glorifié qu'il avait finalement conspiré contre. Tout ce qu'il avait dit était sujet à caution. S'il n'avait jamais été honnête,

1. Dans *Mao Cult*, Daniel Leese explique comment Lin fut effacé pour que ce nouveau récit puisse circuler. Par « effacé », il entend supprimé de millions d'œuvres d'art par des petites mains habilitées à gratter, découper, repeindre ou coller sur lui des images et des inscriptions. Suite aux révélations sur Lin eut lieu l'étrange campagne intitulée « Critiquer Lin – critiquer Confucius » : sous couvert de faire le lien entre le défunt dirigeant en disgrâce et le philosophe classique, elle ciblait en réalité le Premier ministre Zhou Enlai. Ce mouvement semble avoir autant dérouté à l'époque qu'aujourd'hui.

comment les citoyens ordinaires pouvaient-ils continuer à croire dans le mouvement ? Pire encore, Mao passait de dirigeant omniscient à être faillible puisqu'il avait nourri un traître en son sein sans même s'en rendre compte – à moins qu'il ne fût un dieu vengeur déchaînant sa colère longtemps retenue.

« Ç'a été un moment charnière. Après cette affaire, les gens qui avaient une réflexion politique construite se sont rendu compte que la révolution culturelle était vide de sens, m'avait expliqué Yu Xiangzhen. Le président Mao l'a vite compris. Mais personne n'en parlait, tout le monde continuait à faire semblant. Tout le monde s'observait, on pouvait se faire dénoncer au moindre mot de trop. C'est pour ça qu'on préférait se taire. »

Ceux à qui les troubles n'avaient pas ôté leur idéalisme – y compris des victimes du mouvement, souvent convaincues d'être responsables des épreuves qu'elles avaient subies – commencèrent à se poser des questions : de quoi s'agissait-il au juste ? Quel objectif cherchait-on à atteindre ? Ils n'étaient pas particulièrement attachés à Lin, ce n'était pas par admiration pour lui. Mais les ordres du Parti étaient incompréhensibles et contradictoires.

La mort de Mao et la chute de Jiang ne sauvèrent pas la réputation de Lin. Le premier héritier malheureux de Mao, Liu Shaoqi, fut réhabilité ; Lin Biao, lui, s'était fourvoyé. Le Parti organisa un faux procès posthume parallèlement à celui de la Bande des quatre. Avec le retour de l'aile droite du Parti au pouvoir, on reprocha à celui jusque-là qualifié d'« ultra-droitier » d'avoir appartenu à l'extrême-gauche. Sa mort était très pratique : on pouvait l'accuser d'avoir attisé les flammes de la révolution culturelle et, avec moins d'à-propos, d'avoir intrigué contre Liu. On l'accusa également d'avoir « œuvré en soutien » à la fameuse conspiration du 16 mai, alors même que le crime principal des conspirateurs avait prétendument été de critiquer Lin. Il était et serait à jamais le méchant dans l'histoire du Parti, sans le moindre espoir de rédemption. Et pourtant, en 2007, plus de trente-cinq ans après sa mort, son portrait fut exposé au Musée militaire de Pékin à côté de ceux des autres fondateurs des forces armées[1]. « Sans ça, je n'aurais jamais songé à incarner Lin Biao », admit Gao. Même alors, la nouvelle fut étouffée – la tolérance avait d'ailleurs ses limites puisque, à l'approche du centenaire de la naissance de Lin Biao, cette aile du musée fut fermée pour cause de « rénovation ». Même si l'entreprise était désormais moins risquée, je ne m'expliquais toujours pas pourquoi Gao avait choisi d'incarner Lin. Jouer au père de la nation était une chose, mais pourquoi vouloir ressusciter le pire traître de tous les temps ? En Europe, cela reviendrait pour un Britannique à se grimer en Oswald Mosley, le fondateur de la British Union of Fascists, ou pour un Norvégien à se glisser dans la peau du collaborateur Vidkun Quisling – et encore, aucun de ces deux hommes n'a été autant vilipendé

1. « Lin Biao regains his place in army history », *Xinhua*, 17 juillet 2007.

que Lin Biao. Je trouvais également très étrange que des cadres du Parti fassent appel à ses services.

« C'est parce que vous ne connaissez rien à l'histoire que vous posez ces questions. Personne ne me manque de respect, rétorqua Gao. Si on réfléchit aux bonnes et aux mauvaises actions de Lin Biao, il a plus fait le bien que le mal, de mon point de vue en tout cas. Beaucoup de gens l'admirent et s'intéressent à lui pour ses talents militaires. À chaque fin de représentation, on vient me serrer la main, me prendre dans ses bras et se faire photographier avec moi. »

Il se rétracta tout aussitôt.

« Je dirais que c'est à la génération d'après de décider du succès ou des échecs de quelqu'un. Ce n'est pas à moi de juger s'il avait tort ou raison. Je n'en sais rien. Tout ça, c'est du passé. »

Mais le passé, ce sont des réflexions, des arguments à interpréter, lui opposai-je. Vous avez beaucoup lu, vous devez bien avoir un avis.

« Le passé, ce n'est pas ce qu'untel ou untel raconte ! » s'exclama-t-il d'une voix où perçait une pointe d'indignation – ou était-ce de panique ? « C'est ce qu'un peuple raconte ! » Le peuple, donc. « Ni vous ni moi ne pouvons l'écrire. Nous ne connaissons pas la vérité. Il existe tellement de versions, comment savoir laquelle est correcte ? Après le crash de son avion en Mongolie-Intérieure, tout le monde a pensé que Lin Biao était un traître. Tous les gens comme moi, en tout cas. J'étais très jeune à l'époque. Je ne sais pas exactement ce qui s'est passé pendant la révolution culturelle. Ni vous ni moi ne connaissons grand-chose à l'histoire parce que nous n'avons pas accès à tout un tas de documents internes. Comme je ne sais pas exactement ce qui s'est passé pendant la révolution culturelle, je ne veux pas juger. »

Il s'en était bien sorti. Il avait raison quand il disait que beaucoup d'éléments de la vie et de la mort de Lin demeuraient un mystère, ce qui lui permettait au passage de ne pas avoir à répondre à mes questions gênantes. Lin était-il seulement un bouc émissaire ? Et lui, pourquoi aimait-il autant incarner un méchant ? Gao invoquait sa responsabilité sociale, il se devait de transmettre cette culture révolutionnaire à la jeune génération. Il ne se faisait pas payer pour ses activités d'intérêt public, il demandait simplement des « frais de transport » – qui couvrent souvent plus que les dépenses engagées. Officiellement, il était cameraman et réalisait des vidéos promotionnelles pour l'armée ; d'ailleurs, son activité d'imitateur l'avait peut-être aidé à nouer des contacts intéressants...

*

Financièrement, Gao n'avait pas à se plaindre – d'ailleurs, il investissait dans le futur. J'avais pensé que la fête qu'il organisait pour les cent jours de son petit-fils consisterait en un modeste rassemblement familial. En arrivant au restaurant, je compris mon erreur : une cérémonie de mariage n'aurait pas été plus élaborée. Des photos du petit garçon affublé de différents costumes ornaient la scène tendue d'un fond pastel. Sous les lustres rouges, des paquets de cigarettes d'une marque chère s'empilaient sur des plateaux. Tout autour, de très jeunes serveurs disposaient des plats de crevettes et d'oreilles de cochon. Plusieurs rangées de tables avaient été dressées pour accueillir les nombreux invités (trois par jour vécu) venus offrir des cadeaux et présenter leurs vœux à l'enfant. Mais tout ceci n'avait en définitive rien à voir avec lui ou avec ses parents, décontractés et en jean, accessoires à l'événement. Gao s'était occupé de tout ; ces invités étaient les siens et ce serait donc lui qui réglerait la note. Même si elle n'en portait pas le nom, cette fête était la sienne. Pour l'occasion et malgré la chaleur, il portait un de ses uniformes boutonné jusqu'au cou. Il ôta sa casquette pour me saluer, essuyant de son autre main la sueur qui coulait sur son crâne.

Il m'installa dans un salon privé en compagnie de Mao Zedong, Liu Shaoqi, Zhou Enlai et Chiang Kai-shek. Le statut du déjeuner n'étant pas clair – s'agissait-il d'un repas d'affaires ou d'un repas entre amis ? sans doute les deux à la fois –, tous passaient d'un rôle à l'autre et, lorsqu'ils mentionnaient notre hôte, l'appelaient tantôt Gao tantôt Lin Biao. Mao avait revêtu une chemise à carreaux mais ses cheveux étaient rabattus en arrière comme ceux du Grand Timonier ; Liu Shaoqi, lui, portait une veste à col Mao dont la sobriété tranchait avec ses lunettes d'aviateur et sa boucle de ceinture en argent ; Zhou Enlai, d'humeur joviale, n'arrêtait pas de remplir nos verres. Chiang Kai-shek était le seul à garder une expression austère malgré les taquineries des autres car, me confia-t-il, son personnage ne souriait jamais. Cela ne l'empêcha pas de gonfler lentement des ballons, qu'il faisait éclater au moment où l'on s'y attendait le moins; si l'un de nous sursautait, un air de satisfaction éclairait brièvement son visage sévère, mais il fallait lever les yeux au bon moment. Notre assemblée comptait deux autres membres: un magicien vêtu d'un costume argenté qui collectionnait les cartes de visite à la même vitesse qu'il cachait dans sa main le roi de cœur, et une femme qui faisait méthodiquement la conversation avec les invités les plus utiles. En Chine, les grands moments de la vie – naissance, mariage, décès – sont à la fois un rite de passage et l'occasion d'entretenir ses réseaux. On ne compte plus les exemples de parents profitant du mariage de leurs enfants pour ouvrir leur commerce.

Inévitablement, les imitateurs furent appelés sur scène au son de « L'Orient est rouge ». Là, tout sourires, ils agitèrent les mains tandis que Chiang Kai-shek débitait sa rengaine habituelle: « Ceux qui applaudissent – venez donc à Taïwan ! Les autres – ne vous donnez pas cette peine ! Lin Biao a un seul petit-fils, ce n'est pas assez. À Taïwan, vous pourrez avoir plein d'enfants ! »

Les personnes âgées souriaient de toutes leurs dents et gloussaient; à l'inverse, l'ennui et la perplexité se lisaient sur le visage des jeunes, qui ne s'animèrent que lorsque le magicien arriva. Je remarquai un deuxième imitateur de Mao parmi les convives. Quand nous retournâmes dans notre salon pour finir de déjeuner, « L'Orient est rouge » résonna à nouveau et Mao 2 commença son discours. Gao cherchait clairement à satisfaire le plus de gens possible : en sa qualité de seul imitateur de Lin Biao à Pékin, les contrats pouvaient venir de partout. Mao 1 se redressa sur sa chaise tout en tendant l'oreille, l'air sombre. Mieux valait ne pas se reposer sur ses lauriers. Ces dernières années, les affaires avaient été excellentes : avec le 90e anniversaire de la création du Parti puis le 120e anniversaire de la naissance de Mao, les occasions n'avaient pas manqué. L'année à venir s'annonçait moins riche en événements, d'autant que la cure d'austérité et la campagne anticorruption de Xi avaient été mises en œuvre avec beaucoup plus de zèle et sur un bien plus long terme qu'attendu. Les cadres n'organisaient plus de fêtes somptueuses, d'ailleurs le Conseil des affaires de l'État leur avait coupé les fonds. Dans les hautes sphères, on se félicitait d'avoir fait chuter de plus d'un tiers les dépenses du gouvernement central liées aux frais de représentation. Même les hommes d'affaires préféraient faire profil bas. Et étant donné l'attention portée par Xi à l'histoire du Parti, faire appel à des imitateurs pouvait se révéler plus risqué qu'autre chose.

Bien sûr, il y avait toujours les événements privés mais, après quelques bouteilles de *baijiu*, mon assemblée d'imitateurs commença à se plaindre de riches clients appartenant à l'élite politique qui ne les avaient pas encore payés pour leur dernière représentation. Gao, occupé à serrer la main de ceux qui s'en allaient, était le seul à ne pas s'être départi de son enthousiasme. Le succès de sa fête et l'alcool aidant, il avait abandonné toute forme de réserve. « I LOVE YOU ! » laissa-t-il échapper en me saisissant par l'épaule quand je lui dis au revoir.

*

Comme Gao ne parlait pas anglais, je ne pris pas sa déclaration au sérieux. Mais, lors de son appel suivant, il me la resservit, en chinois cette fois : « *Wo ai ni !* » Il me proposait de rencontrer les fils d'un ancien dirigeant de premier plan. Il pensait que ça me serait utile dans la mesure où les princes rouges exerçaient encore une certaine influence ; en revanche, il resta flou sur le pourquoi de leur rendez-vous. Je ne fus donc pas surprise de le retrouver dans une clinique de médecine chinoise avec le directeur du lieu, ni de les entendre me vanter tel ou tel traitement, me promettre une remise et m'inciter à en parler autour de moi. Aucun prince rouge en vue ; d'ailleurs, chaque fois que j'abordais le sujet, Gao se débrouillait pour parler d'autre chose. Malgré l'extrême frustration que je ressentais à côtoyer cet homme, je m'étais bizarrement attachée à lui. Il avait toujours une idée derrière la tête, mais il l'affichait si ostensiblement qu'on pouvait difficilement se vexer. Je l'invitai à dîner ; il me rappela pour me dire qu'il viendrait avec trois amis, une proposition que je déclinai poliment. Il arriva donc seul en tenue de Lin Biao. « Lingling ! Je peux t'appeler comme ça ? C'est moins formel. » J'ai beau m'appeler Anling en chinois, personne ne m'a jamais surnommée Lingling. « Lingling ! reprit-il sans attendre ma réponse. Qu'est-ce que je vais devenir quand tu seras repartie en Angleterre ? » se lamenta-t-il en essuyant des larmes imaginaires à l'annonce de mon prochain départ. J'avais beaucoup de questions à lui poser et je l'avais invité pour discuter mais, une fois de plus, il était en représentation.

Les affaires avaient repris : il devait participer à un gala donné en l'honneur des travailleurs migrants dans une ville de province. Il voulait leur dire que Xi Jinping représentait les masses. « Je suis pour Xi Jinping ! assena-t-il en levant son verre pour trinquer. C'est à la génération révolutionnaire qu'on doit la belle vie qu'on mène aujourd'hui, la bonne chère, l'alcool et tout le reste. »

Je lui demandai si les valeurs avaient changé depuis cette époque. « Je ne parlais pas de ça », répondit-il abruptement. J'insistai : pour beaucoup de gens, les valeurs qui avaient cours dans les années 60 étaient plus pures. C'est vrai qu'à l'époque tout le monde était pauvre, concéda-t-il, les responsables du Parti et les travailleurs étaient presque à égalité. « Aujourd'hui, la société est matérialiste. On nous a dit que si quelques-uns s'enrichissaient, ils aideraient les autres, mais les premiers à s'être enrichis, c'est la classe dirigeante. Ils ont toutes les ressources et le peuple n'a rien. C'est un peu comme si la Chine avait un cancer. Xi joue le rôle du médecin qui enlève les tumeurs. Il y a plein de villages éloignés de tout qui ont maintenant un accès gratuit à l'école et aux soins médicaux. Voilà pour les améliorations. Xi met les tigres en cage. »

La campagne anticorruption de Xi était populaire. Mais la rhétorique de Gao me rappelait trop les éditoriaux du *Quotidien du peuple*, à l'origine des comparaisons avec le cancer et les tigres. J'abandonnai l'idée que Gao m'expose sincèrement son point de vue et décidai de donner une seconde chance à l'affaire Lin Biao. « Cette question est adorable ! » lança-t-il avec un grand sourire en inclinant la tête et en posant le menton dans ses mains, non sans coquetterie. « Je suis né en 1963, je n'avais donc que huit ans à l'époque. Je ne savais pas qui était Lin Biao, comment veux-tu que je me souvienne de ma réaction ? On est amis, je ne te raconte pas n'importe quoi. » Apparemment, il avait oublié la fois où il m'avait confié l'admiration qu'il éprouvait pour ce personnage – pire, quand je la lui rappelai, il s'en défendit. Difficile de savoir ce qu'il pensait de Lin aujourd'hui.

« C'est une question délicate. Pour moi, Lin Biao a été sacrifié dans le cadre d'un combat politique. Le président Mao n'aurait pas pu atteindre ses objectifs sans lui et ses frères. Lorsque le président Mao était en danger, Lin volait à sa rescousse. À sa disparition – l'euphémisme était de Gao – en septembre de cette année-là, la tristesse s'est abattue sur le président Mao, on aurait dit qu'il avait pris dix ans en une nuit. Zhou Enlai a pleuré pendant vingt minutes. Le président Mao a parlé d'une grande perte pour la nation. »

Mais l'Histoire œuvrait à la justice et à la transparence. Il était aujourd'hui possible de s'habiller comme Lin. On commençait à reconnaître ce que le défunt avait apporté à la Chine et à s'interroger sur ce qu'il avait fait de bien ou de mal. Pas Gao, bien sûr – lorsque je lui demandai comment il se positionnait là-dessus, il s'embarqua dans une énième digression. Ce flot ininterrompu de blagues, de banalités, d'anecdotes sans chute et de phrases qui se rattachaient à mes questions sans y répondre n'était pas entièrement inintéressant. Parfois, mon interlocuteur se laissait aller à un murmure théâtral ou pontifiait d'une voix de stentor sur l'amitié entre les peuples. Qu'on soit blanc, noir, jaune, on appartient tous à un seul et même peuple. Qu'on soit blond, brun, chauve – il montra son crâne –, on appartient tous à un seul et même peuple. Je n'essayais plus de l'interrompre, ce dont se chargea à ma place son téléphone dont la sonnerie n'était autre que l'hymne chinois, la Marche des volontaires. Je n'entendis rien de la conversation mais je reconnus le « I love you – wo ai ni » qu'il lança en raccrochant.

Il me passa son téléphone pour que je voie l'écran d'accueil : une photo de lui assis sur un canapé ultra-confortable à côté d'une femme qui faisait une dizaine d'années de plus, sobrement vêtue, les cheveux en chignon. « C'est Lin Doudou. »

La nuit où Lin Biao avait embarqué dans un avion à la hâte avec presque toute sa famille, seule était restée Lin Doudou, sa fille, qui avait appelé le Parti pour les dénoncer et accusé sa mère et son frère d'avoir forcé son père à s'enfuir. Par la suite, elle ne fit plus aucune déclaration publique sur le sujet. Pourtant, quelques semaines plus tôt, à l'occasion d'un événement rassemblant les enfants des grands révolutionnaires, elle avait surpris tout le monde en appelant à « plus de respect pour les faits historiques »[1]. Peut-être soutenait-t-elle Xi et son injonction à adhérer au récit du Parti ; peut-être demandait-elle à ce que le verdict concernant son père soit réexaminé. L'ambiguïté était toujours aussi utile.

Gao me raconta qu'il l'avait rencontrée grâce à l'imitateur de Zhou Enlai et qu'il avait tout de suite pensé qu'elle pourrait l'aider à mieux comprendre son personnage. « Mais bon, ce n'est pas ça qui va changer ma manière d'incarner Lin Biao », ajouta-t-il aussitôt. Ils avaient dîné dans un club privé. Elle avait passé au moins vingt secondes à l'observer fixement. « Ensuite, elle m'a pris dans ses bras. » Il marqua une pause. « On était tous les deux très émus. On avait l'impression d'être à un repas de famille. Je voulais

1. « "Mao Plot" general's daughter "calls for historical reckoning" », AFP, 6 novembre 2014.

que Lin Doudou comprenne que c'était tout à fait normal que son père lui manque. »

L'anecdote n'était pas banale. Pékin n'était finalement pas une si grande ville et les moments les plus macabres de son passé n'étaient pas si anciens – son histoire vous sautait au visage au moment où vous vous y attendiez le moins. Mais une pensée, indigne peut-être, s'imposa à moi : Lin était un nom de famille assez courant... Je demandai à Gao si je pouvais prendre son fond d'écran en photo. Je comptais sur l'un ou l'autre des spécialistes que j'avais rencontrés pour trancher.

« Oui, c'est bien elle », me confirma un historien lorsque je lui montrai le cliché.

« Vous êtes sûr ? » lui demandai-je en le voyant continuer à scruter l'écran.

« Oui. Par contre, lui ne ressemble pas vraiment à Lin Biao, si ? Les sourcils ne vont pas... »

*

Peu de temps après mes adieux à Gao, je pris un train à vapeur noir de suie qui, après avoir défié les pentes abruptes du Sichuan sur ses voies étroites, me déposa dans une petite – très petite – ville du nom de Bagou. Je voyageais avec des habitants du coin trimballant leurs courses sur le dos dans des paniers en osier élimés ainsi que quelques touristes coiffés de chapeaux de soleil. À l'arrivée, ces derniers se répandirent sur les rails et devant des fresques du président Mao afin de se prendre en photo. Les peintures d'époque avaient été refaites : le visage du Grand Timonier, tout de rouge et de blanc, brillait comme un bâton de sucre d'orge au-dessus d'une rangée de beaux tournesols. La ville, qui était censée avoir gardé ses vieux slogans de la révolution culturelle, attirait les nostalgiques. Pour ma part, j'étais venue par amour pour les endroits abandonnés, coincés entre deux mondes, pour les vallées verdoyantes du Sichuan, et aussi parce que l'histoire du train à vapeur de Bagou, chose rare s'il en est, était une histoire qui finissait bien. En effet, la ligne était toujours en service et les gens des environs l'utilisaient pour transporter leurs légumes au marché ou pour rendre visite à des amis en ville. Quelques années plus tôt, ils avaient ajouté des voitures pour les touristes afin qu'elle ne ferme pas. Le passé et le présent cohabitaient en harmonie.

Comme Nanjiecun, Bagou avait tenté de tirer profit de son passé. Mais là où Nanjiecun avait cherché à le reproduire tout en se maintenant dans le monde moderne, Bagou était encore en cours de rattrapage. Le calme qui y régnait n'avait rien à voir avec celui de la commune modèle, c'était le calme des endroits désertés. Le site était loin de présenter les éléments requis pour y installer une ville industrielle : perdu dans la campagne et perché tout en haut d'une colline, il se trouvait à bonne distance des rizières en terrasse et des bosquets de bambous. C'était le charbon enterré là qui avait scellé son destin. Lorsque Mao avait lancé le Grand Bond en avant, des cadres du coin avaient réfléchi à la meilleure manière d'exporter les ressources qui se trouvaient en sous-sol. Une armée de travailleurs s'attela du lever au coucher du soleil à la construction de cette ligne de chemin de fer, taillée dans la roche à la main. Tandis qu'eux s'affaiblissaient, usés par le labeur, la ville connaissait un véritable essor. De nouveaux mineurs arrivèrent, bientôt suivis de femmes qui les épousèrent ; des boutiques, un théâtre, un hôpital et des écoles ouvrirent. Dans les années 60, la ville comptait 10 000 habitants. Mais dans les années 80, le charbon se tarit.

Depuis, la rouille avait gagné les machines. La phase industrielle avait été temporaire, le pic démographique aussi. La nature reprit ses droits. De jeunes arbres poussaient dans les fissures des toits et des papillons grands comme la main voletaient dans les rues désertes. D'énormes calebasses pendaient le long des murs des jardins, si lourdes pour leurs tiges que le tout donnait l'impression d'une illusion d'optique. J'entrai dans une petite échoppe de nouilles, un des rares commerces encore ouverts et qui aurait mérité un bon nettoyage, puis m'assis sur un tabouret à côté d'une femme d'environ quatre-vingts ans. Elle était venue ici avec son mari juste avant que la ville et ses travailleurs n'entament leur ascension triomphale. À l'époque, personne ne voulait se marier avec un mineur et vivre en haut d'une colline ; les femmes nées à flanc de montagne préféraient – et préfèrent encore – se marier dans les vallées, là où il y a des écoles, des routes et des médecins. Mais, grâce au Parti et au train, la ville s'était transformée. Les hommes commencèrent à se dire que c'était une bonne chose d'être ouvrier, la chose à faire même. Avec la hausse des salaires, des femmes arrivèrent et le train se mit à approvisionner le marché de Bagou en rubans, livres, couvertures et morceaux de porc. Notre discussion me rappela ce que le communisme avait signifié à une époque pour beaucoup de gens, quelque chose d'assez différent des louanges qu'on entendait à l'heure actuelle : comment tout était devenu plus simple, comment ils s'étaient enfin retrouvés du côté des vainqueurs – et pourraient même y rester s'ils s'y prenaient bien. Malgré des épisodes de famine, l'espérance de vie avait quasiment été multipliée par deux après l'arrivée du Parti au pouvoir ; l'illettrisme avait été battu en brèche ; les femmes avaient gagné de nouveaux droits et plus de libertés.

Dans la rue principale, un chat alangui sur un rebord de fenêtre et une poule grattant la poussière étaient désormais les seuls signes de vie. L'hôpital avait fermé. La famille d'une auxiliaire de vie campait dans un des coins du théâtre des travailleurs où l'air, épais, sentait le moisi. De l'autre côté de la rue, une grande scène en plein air qui donnait sur la place avait été repeinte ; Mao avait beau sourire de toutes ses dents à l'arrière de la construction, le lieu ne servait plus que de toile de fond aux selfies des touristes. Je demandai à la vieille femme si des opéras modèles s'y étaient joués.

« Des séances de lutte aussi. C'était horrible. Certains jetaient de l'eau bouillante sur les victimes. »

Des victimes qui étaient des propriétaires terriens et des éléments noirs ?

« Il n'y avait pas de propriétaires terriens, m'interrompit-elle. Nous étions tous ouvriers. Les gens se battaient entre eux pour des questions de pouvoir. »

Des luttes entre factions donc…

« Des barbares, corrigea-t-elle. C'est tout. »

Neuf

> La tragédie, songea-t-il, appartenait à l'époque ancienne, à un temps où l'on connaissait encore l'intimité, l'amour et l'amitié [...].
>
> George Orwell[1]

« C'est un camion qui a amené ma mère ici. Il s'est arrêté là après avoir traversé le pont de bois, ajouta l'avocat en désignant un des bas-côtés de la route pleine d'ornières. C'est là qu'ils l'ont abattue, précisa-t-il en montrant l'autre côté. Sous ces tas de planches, il y avait une pente. C'est là qu'elle a été exécutée. »

Nous avions beau être au bon endroit, il fallait faire preuve d'imagination. Tout autour de nous, des centaines de palettes à moitié cachées sous des planches, des encadrements de fenêtres et des tuiles. Une pelleteuse était garée le long de la route, un panneau À LOUER sur le pare-brise. Tout le reste était en mouvement. Le récit précis voire pointilleux de Zhang

1. *Mil neuf cent quatre-vingt-quatre*, traduit de l'anglais par Philippe Jaworski, Gallimard, « Bibliothèque de la Pléiade », 2020, p. 991.

Hongbing était sans cesse interrompu par des bruits de construction, des coups de klaxon et les pétarades des triporteurs à moteur que les fermiers utilisaient pour transporter leur chargement. C'était le mois de mars, le temps était morose et froid.

« Avant, c'était la campagne, tout ça c'était des champs », commenta Zhang.

L'étalement urbain avait tout avalé. Nous étions partis de chez lui en voiture et avions longé des rangées de boutiques de plain-pied en ciment et de maisons aux toits de tuiles et aux murs blanc sale, de celles qu'on voit partout en Chine. Tous les villages, toutes les villes étaient en cours de construction. L'essor du secteur immobilier, démesuré et en apparence inarrêtable, émaillait les zones périphériques de chantiers à n'en plus finir. Zhang nous conduisit dans un hall d'entrée étroit plongé dans une semi-obscurité où chacun dut se frayer un chemin au milieu de piles de portes. Derrière la maison, un jardin encombré s'étendait jusqu'à un petit canal. Un énorme coq fouillait les gravats à côté d'un tronçon abandonné de tuyau en béton. Je cherchai une sortie du regard, persuadée que nous ne faisions que passer, mais Zhang s'arrêta pour jeter des paquets de cigarettes et des canettes vides. Il déblaya l'espace autour d'une pierre rouge où, sous une guirlande de fleurs en plastique, on pouvait lire le nom *Fang Zhongmou* et l'inscription *martyre*. Il se mit à genoux et entama sa litanie : « Mère ! C'est moi ! Mère ! Ton fils indigne ! » Le crissement d'une scie à ruban et les coups de marteau des voisins se mêlaient à sa voix.

Un seul site avait été officiellement reconnu comme lié à la révolution culturelle : il s'agissait du cimetière des gardes rouges de Shapingba, à Chongqing. Zhang avait été obligé de lancer une procédure pour que soit mise en place une protection patrimoniale de la tombe de sa mère, qui se trouvait dans une petite ville de la province de l'Anhui, à l'est de la Chine. Fang était morte lors de la dernière phase, la moins chaotique, des persécutions : elle avait été exécutée en tant que contre-révolutionnaire en 1970, puis réhabilitée avec beaucoup d'autres dix ans plus tard suite à la chute de la Bande des quatre. Son fils m'avait parlé du besoin de se souvenir, de la volonté de Ba Jin de construire un musée pour mettre le public face à ce qui s'était passé afin de prévenir d'autres catastrophes. Plantée au milieu des décombres, je comprenais enfin ce que sa campagne avait d'urgent. Un mur en briques rouges s'élevait derrière le tumulus. S'il n'était pas protégé, le site disparaîtrait en quelques mois. Fang avait été tuée parce qu'elle représentait un danger ; aujourd'hui, elle était simplement gênante.

Le sujet aurait-il été moins sensible, je demeurais sceptique quant à la possibilité que des responsables politiques accordent le statut de monument à ce site de construction. Fang était une victime parmi tant d'autres. Un élément rendait malgré tout son dossier remarquable : c'étaient son mari et son fils adolescent, Zhang Hongbing, qui l'avaient dénoncée.

*

La veille, Zhang nous avait raconté son histoire. Tout du long, Wang, un ami de la famille de dix ou vingt ans son aîné – qui avait été son patron mais semblait désormais être son sous-fifre – s'était tenu à nos côtés sans intervenir. Vêtu d'un costume Mao bleu ample et démodé, il souriait de toutes ses dents. Il avait disposé les chaises comme on lui avait demandé et allait régulièrement chercher de l'eau chaude ; le reste du temps, il opinait du chef au fur et à mesure que Zhang déroulait son récit, qu'il avait l'air de bien connaître. Le point de départ en était le plus ancien souvenir de Zhang : sa mère en train de faire la lessive familiale dans un vieux baquet en bois par une nuit d'orage, serrant contre elle ses enfants effrayés et chantant pour leur donner du courage alors que la pluie tambourinait sur le toit et que le tonnerre grondait.

Sept heures plus tard, j'étais tout ankylosée d'être restée assise aussi longtemps sur un tabouret en bois dans le froid du grenier. Le ciel était noir. Zhang venait de nous raconter qu'il avait dénoncé sa mère après qu'elle s'en était prise au président Mao et qu'il avait menacé de la frapper puis de lui écraser la tête avec le baquet en bois du début si elle continuait à s'opposer à leur dirigeant. Il ne restait rien de l'amour familial présent dans son premier souvenir : « À cette époque-là, c'était la lutte et l'intention des ennemis de classe qui l'emportaient. »

Il nous avait montré une valise abîmée remplie de vieux objets – son brassard de garde rouge, un bout de tissu dans lequel sa mère s'était fait un chemisier, un bol en émail complètement rouillé dont elle s'était servie. Des photos de famille à une époque plus heureuse, sa mère en haut blanc et veste de costume Mao – elle avait un visage large, des traits prononcés, un air sérieux. Il s'était excusé du désordre qui régnait dans la pièce, encombrée de piles de papiers ; son récit, lui, était parfaitement ordonné même lorsqu'il fouillait dans une pile à la recherche d'une photo ou d'un document.

« Ce que ma mère a vécu à cause de moi, personne ne devrait le vivre, pas même un animal, lança-t-il en guise de conclusion. Récemment, j'ai fait un rêve : ma mère était partie mais je ne savais pas où. Soudain, elle a surgi devant moi. J'ai essayé de lui prendre la main, j'avais trop peur qu'elle s'en aille. Je lui ai dit : "Maman, ne me quitte pas encore une fois. Je suis vraiment désolé, j'ai eu tort. Je me suis trompé." J'ai ajouté : "Maman, notre famille ne peut pas vivre sans toi." Mais elle a disparu sans rien dire. »

Les yeux humides, il sanglotait.

« Je n'arrête pas de faire ce rêve, me confia-t-il en essuyant ses larmes. Ma mère me manque, je la vois souvent en rêve. »

Une pause.

« Elle ne m'adresse jamais la parole. »

Je ne savais pas s'il voulait que je l'absolve ou que je le condamne pour ses péchés. Il était certes à l'origine de la mort de sa mère mais, aujourd'hui, il maintenait son souvenir vivant, compensant par une fidélité à toute épreuve sa trahison passée. Peut-être le silence maternel, lourd de reproches, le soulageait-il du besoin de s'en vouloir. Objectivement, son histoire était horrible. Et pourtant, les yeux secs et un brin gênée, je me surpris à réfléchir à ses aveux et à les analyser.

*

Dès très jeunes, la mère et le père de Zhang avaient été les victimes des mouvements politiques qui déchiraient le pays. Ils travaillaient au sein de la même équipe médicale rattachée à l'armée et, alors qu'elle était promise à un autre, pleins d'idéalisme, ils s'étaient mis en ménage. La famille du fiancé éconduit s'en était prise au grand-père maternel de Zhang et avait usé de ses relations pour qu'il soit accusé d'être un propriétaire terrien, un truand et un espion du KMT. Tout était faux, expliqua Zhang en cherchant pour nous des photocopies du dossier d'accusation et de livres d'histoire locale poussiéreux – et pourtant, son grand-père avait été exécuté.

Zhang avait grandi dans l'ignorance de ces débuts de mauvais augure. Il soulignait à quel point son environnement familial avait été « harmonieux, heureux et chaleureux », même pendant la famine qui avait tué des millions de Chinois dans la seule province de l'Anhui, où ils avaient dû manger des feuilles et envoyer son petit frère chez des proches ayant de quoi le nourrir. Lorsque la révolution culturelle avait éclaté, ces anciennes blessures s'étaient rouvertes. L'unité de travail dont dépendait sa famille avait exigé le départ de sa grand-mère, la veuve d'un propriétaire terrien, de l'appartement de fonction. Sa mère avait essayé de la garder dans les environs mais son père avait insisté pour qu'elle obéisse aux ordres et retourne à la campagne ; il avait même quitté le domicile familial jusqu'à ce que la vieille femme consente à s'en aller.

Les enfants ne se rendirent compte de rien, excités qu'ils étaient par le lancement de la révolution culturelle. Leurs parents étaient d'anciens combattants du Parti, c'était désormais à eux de prendre la relève. Ils étudiaient déjà les essais du président Mao dès qu'ils avaient un moment libre et rêvaient de devenir comme Lei Feng, ce soldat modèle dont le seul souhait consistait à être un « rouage bien huilé » de la machine communiste – d'après la propagande, son dévouement était tel qu'il ne manquait pas une occasion de repriser des chaussettes ou de pelleter du fumier. À leur manière, ils apportèrent leur pierre à l'édifice du socialisme. Ils allaient sur des chantiers aider à déplacer des briques. Ils nettoyaient chaises et tables à la gare. Avec l'arrivée de la révolution culturelle, ils redoublèrent d'efforts. Le passé était mort, les coutumes féodales avaient fait leur temps. « Je trouvais ça génial, évidemment. »

En lisant la nouvelle de la rencontre entre Mao et Song Binbin, Zhang changea son prénom. Lui qui s'appelait Tiefu (littéralement « homme de fer ») choisit de devenir Hongbing (« soldat rouge »). La tendance gagna tout le voisinage, les filles se renommant « jeunesse rouge » et les garçons « protéger l'Est » (*dong*, l'Est, symbolisait Mao Zedong). La sœur aînée de Zhang, qui avait deux ans de plus que lui, devint Daihong, « génération rouge ». Il me montra son journal, qui rappelait à quel point ces adolescents étaient jeunes à l'époque. Elle y écrivait qu'ils avaient trouvé un lapin dans la rue et que – pour servir le peuple ! – ils étaient partis à la recherche de son propriétaire. Bientôt lassés, ils avaient pensé abandonner, mais les mots du président Mao les avaient encouragés à aller de l'avant : il fallait tenir bon. Ils avaient fini par y arriver…

L'écriture enfantine de Daihong laissait ensuite la place à des caractères plus serrés et plus soignés – l'écriture de leur père. « Ma sœur est morte », lâcha Zhang. La jeune fille de seize ans s'était rendue à un rassemblement à Pékin, frémissant d'enthousiasme à l'idée de voir Mao et de jouer un rôle dans tout ça. Mais une méningite attrapée sur le trajet l'avait terrassée ; elle était une des nombreuses victimes de l'épidémie nourrie par le « grand échange des expériences révolutionnaires »[1]. En plus de son chagrin, peut-être Fang Zhongmou s'était-elle alors sentie en colère : la révolution culturelle lui avait pris sa mère et sa fille. D'après Zhang, c'est à partir de ce moment-là

1. Dans *The Cultural Revolution: A People's History*, Frank Dikötter note que près de 160 000 personnes sont mortes dans l'épidémie causée par cette migration de masse.

que son soutien sans faille pour le mouvement s'était transformé en rancœur et en suspicions.

Quelques mois plus tard, le père de Zhang fut traité de déviationniste capitaliste et persécuté. On le fit défiler avec un bonnet d'âne et un panneau autour du cou qui rappelait ses péchés. Zhang ne se posa pas la question de savoir de quel côté se ranger : il le condamna dans une affiche à gros caractères. Sa mère, elle, hésita. Lorsqu'on le lui ordonna, elle se mit à la hauteur de la silhouette agenouillée de son mari et le dénonça. Mais lorsque la foule se rapprocha pour le punir physiquement, elle essaya de le protéger. Une fois que les gens repartirent, Zhang Yuesheng, qui avait alors la quarantaine, ressemblait à un vieil homme. Son urine était rouge de sang et il avait besoin de quelqu'un pour marcher. Zhang vit ses parents rentrer lentement chez eux bras dessus, bras dessous ; c'était le premier signe d'affection qu'ils échangeaient en sa présence. Ce fut également la première fois qu'il vit son père pleurer. Pour les sessions suivantes, Fang rembourra les vêtements de son mari avec des carrés de coton, mais cela n'apaisa pas la douleur que lui causait cette injustice. « Je me suis engagé pour la révolution à quatorze ans. Des balles japonaises m'ont blessé au bras et à la jambe. Jamais je n'aurais pensé que ça finirait comme ça », expliquait-il.

L'année suivante, Fang fut ciblée à cause de son père, accusé d'avoir été un propriétaire terrien et un espion. Pendant plusieurs années, elle fut détenue sur son lieu de travail, l'hôpital, où on la soumettait à de multiples interrogatoires et où on lui faisait nettoyer les toilettes. Fin 1970, l'étau se desserra et on l'autorisa à retourner dormir chez elle. Mais elle avait besoin d'un verdict – tout plutôt que l'incertitude permanente dans laquelle elle vivait.

« Ce qui était arrivé à sa famille et à elle l'avait rendue méfiante vis-à-vis de la révolution culturelle. Elle était écœurée », précisa Zhang.

Il n'avait pas encore parlé de son rôle dans la mort de sa mère. Je lui posai la question et, pour la première fois, il hésita.

C'était un soir tard, leurs amis étaient partis, elle faisait la lessive. Elle avait lancé une remarque acerbe sur le président Mao et Zhang l'avait accusé d'attaquer et d'insulter la pensée Mao Zedong. Dans le feu de la dispute, Fang avait oublié toute prudence. Elle avait dit vouloir que le cas de Liu Shaoqi soit réexaminé. « Ils l'ont traité de traître, d'espion, de voleur, et de plein d'autres choses ; c'est le président Mao qu'on devrait traiter de ça. Le Parti communiste a changé de couleur. Avant, on s'entendait bien avec l'Union soviétique mais maintenant, à l'exception de l'Albanie, on critique tous les pays qui croient dans le marxisme-léninisme. Ça n'a rien à voir avec les autres, c'est la Chine le problème. Pourquoi y a-t-il un culte de la personnalité autour du président Mao ? Son image est partout. »

« Je l'ai mise en garde : si tu continues à critiquer mon président, je vais écraser ta tête de chienne… Il y avait cette bassine, c'était de ça que je voulais me servir pour lui cogner dessus, m'expliqua Zhang.

« J'avais l'impression que ce n'était pas ma mère, qu'elle n'avait plus rien d'humain. Elle était devenue un monstre, une ennemie de classe qui ne voulait pas fermer sa gueule. Mon père a dit : "Fang Zhongmou, que ce soit bien clair – à partir de maintenant, puisque tu tiens à être contre-révolutionnaire, tu ne fais plus partie de notre famille. Tu as rejoint les rangs de l'ennemi et nous nous battrons contre toi. Tout le poison que tu as déversé sur nous, tu devrais l'écrire." "Pas de problème, a répondu ma mère, j'en ai pour cinq minutes. Osez penser, osez parler, osez agir, c'est bien ça ?" »

Zhang et son père allèrent donc la dénoncer. À leur retour, elle avait fini sa lettre – une lettre qui la condamnait irrémédiablement. Elle y écrivait que le président Mao devait renoncer au pouvoir et que les anciens dirigeants qu'il avait purgés devaient être libérés et réhabilités.

« Mon père a dit : "Tu ne vas pas en réchapper." Ma mère a répondu : "Tout ce que je dis, c'est que c'est Mao Zedong qui devrait être exécuté, pas moi. Que c'est lui qui ne devrait pas en réchapper." »

Zhang se souvenait des tremblements de sa mère, de ses claquements de dents, de sa lutte avec son père lorsqu'elle avait voulu décrocher le portrait de Mao qui ornait à l'époque tous les foyers. Ensuite, elle s'était enfermée dans la chambre et avait essayé de brûler le portrait, une statue et des poèmes de Mao.

« À bas les contre-révolutionnaires ! » avait crié son mari en enfonçant la porte.

« Je pensais que ce serait trop dur pour moi. C'était quand même ma mère, me rappela Zhang. Je n'ai pas réussi à viser sa tête, mais je l'ai frappé à deux reprises dans le dos. »

Il me décrivit l'arrivée des cadres. L'un d'eux avait fait une balayette à sa mère, qui s'était effondrée par terre. Ensuite, ils l'avaient attachée avec une corde et il avait entendu son épaule craquer lorsqu'ils l'avaient fait se remettre debout. « Elle est sortie la tête haute, comme si elle n'avait honte de rien. » Il lisait plus qu'il ne racontait, un document devant les yeux – ses mémoires ? Non, le rapport officiel écrit par son père le lendemain de la dispute, m'expliqua-t-il. Sa mère fut exécutée moins de deux mois plus tard.

Est-ce qu'il avait hésité avant de la dénoncer ?

« Je n'ai pas hésité. C'était un monstre, ce n'était plus ma mère. »

Est-ce qu'il savait ce qui allait lui arriver ?

« Oui. Je connaissais la procédure, je savais que c'était la mort qui l'attendait. »

Les murs de la ville étaient couverts d'affiches précisant que les auteurs de tel ou tel crime étaient condamnés à mort. « Le nom était barré par une croix rouge lorsque la personne avait été exécutée. »

C'est là que Wang intervint pour la première fois du récit, me faisant sursauter au passage.

« Il y en avait partout. Des avis d'exécution. »

Zhang lui jeta un regard et Wang se tut.

« Vu ce qu'elle avait dit à la maison, je savais ce qui l'attendait. Je savais qu'elle serait exécutée », reprit Zhang.

Il avait demandé à ce qu'elle soit condamnée à mort ?

Il se racla la gorge et attrapa ses notes. Se racla à nouveau la gorge.

« Je savais qu'elle serait exécutée. Dans mon rapport, j'ai écrit : "À bas la contre-révolutionnaire Fang Zhongmou ! Il faut fusiller Fang Zhongmou !" »

Il avait revu sa mère lors de la dernière séance publique de critique, le jour de sa mort. Elle était agenouillée sur scène avec, autour du cou, une pancarte disant « Fang Zhongmou, une contre-révolutionnaire moderne » qu'elle donnait l'impression de vouloir repousser de ses genoux. Un soldat lui appuya sur la tête et lui ordonna d'avouer ses crimes mais elle se redressa dès qu'il relâcha sa pression. Ensuite, ils la firent monter dans un camion. Zhang et son père n'assistèrent pas à l'exécution. Une connaissance leur raconta que, sur place, Fang avait balayé la foule du regard à la recherche de visages connus.

Ils n'allèrent pas chercher son corps – Zhang m'expliqua que c'était impossible. Je savais que, dans des situations comme celle-là, les proches mettaient le plus de distance possible entre eux et la victime. Elle avait donc été enterrée à côté de son lieu d'exécution, avant d'être exhumée et réenterrée ailleurs à l'ouverture d'un chantier de construction pour un pont. « Comme elle portait des chaussettes blanches qui lui montaient jusqu'aux genoux et un bracelet au poignet, son corps était reconnaissable », ajouta Zhang. Les mécanismes de protection auxquels recourt notre cerveau sont parfois étranges. C'est ce détail de rien du tout, le fait que cette femme déclarée gênante soit dérangée encore et encore et que des cadres – des cadres, pas ses proches ! – puissent l'identifier grâce à ses chaussettes, qui me parut le plus cruel de tous et me donna la nausée.

*

« Je n'étais pas le seul enfant à critiquer ses parents, tout le pays s'y était mis », déclara Zhang.

Les proches des malfaiteurs devaient prouver leur pureté en prenant leurs distances avec eux. Pour éviter d'être contaminés, les époux et épouses demandaient le divorce voire menaient les accusations contre leur conjoint. Lors des séances de lutte, les enfants montaient sur scène pour accuser leurs parents. Les relations familiales pouvaient être faussées et dépeintes comme fondamentalement suspectes : la fille d'un gouverneur provincial avait ainsi dû accuser son père de crimes idéologiques mais aussi de relations incestueuses[1]. L'Union soviétique et l'Allemagne nazie s'étaient dotées d'enfants-héros pour qui le devoir politique l'emportait sur les liens familiaux.

1. Voir Li Zhensheng, *Le Petit Livre rouge d'un photographe chinois*, traduit de l'anglais par Sabine Boulongne, Phaidon, 2003.

En Chine, ces liens étaient autrement plus solides. La philosophie confucéenne et la notion de piété filiale imprégnaient en effet la société depuis plus de deux millénaires. À l'école, on enseignait aux enfants l'histoire exemplaire de fils qui étranglaient des tigres à mains nues pour protéger leurs parents ou qui se vendaient comme esclaves pour pouvoir payer à leur père des rites funéraires décents. Au sein des familles, les liens entre un patriarche et ses enfants ou entre les hommes et les femmes reflétaient le rapport entre gouvernants et gouvernés et le renforçaient. Un foyer était une société miniature, une unité soumise aux lois universelles d'obéissance, de respect, de gouvernance bienveillante et de devoir d'amour.

Le maoïsme chamboula tout ça. Pour Mao, qui haïssait son père autoritaire, les relations familiales, en plus d'être une faiblesse et la preuve d'un penchant décadent quand on les plaçait au-dessus des impératifs politiques, n'avaient pas de raison d'être. Il n'eut aucun mal à montrer l'exemple. Sa deuxième femme fut exécutée par le KMT car elle refusait de le renier alors qu'il l'avait déjà abandonnée pour se remarier. Lorsqu'il dut prendre la fuite, il laissa derrière lui deux des enfants qu'il avait eus avec sa troisième épouse et ne les revit jamais. À la cruauté de la guerre succéda l'inhumanité du pouvoir en place. Les enfants en bas âge étaient déposés dans des garderies-pensions pour que les adultes puissent travailler et œuvrer à la révolution. Quand leurs parents étaient envoyés en camps de travail, ils devenaient *de facto* des orphelins. Les jeunes instruits vécurent un exil rural de plusieurs années. L'assaut contre l'institution de la famille ne s'arrêtait pas là ; il était beaucoup plus simple de détruire des temples confucéens que de faire disparaître la pensée du sage. L'abandon des récits vantant la piété filiale n'était que le début. Pour en finir avec le confucianisme, il fallait réduire en miettes les fondations sur lesquelles il reposait, à savoir l'unité familiale[1].

Son produit de substitution était tout trouvé. Un des recueils des supposés écrits de Lei Feng, le soldat modèle – orphelin qui plus est –, s'intitule *Après la libération j'ai eu une maison, le Parti a remplacé ma mère*[2]. Le Parti se chargea également de modeler, d'élever et de punir beaucoup d'enfants (voire de leur

---

1. Les changements sociaux et économiques ont été si importants en Chine que ceux se rapportant à la vie privée ont souvent été négligés. Un de mes ouvrages préférés sur le sujet est celui de Yunxiang Yan, *Private Life under Socialism: Love, Intimacy, and Family Change in a Chinese Village, 1949-1999* (2003), dans lequel il s'intéresse à l'émergence d'une sphère privée et de l'individualisme au sein des familles et à la transformation des liens verticaux (parents-enfants) en liens horizontaux (maris-femmes). Des voix féministes lui ont cependant reproché d'avoir exagéré le rôle joué par les femmes au sein de leur foyer une fois mariées.
2. Il est probable qu'un homme du nom de Lei Feng ait existé, mais l'histoire servie par le Parti selon laquelle on aurait trouvé, après sa mort dans la fleur de l'âge, son journal intime rempli de déclarations à Mao et du récit détaillé de ses actes désintéressés laisse sceptique – des doutes que conforte le nombre de photos prises avant la mort de l'humble soldat à vingt-deux ans. La figure de Lei Feng oscille aujourd'hui entre un personnage dépolitisé un peu kitsch et un bon Samaritain.

donner un nom) dont l'unité familiale était intacte. J'avais rencontré quelques-unes de ces femmes trop pauvres pour qu'on daigne les nommer jusqu'à ce que les communistes arrivent dans leurs villages. Elles n'éprouvaient aucune nostalgie du passé, un temps où les patriarches jouaient tantôt aux tyrans tantôt aux juges avisés en fonction de leur humeur. En interdisant les mariages forcés, les communistes libérèrent un grand nombre de femmes, et cet acte de rébellion suffit à ravir certaines adolescentes. Mais Mao remplaça ces contraintes par d'autres non moins pénibles. Il avait cherché à renforcer son pouvoir en s'attaquant à la bureaucratie ; il voulait désormais détruire les liens familiaux et en recréer d'autres qui obligeraient son peuple, soudé, à lui vouer une loyauté sans faille.

L'État-Parti chinois continue aujourd'hui à isoler ses cibles et à faire en sorte que leurs proches tracent une ligne de démarcation entre eux. Il punit les familles des dissidents, fait suivre leurs enfants par des hommes de main voire les renvoie purement et simplement de leur école. Parents, frères ou sœurs des intéressés sont mis sous pression par leurs patrons. Le beau-frère de Liu Xiaobo, prix Nobel de la paix, a ainsi été accusé de fraude après avoir aidé le couple lorsque Liu était en prison. Rien d'étonnant à ce que les mariages et les relations ne tiennent pas. Pendant le règne de Mao, ces techniques étaient on ne peut plus courantes et la pression encore plus importante. À une époque où tout était mise en scène politique, les séances de critique étaient un spectacle grandiose.

Elles montraient des proches pour qui l'accusé était devenu le pire et le plus impardonnable des criminels, ce qui accentuait l'horreur de ses crimes. Elles montraient surtout que l'amour était un sentiment insignifiant – voire vulgaire – excessivement fragile, à l'inverse de la loyauté à la cause et à son dirigeant. L'emprise que le totalitarisme peut avoir sur une société est terrifiante car il s'immisce jusque dans les familles. Mais plus terrifiante encore est l'emprise qu'il exerce sur l'individu et sur les espaces enfouis au plus profond de lui comme l'âme, la psyché, le cœur. Son objectif est de contrôler la vie de ses sujets (leur travail, leur conjoint, leurs propos), leurs croyances mais aussi leurs émotions. Zhang avait raison : c'était une époque de trahisons, de choix politiques motivés par la peur, l'idolâtrie, une rage adolescente, l'aigreur conjugale et la préservation de soi. J'étais surprise qu'autant de personnes aient malgré tout tenu bon.

À peu près au moment où Zhang dénonçait sa mère, Yu Xiangzhen, encore à l'usine, fut sommée de rentrer chez elle. À la suite d'une nouvelle campagne politique qui atteignait alors son apogée, ses parents vivaient sous pression depuis des mois. Son père, connu pour sa gentillesse envers ses collègues, était protégé par les membres les plus jeunes de son équipe. Sa mère, elle, dérangeait par sa franchise, et ce malgré une conduite exemplaire. Pire encore, elle avait été accusée d'avoir menti sur ses origines en prétendant qu'elle était la fille de cadres révolutionnaires. Son père avait en effet intégré le KMT à la demande de ses supérieurs communistes pour leur servir d'informateur. Mais lorsque la révolution culturelle avait éclaté, on avait oublié qu'il avait gagné ses galons d'officier en combattant aux côtés du PCC et seul le souvenir de son passage au KMT avait été conservé. Il fut envoyé garder des moutons le long du Yangzi. On reprochait aujourd'hui à la mère de Yu de ne pas avoir pris ses distances avec lui. Ses persécuteurs avaient donc convoqué les différents membres du foyer pour que chacun coupe les ponts avec celle qui n'avait pas réussi à tourner le dos à son père.

Lorsque Yu arriva chez ses parents, la foule qui s'était répandue sur le palier faute d'espace suffisant scandait des slogans. La jeune fille de dix-sept dut jouer des coudes pour rejoindre et rassurer sa sœur qui tremblait de peur. Leur père se présenta devant l'assemblée. Fin connaisseur des tactiques du Parti, il avait soigneusement préparé son intervention. En tant que jeune révolutionnaire, sa femme ne s'était pas assez impliquée, commença-t-il ; elle était trop jeune au moment où elle s'était ralliée à la cause – elle n'avait que onze ans –, elle n'avait pas accordé assez d'importance à sa rééducation idéologique. Ses camarades avaient été blessés par sa franchise et sa candeur. C'était à lui qu'il fallait s'en prendre pour ses défauts, il n'avait pas assez œuvré à les corriger. La performance était réglée comme du papier à musique : il avait commencé par dresser la liste de ses points faibles puis avait souligné son engagement durable aux côtés du Parti avant de rappeler à la foule les rancœurs personnelles à l'origine de cette dénonciation. Ce fut ensuite le tour de Yu. Elle balaya du regard les horribles visages qui attendaient d'elle qu'elle coupe les ponts avec sa mère. Elle pesa soigneusement ses mots et dit : « Ma mère nous a appris à aimer le Parti et la Chine dès notre plus jeune âge. Pour nous, elle est un modèle irréprochable… »

Après ce développement imprévu, la session s'était terminée dans la plus grande confusion. Si Yu et sa famille s'en étaient plutôt bien sorties, beaucoup payèrent le prix fort pour leur loyauté – certains y laissèrent même la vie. (Lorsqu'on refusa de soigner le cancer de sa femme, l'auteur Ba Jin ne la poussa pas à le quitter, ce qu'il se reprocha beaucoup par la suite. « Elle serait encore des nôtres si elle n'avait pas été la "puante femme" du "vieux K. noir". En un mot, c'est moi qui l'ai compromise, c'est moi qui ai causé sa perte[1]. ») D'après un historien chinois, tout un tas d'enfants avaient été obligés par les gardes rouges de s'en prendre à leurs parents[2]. Mais il était beaucoup plus rare d'avoir dénoncé sa mère ou son père de son propre chef, comme Zhang l'avait fait.

*

1. Pa Kin, « À la mémoire de Xiao Shan », *Au fil de la plume*, *op. cit.*, p. 24-25.
2. Interview de l'autrice avec Yin Hongbiao.

Zhang et son père avaient beaucoup de raisons de dénoncer Fang : la peur d'avoir été entendus par un voisin qui risquait de les accuser ; la panique à l'idée que leur famille puisse être mise en danger par son imprudence ; la colère de la voir si triste pour ceux qu'elle avait perdus et si insouciante à l'égard de ceux qui étaient encore là ; le ressentiment puisqu'elle avait fait le choix, aussi involontaire soit-il, de les abandonner. Mais Zhang refusait de se poser cette question du pourquoi, la seule qui importait dans toute cette histoire. Chaque fois que je revenais à la charge, inflexible, il me répétait la même phrase.

Cette nuit-là, dans le grenier, il nous chanta un air appris plus de cinquante ans plus tôt qui témoignait de l'amour porté au président Mao, plus cher au cœur de tout un chacun que ses propres parents. « Cette chanson illustre bien tout ce que j'ai accepté de la part de la société, de ma famille et de l'école. Si j'ai envoyé ma mère se faire fusiller, si j'ai été capable de le faire, c'est à cause de l'éducation que j'ai reçue. Cette éducation, cette manière de penser, elle transparaît dans les chants révolutionnaires comme ceux que Bo Xilai a remis au goût du jour. Et dans cette chanson tout particulièrement. »

Zhang fut adulé pour sa trahison. Sa ville organisa une exposition en son honneur. Il nous montra les illustrations réalisées pour l'occasion : des dessins au crayon où on le voyait dénoncer sa mère et, dans la dernière case, Fang cracher du sang, fauchée par une balle. Ces images grotesques étaient mêlées aux photos de sa mère. Il avait recueilli ces différents documents en rendant visite à des proches ces dernières années car son père et lui avaient brûlé toutes leurs photos de famille après la disgrâce[1]. Ils n'avaient pas fait que prendre leurs distances, ils avaient effacé Fang, purement et simplement. Elle avait disparu de leurs vies mais aussi de leur passé.

*

C'était l'oncle de Zhang, Fang Meikai, qui avait voulu rouvrir l'affaire Fang Zhongmou.

« Chaque fois que je parle d'elle, j'ai envie de pleurer », lança-t-il en introduction comme pour s'excuser.

Il était plus proche en âge de son neveu que de sa sœur, de vingt-deux ans son aînée. Petit, il l'avait suivie partout comme si elle était sa deuxième mère ; adolescent, il avait écouté ses sermons et s'était décidé à traiter les autres avec justice et respect ; jeune adulte, il avait continué à l'admirer parce qu'elle était une femme « suffisamment courageuse pour oser penser, parler et agir ».

Selon lui, elle n'avait jamais montré d'enthousiasme pour la révolution culturelle. Il se souvenait qu'elle s'était moquée, en voyant des affiches à gros caractères dénoncer telle ou telle personne, de ceux

1. Cela n'a rien d'exceptionnel. Dans une scène de *Coming Home*, un film de Zhang Yimou sorti en 2014, on voit des photos découpées de manière à ce que le père droitier ne figure plus dessus.

qui passent leur temps à causer des ennuis aux autres. Terrifié, il l'avait suppliée de se taire, lui rappelant qu'elle risquait sa vie à dire des choses comme ça. Mais elle lui avait dit et redit qu'elle n'avait pas peur.

« Zhang Hongbing et son père, politiquement très rouges, voulaient qu'elle soit punie », ajouta-t-il en appelant son neveu par son nom complet. D'après lui, tout ça avait contribué à la pousser dans ses retranchements, et elle avait fini par exploser. Le fanatisme de son fils était une raison, pas une conséquence, de sa charge contre Mao. Fang Meikai avait été aussi furieux qu'impuissant lorsque son mari et son fils l'avaient dénoncée. « Je ne pouvais rien faire. Je voulais la voir mais on ne m'y aurait pas autorisé. Et puis j'avais peur d'être impliqué. C'était comme ça à l'époque, tout le monde pouvait se faire tuer. »

Mais lorsqu'en 1979 des victimes de la révolution culturelle commencèrent à être réhabilitées, Fang Meikai considéra que c'était l'occasion de réparer, au moins en partie, l'injustice. Il se mit à rassembler des preuves pour rétablir la réputation de sa sœur. Il se rendit au tribunal local, adressa des lettres à Pékin et persuada Zhang et son père de l'aider dans son entreprise. Peu de temps après, ils eurent gain de cause et la famille put ériger une pierre tombale en son nom.

*

Il était normal qu'un frère, un fils, un adulte ou un adolescent n'aient pas vécu les choses de la même manière et entretiennent des relations différentes avec une même personne. Mais mes réserves face aux larmes de Zhang, qui ne m'émouvaient décidément pas, se virent confirmées lorsque, face caméra, il entama des prosternations sur la tombe de sa mère.

« Mère ! Je suis un fils ingrat ! Mère ! J'ai amené *The Guardian* sur ta tombe ! »

Cherchait-il à être son propre spectateur ? L'histoire de Zhang était cohérente et complète, ce qui en soit était étrange. Peut-être cela tenait-il au fait qu'il était avocat, ou qu'il avait écrit pour des journaux, ou encore qu'il se l'était racontée des centaines de fois. Il la déroulait à la manière d'un journaliste, reliant adroitement les faits afin que le tout forme un bloc signifiant. Le récit, maîtrisé et clair, formait une boucle parfaite – il commençait et finissait avec le baquet en bois – avec, en guise de conclusion, son rêve émouvant. Les faits en étaient avérés, ce que prouvaient les nombreux documents qu'il produisait. J'étais peut-être gênée qu'il fasse mon travail à ma place ? À mon grand désespoir, il paraissait résolu à nous donner ce qu'il pensait que nous voulions (« Mère ! J'ai amené *The Guardian* sur ta tombe ! ») et tout aussi déterminé à ne pas s'intéresser à la question qui m'importait. Il mettait à ma disposition des faits, des documents et ses larmes. Mais, chaque fois que j'en revenais à cette décision qui avait transformé sa vie, il me ressortait la même rengaine. « Ce n'était pas ma mère. C'était un démon au visage terrifiant. »

Le contrôle total qu'il exerçait sur ses rêves et ses souvenirs rendait impossible la moindre confusion. Les faits sont – ou devraient être – sacrés au moins pour les journalistes et pour les historiens. Cependant, ils ne disent pas toute la vérité ; la sélection que nous opérons, la manière dont nous les interprétons et dont nous les assemblons importe également. On ne récupère pas quelque chose quand on se souvient, on crée. Qu'il s'agisse d'un processus inconscient ou d'un excès de prudence, nos souvenirs changent au fur et à mesure que nous grandissons ; de la même façon, une vérité peut s'éloigner de la réalité si nous la répétons assez souvent. Un narrateur cohérent nous semble rassurant mais la cohérence n'est pas un gage de vérité. Les souvenirs de Zhang étaient trop figés.

Il n'obtiendrait pas de pardon pour son crime contre nature. En revanche, il voulait éviter la répétition de la tragédie qu'il avait vécue. Il avait été le plus ingrat des fils. Il me raconta tout ça comme s'il était complètement étranger à son histoire. Il y figurait non pas comme un être humain éprouvant de l'amour, de la peur et des doutes mais comme un algorithme maoïste : contribution, règles, résultat. Je ne mettais pas en cause sa passion pour Mao, que beaucoup de mes interlocuteurs partageaient, ni son désir de la montrer. Simplement, j'avais l'impression que ce n'était que le début de l'explication. Il s'en voulait et s'excusait de ne pas avoir fait partie de ceux qui avaient « gardé leur conscience » mais il ne pouvait pas se permettre ou n'était pas en capacité de considérer ses actions comme des choix. Il évoqua rapidement la détresse psychologique qui avait été la sienne, sa dépression et sa tentative de suicide. Ce qu'il ne disait pas, ce qu'il ne voulait pas dire, se révélait donc plus important que ce qu'il avait fait.

« La révolution culturelle nous a dévorés, ma mère, mon père et moi, reprit-il comme si rien ne les distinguait. La société devrait assumer ses responsabilités de société, les familles assumer leurs responsabilités de famille et les individus leurs responsabilités d'individu. Ma mère ne fait pas exception, elle aussi devrait assumer ses responsabilités. Par exemple, elle ne nous a jamais appris qu'un individu pouvait réfléchir de manière indépendante. »

Enfin libérée de son accusation d'avoir souscrit à une pensée contre-révolutionnaire, Fang était en revanche tenue responsable par le fils qui l'avait dénoncée des excès partisans qui lui avaient coûté la vie.

*

Il avait mis son récit en pause pour que nous puissions faire honneur au copieux dîner préparé par sa silencieuse épouse. Leur maison semblait être la seule enclave de propreté du coin et je me demandai comment ils faisaient pour lutter contre la saleté omniprésente. J'avais l'habitude de la crasse des zones industrielles et des campagnes boueuses, j'avais d'ailleurs très bien dormi chez un paysan qui avait installé ses toilettes dans sa porcherie. Mais cette ville était une des plus sales qu'il m'avait été donné de visiter. Ça n'avait rien à voir avec la poussière et le fumier des villages, c'était une substance nuisible produite par l'Homme, qui graissait les mains et qui laissait des empreintes noires sur le sol à chaque pas. Les rues étaient jonchées de sacs plastique. Tout paraissait vicié. C'étaient la saleté et les déchets d'une ville en transition aspirant aux paillettes des grandes métropoles mais encore loin de leurs standards, mêmes si ses champs disparaissaient déjà sous une épaisse couche de briques, de carreaux et de plastique. Mon hôtel, censé être une des meilleures adresses de la ville, se révéla une de mes pires expériences en la matière : un immeuble infâme haut de deux étages où presque aucune lampe ne fonctionnait, où la moquette collait et où les salles de bains – la mienne du moins – étaient dans un état épouvantable. En anglais, il s'appelait le « Buckingham Palace ». Je fus presque soulagée de découvrir, le lendemain matin, qu'un policier en civil avait occupé la chambre voisine de la mienne ; je le semai au premier carrefour lorsque je repartis chez Zhang.

Zhang était le pur produit de cet endroit infatigable et ambitieux. L'Anhui était une province de migrants : les mères y laissaient leurs enfants pour aller s'occuper de ceux d'inconnus, les maris envoyaient leur salaire à leur femme restée sur place qu'ils ne voyaient pas pendant des mois voire des années. On restait en lien grâce aux appels et aux messages. Peut-être n'y avait-il rien d'étonnant à ce que les relations s'étiolent et se transforment ou à ce qu'elles meurent, tout simplement. Pour beaucoup, c'était parce que la Chine avait cédé à la loi du marché qu'une génération pour qui l'argent valait plus que la famille avait vu le jour et que les foyers se déchiraient. Mais cette promesse d'enrichissement était également le seul garant possible pour les générations à venir. Et si c'était l'essor capitaliste qui envoyait les travailleurs aux quatre coins du pays, c'était un vestige de l'économie planifiée maoïste qui les tenait éloignés de leur famille : le système d'enregistrement et de contrôle de la population empêchait en effet aux migrants d'origine rurale d'avoir accès aux mêmes services que les Chinois nés en ville[1]. La tragédie

1. Ce système a connu des réformes progressives, au coup par coup, les autorités chinoises faisant la sourde oreille aux partisans de sa suppression malgré leurs nombreuses actions. Les raisons avancées sont sa capacité à limiter les mouvements de population, à empêcher le développement des bidonvilles et à faire plaisir à la classe moyenne urbaine fatiguée de se battre pour avoir droit à des services de qualité. Pour en savoir plus sur les réformes du *hukou*, du système d'enregistrement donc (aussi appelé « permis de résidence »), voir par exemple Kam Wing Chan et Will Buckingham, « Is China Abolishing the Hukou System ? », *The China Quarterly*, n°195, septembre 2008. Son maintien a un coût : le creusement des inégalités entre citadins et ruraux ainsi qu'entre ceux nés en ville et ceux qui y ont émigré ; l'éclatement ponctuel ou définitif de la cellule familiale ; les problèmes de comportement et d'éducation des plus de 30 millions d'enfants laissés à des proches parfois incapables de s'occuper d'eux, ce qui les rend plus vulnérables à des agressions ou des mauvais traitements de la part d'adultes. Environ un enfant sur trois a vécu pendant une période longue sans au moins un parent. Voir par

des enfants « laissés derrière » illustre parfaitement la manière dont les familles chinoises restent la proie de l'État-Parti et de ses tendances autoritaires tout en payant leur dette au démantèlement ou à la désintégration du maoïsme.

Le Parti n'a pas oublié son désir de contrôler la vie de famille. Il essaie aujourd'hui de reconstruire ce qu'il a cherché à mettre en pièces par le passé dont, jusqu'à un certain point, les idéaux confucéens. Pour Xi Jinping, la famille est la « cellule de base » de la société ; c'est sur elle que se fondent le développement national, le progrès et l'harmonie sociale. Aux premiers temps de son mandat, la propagande l'avait renommé *Xi dada*, qu'on pourrait traduire par « Tonton Xi ». Lors du nouvel an lunaire, si les présentateurs ne sont pas tendres avec ceux qui ne rentrent pas voir leurs parents, c'est en partie à cause d'une photo où Xi se promène main dans la main avec sa mère. La Chine doit promouvoir la « culture familiale ». Les membres du Politburo doivent contribuer de manière active à promouvoir les valeurs familiales. On veille de très près à ce que les responsables politiques ne négligent pas leurs familles – c'en est bel et bien fini des héros de la révolution prêts à sacrifier femmes et enfants à la cause ! Mao n'approuverait pas. Mais il saluerait

exemple April Ma, « China raises a generation of "left-behind" children », CNN, 5 février 2014, et « The plight of China's "left-behind" children », *The Economist*, 8 avril 2021, https://www.economist.com/china/2021/04/08/the-plight-of-chinas-left-behind-children.

ceux qui continuent à exploiter l'infinie malléabilité de leurs semblables et à juger de leur valeur à l'aune de leur dévouement à une mission qui les dépasse.

L'État-Parti dispose de peu de solutions pour enrayer la menace qu'une population vieillissante avec des attentes importantes fait peser sur son système de santé embryonnaire. La politique de l'enfant unique a été remplacée par une politique nataliste. Les raisons sous-tendant certaines tentatives pathétiques de pousser les Chinois à fonder une famille (les anciens modèles de piété filiale capables d'étrangler un tigre pour sauver leurs parents ont été remplacés : mieux vaut aujourd'hui leur apprendre à se servir d'Internet) sont on ne peut plus pragmatiques, voire cyniques. À cause du déclin du nombre de naissances de filles et du trop grand nombre d'hommes célibataires[1], la Fédération nationale des femmes de Chine – une organisation féministe d'État – encourage fortement les jeunes femmes à se marier plutôt qu'à poursuivre leurs études[2]. Les droits des femmes sont une fois de

1. Les échographies prénatales et l'avortement sélectif (des pratiques illégales mais très répandues en Chine à cause d'une préférence marquée pour les garçons) sont à l'origine d'un ratio de naissances étonnant : 120 garçons pour 100 filles à une époque, 110 garçons pour 100 filles plus récemment. En 2011, un expert m'a expliqué que, au cours des deux décennies à venir, 30 à 50 millions de Chinois (soit la totalité de la population britannique masculine) ne pourraient pas se marier avec une femme. Pour les autorités et quelques spécialistes, l'agitation sociale qui pourrait en résulter est une perspective inquiétante.

2. L'ouvrage de Leta Hong Fincher intitulé *Leftover Women* (2014) a laissé sa marque. Il montre notamment comment les autorités

plus soumis au bon vouloir des hommes. En effet, la piété filiale est la garante du bien-être social mais aussi de la stabilité du pays. Quelque part au milieu de tout ça se loge la prise de conscience aiguë quoique encore vague des dégâts causés par la destruction d'une philosophie : une population qui ne croit en rien est plus dangereuse qu'une population qui adhère aux mauvais idéaux.

L'époque agitée et imprévisible à laquelle ont vécu Zhang et ses semblables leur a appris à faire feu de tout bois et à penser à leur survie avant celle des autres. En cela, Zhang était un modèle. Le modeste Wang se fit encore plus humble qu'il n'était lorsque les deux compères racontèrent la relation d'amitié qui les unissait. Il avait été le patron de Zhang dans l'usine où tous deux avaient travaillé au début des années 1970, ce qui était cohérent avec sa tenue – celle des ouvriers retraités depuis un moment et des fermiers d'un certain âge – que Zhang, lui, avait abandonnée depuis longtemps, laissant son ancien supérieur entretenir cette mode désuète.

Après la révolution culturelle, Zhang avait échoué encore et encore au concours d'entrée à l'université. La concurrence était terrible, toute une génération de jeunes gens se battait pour obtenir les places ouvertes cette année-là. Il finit par s'inscrire dans une

---

continuent à promouvoir les rôles traditionnellement assignés à chacun des sexes ainsi que d'autres aspects de la recrudescence des inégalités hommes-femmes.

école technique pour rattraper son retard et, de là, entrer à l'université. Il obtint son diplôme d'avocat en 1990, soit quatorze ans plus tard. Je comprenais mieux son côté guindé, comme s'il comptait sur sa solennité pour asseoir ses diplômes. Envers et contre tout – son origine rurale, son absence de relations, le chaos du système éducatif, son âge, la concurrence acharnée et son passé traumatisant –, il était devenu avocat. L'aventure avait dû lui coûter beaucoup de ténacité et d'ambition. Je me demandais ce que Fang aurait pensé de son fils. À toutes les époques, il y a ceux qui s'adaptent et réussissent et ceux qui luttent – puis qui finissent par accepter de se laisser emporter par le courant lorsqu'ils ne se sont pas fait submerger. Malgré sa valise et ses piles de livres et de documents, Zhang avait peur, non pas de tout perdre (c'était déjà fait) mais de se retrouver coincé, ce qui n'aurait pas dû m'étonner même si je le compris mieux *a posteriori*.

Plusieurs semaines après notre rencontre, toutes les nuits, alors que ma conscience refluait avec le jour finissant, l'image de sa mère gisant seule dans sa contrée lointaine s'imposa à moi. Chaque fois, mon cœur se serrait de honte à la pensée que son corps, solitaire dans la tombe, ne pouvait même pas pourrir en paix. Aujourd'hui encore, bien des années plus tard, cette pensée continue à me surprendre par moments. C'est comme un souvenir ou un rêve, une image que je sais avoir créée de toutes pièces mais qui se rappelle à moi à l'improviste, insistante, comme si j'étais moi aussi coupable. Alors qu'on m'a seulement parlé de l'histoire de cette femme, elle est devenue presque plus réelle que l'homme qui l'a évoquée. Une femme qu'ils voudraient qu'on oublie et qu'ils ne laissent pourtant pas tranquille. Je ne l'abandonnerai pas.

Dix[1]

Ceci ne vient pas clore un incident,
mais marque un nouveau départ.
Jamais les mensonges écrits à l'encre
ne masqueront les faits écrits dans le sang.
Les dettes de sang se règlent en nature.
Et plus lointaine l'échéance,
plus importants les intérêts !

Lu Xun[2]

1. *Understanding the Transgenerational Legacy of Totalitarian Regimes* d'Elena Cherepanov m'a beaucoup appris ; *Haunting Legacies*, un ouvrage profond et exigeant de Gabriele Schwab (2010), raconte comment se transmettent les héritages violents. *Landscapes of the Chinese Soul: The Enduring Presence of the Cultural Revolution*, dirigé par Tomas Plaenkers (2014), est un recueil d'entretiens à orientation psychanalytique menés auprès de survivants de cette époque et de leurs enfants. Sverre Varvin, professeur émérite à l'Oslo Metropolitan University, a eu la gentillesse de me faire profiter de son expertise sur le sujet des traumatismes ; il a depuis coécrit *Psychoanalysis in China* (2014).

2. Lu Xun, « Roses non épanouies (2) », *Œuvres choisies*, Pékin, Éditions en langues étrangères, 1983, p. 279.

Peu de temps après ma visite à Zhang Hongbing, je pris un café avec une romancière[1]. De ce que j'avais entendu dire, l'époque l'intéressait, elle la trouvait riche en parallèles à établir avec des événements récents. Elle me parla de son travail et de la manière dont ce passé s'en ressentait sur sa pratique. Lorsqu'elle mentionna son point de vue sur la révolution culturelle, je l'arrêtai pour clarifier les choses. Pour certains, la « révolution culturelle » renvoyait aux premières années du mouvement, celles pendant lesquelles la violence des gardes rouges était omniprésente ; pour d'autres, elle désignait le bloc des dix années de haine. Jusqu'où la faisait-elle aller ?

« Jusqu'à avril dernier », répondit-elle. Je me demandai si elle avait mal compris ma question ou si c'était moi qui avais mal compris sa réponse. Face à ma perplexité, elle développa : « Jusqu'à la mort de mon père en avril dernier. Avec lui, on ne pouvait pas passer à autre chose, il n'en finissait pas de débattre avec les gardes rouges. À l'époque, ils l'ont empêché de dormir pendant dix-sept jours d'affilée, son cerveau ne s'en est jamais vraiment remis. C'est pour ça qu'il est resté coincé dans ces années-là. »

J'étais abasourdie. Après mon premier entretien avec Yu Xiangzhen, j'avais compris que les survivants ne pouvaient pas faire une croix sur le passé. Leurs amis survolaient la question des causes, restant à bonne distance des secrets de famille et des tensions.

1. Interview de l'autrice avec l'écrivaine Tang Min.

Je le devinais derrière la colère et l'instabilité de certains, à la mémoire fragmentée d'autres. Le pouvoir a une action insidieuse ; les traumatismes, eux, criblent de trous béants la langue, la mémoire, les familles. Le passé était omniprésent. La douleur rongeait les gens, les épuisait. Aigre et infatigable, elle s'attaquait aux estomacs, se traduisait en spasmes paralysants, en maux de tête à faire pleurer ou en crises de rage. Les rescapés fermaient les yeux mais le sommeil ne venait pas : à peine s'assoupissaient-ils qu'ils se réveillaient en sursaut, les mains moites, glacés, en sueur, à nouveau glacés. Ils évoluaient dans un tel état de fatigue que le monde leur paraissait gris, usé jusqu'à la trame. Ils avaient tout essayé : la médecine occidentale, la médecine chinoise, des comprimés qu'on pouvait acheter sur Internet, d'autres dont leurs amis leur avaient parlé… Ils n'avaient ni ulcère, ni cancer, ni migraines. Ils étaient retournés voir des médecins qui leur avaient observé la langue, pris le pouls, prélevé des échantillons de sang, prescrit des examens, remis des ordonnances et planté des aiguilles dans le corps avant de hausser les épaules et d'appeler des spécialistes. À force d'être renvoyés de toutes parts, ils avaient atterri, pleins de ressentiment et de méfiance, chez un autre type de médecins. Leurs réponses s'étaient faites laconiques, suspicieuses, des petites concrétions mêlant faits et plaintes sans rien pour les lier les unes aux autres. Comme les mettre en ordre ne se faisait pas sans peine, la plupart venaient seulement pour les pilules.

Leurs enfants et leurs petits-enfants venaient eux aussi. Certains souffraient des mêmes maux : douleurs aiguës, léthargies inexpliquées. Ils parlaient parfois d'autres problèmes, admettaient qu'ils étaient stressés, déprimés, angoissés sans savoir pourquoi. Une année, un étudiant sérieux – il avait de bonnes notes et personne n'avait jamais eu à se plaindre de son comportement –, un peu réservé peut-être mais s'entendant bien avec ses camarades, avait publié un post dans lequel il expliquait par le menu la manière dont il voulait tuer un de ses professeurs : il se réveillerait dans son dortoir, prendrait un couteau bien affûté, entrerait dans le bureau de l'enseignant, jetterait son thé brûlant… La direction de l'université avait fait appel au service de santé mentale de l'établissement, qui s'était tourné vers des spécialistes, lesquels avaient à leur tour demandé de l'aide à un psychanalyste.

Personne ne comprenait comment ce gentil garçon sans histoire avait pu écrire ça. Ses parents s'entendaient bien entre eux et avec lui. Une fois mis au courant, ils avaient volé à son secours et avaient même loué un appartement pour que sa mère puisse s'occuper de lui pendant la durée du traitement. Son père ne parlait pas beaucoup mais était impliqué. Après plusieurs semaines, la famille, choquée – le psychanalyste, moins –, découvrit que le père était en dépression depuis longtemps. Toutes ces années, il avait répété à son fils les mêmes conseils sans jamais lui expliquer pourquoi : « Garde tes distances. Ne baisse pas ta garde. Ne fais confiance à personne.

Surtout, ne montre jamais que tu es en colère. » Enfant, il avait vu son propre père se faire tuer par des gardes rouges. Pendant presque un demi-siècle, il avait réussi à réprimer sa douleur, sa peur et sa rage. Et pourtant, elles avaient fini par avoir raison de lui et de son fils.

Toutes les familles cachaient leur passé. Certains rescapés n'arrivaient pas à parler de leurs souffrances à leurs conjoints même lorsque ceux-ci avaient assisté aux événements. D'autres enjoignaient à leurs frères et sœurs d'oublier ce qui s'était passé pendant leur enfance. Une fois adultes, des enfants effrayés par la survenue d'un épisode psychotique ou inquiets d'étranges obsessions chez leurs parents les emmenaient chez le psychiatre. Le plus souvent, on consultait pour des douleurs physiques impossibles à soulager. Cette génération avait vu les terribles dégâts que pouvait faire la parole et en avait conclu qu'il ne fallait pas briser la fragile harmonie de surface. Il était plus sûr de garder le silence, même si cela voulait dire payer le prix fort. Cette horreur durait depuis cinquante ans et on n'en voyait pas la fin. Le traumatisme ne disparaîtrait pas avec la mort des victimes, leurs enfants en avaient hérité et le transmettraient à leur progéniture. À l'image de cellules cancéreuses parvenues à une grotesque immortalité, il ne se résoudrait pas car, comme elles, il ne pouvait que se répliquer.

*

Peu de spécialistes acceptaient de parler de leur travail avec des survivants. Certains ne publiaient rien, d'autres collaboraient anonymement avec des collègues occidentaux. Ceux qui voulurent bien me rencontrer le firent à la condition que je ne dévoile pas leur nom; certains se révélèrent d'ailleurs tellement elliptiques que j'abandonnai l'idée d'obtenir des réponses après quelques entretiens. Je rencontrai celui que j'appellerai le docteur Yang à une conférence internationale sur la psychothérapie à Shanghai. Les intervenants européens portaient des costumes en lin vraisemblablement hors de prix et des lunettes de créateur; malgré leurs différences, ils appartenaient tous à la même caste. Ce n'était pas le cas des intervenants chinois, qui ressemblaient à des banquiers, à des profs de sport ou à des artistes. Ils hochaient la tête à la mention de Klein ou de Lacan – ils avaient fait les bonnes études et maîtrisaient le jargon – mais lorsqu'ils prenaient la parole, c'était pour raconter des histoires et des plaisanteries et dire « amour » et « satisfaction » autant que « cathexis » et « anaclitique ». Ils revenaient sur leurs tentatives de se soigner et de soigner les autres sans complexe, voire avec le plus grand sérieux. Ils n'éprouvaient aucune honte à être sincères et à faire état des difficultés que leurs sentiments et leurs objectifs leur faisaient rencontrer.

« J'ai vu assez de gens en torturer d'autres dans ma vie, je ne voulais pas être comme eux. Je voulais apporter du bonheur et de la joie, déclara le docteur Yang, le sourire aux lèvres, en prenant une cigarette dans son paquet. Ça, c'est une autre conséquence de la révolution culturelle. Nos parents n'ont pas eu le temps de s'occuper de nous, ce qui fait qu'on a pris de mauvaises habitudes. Fumer était un des rares moyens de se déstresser. Tout le monde était en lutte et évoluait dans un environnement très hostile. On comptait surtout sur ses instincts. »

Il tira sur sa cigarette et détourna poliment la tête pour ne pas me souffler sa fumée au visage. Plutôt trapu, il était très décontracté alors même qu'il parlait de lutte, de haine, d'exécutions. Il me raconta les prétendues séances d'autocritique auxquelles il avait assisté et les condamnations publiques où vingt mille personnes rassemblées sur une place attendaient qu'un comité révolutionnaire prononce la peine de mort. Les violences. Les courants et les campagnes politiques qui vous emportaient à la moindre inattention. Pour lui, la révolution culturelle se définissait moins par sa violence que par son instabilité.

« Tout le monde était impliqué, tout le monde était inquiet. À ce jeu, il n'y avait que des perdants. Et les règles n'arrêtaient pas de changer ! Tel groupe était tantôt déclaré supérieur, c'était à lui que revenait la victoire, tantôt rétrogradé car tout allait très vite. Du jour au lendemain, une famille de cadres pouvait perdre son pouvoir et, sans rien avoir vu venir, se retrouver à mener une vie radicalement différente. Il n'y avait pas de statut stable dont la supériorité soit assurée de manière permanente. » À l'occasion d'autres catastrophes, la ligne entre victimes et bourreaux avait été plus claire. Mais quand ce n'étaient ni la race ni les coutumes qui servaient à définir les cibles mais les prétendues pensées agitant les cœurs et les esprits, quand ce qui était bien un jour était mal le lendemain, et quand les masses étaient l'outil de destruction, alors aucune certitude – aucune innocence non plus – n'était possible.

Comment tant de gens avaient-ils réussi à tenir pendant toutes ces années ? Dans le cas de certains, sans doute parce qu'ils avaient déjà subi des violences insupportables. (« Il faut tenir bon », se répétaient Ba Jin et sa femme[1]. La suite prouva que non.) D'autres tentèrent de se réconforter avec des croyances et des philosophies issues de la culture traditionnelle, mais en secret car elles étaient interdites. L'humour aussi était circonscrit à la sphère privée. (On ne rigolait pas avec les blagues : l'humour, qui implique un sens du dosage et de l'incohérence, ne pouvait pas faire bon ménage avec le fanatisme maoïste ; dans le pire des cas, il pouvait même constituer un crime capital.) L'autocritique permettait de se bercer de l'illusion qu'on détenait une forme de contrôle sur les choses puisqu'elle sous-entendait qu'on était à l'origine de la catastrophe qui s'abattait sur nous. La psychose était un autre moyen de se protéger : lorsque la réalité devenait trop dure, perdre la raison permettait de

1. Pa Kin, « À la mémoire de Xiao Shan », *Au fil de la plume*, *op. cit.*, p. 26.

ne pas perdre la vie. Beaucoup de personnes restées saines d'esprit se suicidèrent.

« Une autre caractéristique de ce mouvement, c'est l'après », poursuivit le psychothérapeute. À la fin de la Seconde Guerre mondiale, l'occupant japonais fut renvoyé chez lui : l'ennemi était parti. De la même manière, deux millions de personnes se réfugièrent à Taïwan quand les communistes l'emportèrent sur le KMT. Mais après la révolution culturelle, tout le monde dut continuer à vivre les uns à côté des autres, comme s'il ne s'était rien passé. Tout le monde resta là où il était, « dans le même pays, sur le même lieu de travail et au sein de la même famille ».

La culture chinoise a longtemps existé sous la forme d'un réseau. La hiérarchie familiale reproduisait l'ordre impérial et y participait. L'individu, qui faisait le lien entre ses ancêtres et ses descendants, était partie intégrante d'un tout qui le dépassait et s'inscrivait de cette manière-là à la fois dans le temps et dans la société. Selon les mots du sociologue Fei Xiaotong, « la voie qui va de l'ego à la famille, de la famille à l'État, de l'État au monde, est la bonne voie[1] ». Rien n'était plus menaçant qu'un inconnu détaché de la société. Au XVIIIe siècle, la Chine fut secouée par une vague de panique : pour lutter contre de présumés « voleurs d'âmes », les foules s'en prirent à des personnes soupçonnées de sorcellerie. Selon l'historien Philip Kuhn, ce phénomène peut être comparé à l'hystérie maoïste.

1. Fei Xiaotong, *Aux racines de la société chinoise*, *op. cit.*, p. 48.

Mais, à l'époque, les personnes suspectes étaient « des vagabonds, des inconnus, des personnes sans attaches, d'origine obscure, à la raison d'être incertaine, sans relations sociales, hors de contrôle[1] ».

La révolution culturelle, elle, a montré qu'un proche pouvait être plus dangereux qu'un inconnu. Connaître quelqu'un ne garantissait aucune relation de confiance, seulement des soupçons. Les proches, ceux qui vous connaissaient le mieux, détenaient sur vous le plus grand pouvoir de nuisance. Juste après la révolution culturelle, « certains racontaient ce qu'ils avaient vécu à des inconnus rencontrés dans le train mais jamais à leurs collègues », m'expliqua le docteur Yang. La morale elle-même avait donc été trahie ; pour Fei Xiaotong, les notions éthiques qui sous-tendaient les préceptes confucéens traditionnels étaient de toute façon spécifiques à chaque type de relation – aucune ne se voulait transcendante. S'il n'était pas possible d'avoir confiance en ses proches, alors il n'y avait plus de confiance du tout.

« Ceux qui ont survécu à la révolution ont-ils joué de chance ou de malchance ? Même aujourd'hui, je ne peux pas dire que je connais la réponse à cette question », écrivit une victime bien des années plus tard[2].

*

1. Philip A. Kuhn, *Soulstealers: The Chinese Sorcery Scare of 1768* (1990).
2. Ji Xianlin, *The Cowshed, op. cit.*

On peut voir les mouvements politiques des années 50 et 60 comme une maladie, avec une alternance entre des cycles d'euphorie – de manie – à l'origine de conflits ouverts, et des épisodes de répression – de dépression. Les Chinois savent aujourd'hui que quelque chose va mal, mais quoi ? La Chine est toujours en proie à ces phases de torpeur et de convulsions. Selon Sun Liping, intellectuel de renom et ancien professeur de Xi Jinping, la plus grande menace pour une société n'est pas l'agitation mais le « pourrissement » social, qui se traduit par le déclin moral et la perte du sens de la justice. Pour certains de mes amis, la révolution culturelle est responsable de tout car elle a appris aux gens à placer leur survie au-dessus du reste, avec l'indifférence comme moyen d'autodéfense – la colère, elle, n'a jamais été attisée que pour mieux être étouffée. Dans *Turbulent Decade*, Yan Jiaqi et Gao Gao écrivent que « ce mouvement a détruit la nature humaine ». Pour d'autres, la faute en revient au capitalisme vorace, son rejeton involontaire, qui a enseigné aux foules que seul l'argent compte. Il suffit de feuilleter un journal pour prendre la mesure de la crise. Un enfant de deux ans renversé par un camion et laissé à agoniser en pleine rue par dix-huit passants. Des petites filles décédées après avoir consommé un yaourt empoisonné par la directrice de leur jardin d'enfants afin de ternir la réputation d'un concurrent. Plusieurs écoles faisant l'objet d'attaques au couteau et des bureaux pris d'assaut par des tracteurs chargés de bonbonnes de gaz. Un vieil homme essayant de faire sauter un bus avec une grenade artisanale datant de la révolution culturelle pour « prendre sa revanche » contre le conducteur, qui avait plusieurs fois arrêté le véhicule cinq mètres avant son arrêt. L'arme, trop vieille, roula dans l'allée centrale sans exploser. Sa rage, elle, était bien vivante.

« Je me suis laissé emporter », confia-t-il à la justice.

« C'est comme un fantasme, n'est-ce pas ? lança en secouant la tête un psychanalyste à qui je parlais de ce cas. Certains fantasmes ont été réalisés pendant la révolution culturelle. Pour un soldat, celui qu'il abat est forcément l'ennemi. Il veut œuvrer à un monde meilleur. Même s'il n'a aucune idée de ce à quoi renvoie ce prétendu monde meilleur. »

Nous étions assis à côté d'une fenêtre dans un café voisin de son lieu de travail – « j'aime le soleil, j'aime sa chaleur », m'avait-il confié. Le docteur Chen était plus jeune que le docteur Yang, trop jeune pour se souvenir de la révolution culturelle, qui avait plutôt épargné sa famille. Il travaillait surtout avec les enfants des victimes puisqu'eux arrivaient à lui demander de l'aide. Il en voyait suffisamment pour que leur traumatisme lui semble banal. Mais il avait parfois travaillé avec leurs parents et les admirait beaucoup, de plus en plus même, simplement parce qu'ils étaient encore en vie. Parce qu'ils avaient tenu bon.

« Non, on ne survit pas à un traumatisme parce qu'on est en meilleure santé qu'un autre. Prenez deux chiens : le premier est fort et agressif et le deuxième soumis. Dans un milieu hostile où on va chercher à les mettre au pas, le chien belliqueux meurt et le chien obéissant survit. Lequel était en meilleure santé ? D'un point de vue psychanalytique, ça pourrait être le chien qui voulait se battre. La santé mentale de quelqu'un qui a survécu à des mouvements sociaux traumatisants n'est donc pas forcément très bonne, à cause du traumatisme mais aussi à cause de ses antécédents. Tous les gens de cette génération-là ont leur histoire, mais ils ne peuvent pas en parler. Qu'ils aient été du côté des bourreaux ou des victimes, tous sont aujourd'hui des victimes ignorées. Pour la grande majorité de la population et pour le gouvernement, il faut les oublier. La page a été tournée, ça ne sert à rien de s'appesantir sur le sujet. La vie continue. C'est comme ça qu'on voit les choses en Orient. »

En chinois, « souffrir », « encaisser » se dit « manger amer ». C'est une nécessité élevée au rang de vertu, comme on peut le voir dans les offres d'emploi et dans les histoires de magnats partis de rien. Ceux qui font preuve de résistance, d'endurance ont de quoi être fiers. Mais cette expression est aussi celle d'une certaine impuissance, d'un fatalisme tragique. C'est la seule chose qui reste à quelqu'un quand on lui a tout enlevé, c'est la dernière option de ceux qui n'en ont plus. Chez les personnes âgées, elle renvoie à des vies dures et douloureuses, émaillées de morts. Naïfs, les plus jeunes préfèrent penser, comme les Américains, qu'ils sont les maîtres de leur destin, que tout n'est pas écrit. Pour eux, « manger amer » est inutile et défaitiste. Ils préfèrent aller vers plus de douceur – ce qui ne manque pas d'inquiéter leurs parents, pourtant les premiers à les avoir nourris de fruits et de bonbons. Et si ce traitement de faveur avait eu raison d'eux ? Et si cette vie facile les avait ramollis ? Et si leur espoir d'épanouissement plutôt que de survie et l'assurance avec laquelle ils dépensent leurs salaires et partagent leurs rêves les avaient rendus vulnérables à ce que l'avenir leur réservait ? La transformation de la Chine à la fin du XXe siècle a été si totale et si soudaine qu'un bond d'un siècle a presque eu lieu en deux décennies. La vie n'est plus la même, la langue non plus. Rappelons que, pour ceux qui appartiennent à l'ancienne génération, le simple fait de parler est dangereux.

*

La psychothérapie était donc douteuse. C'était une pratique relativement nouvelle en Chine, même si certaines des œuvres de Sigmund Freud furent publiées en chinois de son vivant, ce qui avait donné lieu à une brève correspondance entre son traducteur et lui. Mao avait interdit la psychologie l'année où il avait lancé la révolution culturelle : il s'agissait d'une pseudoscience bourgeoise « inutile dans neuf cas sur dix et déformant la réalité dans le dixième[1] ». En s'engageant à détruire cette discipline, il fit de ceux qui la pratiquaient des cibles et condamna les ouvrages qui s'y rapportaient

1. Voir *Psychology in Contemporary China* de L. B. Brown (2013).

à être brûlés. La psychiatrie était autorisée mais sous une forme très médicalisée. Encore aujourd'hui, il n'y a que 20 000 psychiatres pour 1,3 milliards d'individus. La psychothérapie n'a été reconnue par la loi qu'en 2013. Elle était alors déjà une mode comptant plus de fans que de partisans. La conférence à laquelle j'assistai à Shanghai, d'envergure internationale et ouverte aux amateurs, avait des allures de salon. La plupart des participants faisaient de la psychothérapie par hobby, certains ne manquant pas une occasion de se ruer sur les intervenants à la fin de leur panel pour une photo avec eux. Le pays entier était à la recherche d'un autre but que l'enrichissement car le matérialisme de la vie moderne ne plaisait pas à tous, voire révoltait[1]. La prospérité répondait à des besoins physiques mais avait fait ressortir un autre traumatisme. L'inversion des valeurs rendait plus criante l'absurdité des souffrances passées. Tout ça pour ça ? L'histoire se moquait d'eux. Plus ils progressaient sur le plan économique, plus ils étaient nombreux à se dire qu'ils avaient perdu quelque chose d'essentiel. Certains,

1. À la lecture de *Deep China*, d'Arthur Kleinman, Yunxiang Yan, Jing Jun, Sing Lee, Everett Zhang, Pan Tianshu, Wu Fei et Guo Jinhua (2011), on comprend très bien que « la transformation charnière du contexte moral et de l'identité chinoise » est passée inaperçue à cause de l'ampleur de la transformation économique. « Par le passé, l'identité d'un sujet chinois était définie par des relations sociales prédéterminées… Ce n'est qu'après le maoïsme, à l'ère des réformes, que l'individu a trouvé les conditions sociales nécessaires à la quête et à la construction de son identité. »

comme les jeunes instruits et Zhou Jiayu, se tournaient vers un passé socialiste réel ou imaginé. D'autres vers l'introspection. La Chine comptait une centaine de millions de chrétiens répartis entre les institutions officielles et les églises souterraines[1]. Beaucoup se (re)mirent au bouddhisme sous ses formes les plus extravagantes. Certains villages vivaient sous la menace des riches citadins qui venaient y relâcher des serpents pour accumuler du bon karma. D'étranges et obscurs cultes religieux étendaient leur influence sur des régions entières, à peine moins anarchiques et menaçants que leurs ancêtres du XIXe siècle. Il fallait trouver du sens.

La psychothérapie offrait une alternative. Comme le communisme, elle pariait sur l'avenir. Mais là où le communisme avait cherché à remodeler l'individu pour le mettre au service d'une cause qui le dépassait, elle ne considérait pas avoir le monopole de la vérité et voyait comme une fin en soi cette restructuration de l'individu. Pour autant, elle n'était pas sans exigences. Parmi le public et les intervenants à la conférence, nombreux étaient ceux à trouver que la discipline était en contradiction avec l'injonction à ne surtout pas parler de ses émotions très présente dans la culture chinoise. Personne ne disait « merci » ou « je t'aime » à ses parents car de telles déclarations auraient attiré les

1. Dans *The Souls of China: The Return of Religion after Mao* (2017), Ian Johnson explore avec brio le sujet des religions en Chine et ce qui a contribué à leur résurgence.

soupçons. L'amour se manifestait par de petites attentions comme une couverture supplémentaire posée sur un lit, le fait de servir à ses enfants les meilleurs morceaux d'un plat ou d'envoyer des compléments alimentaires à ses parents.

Dans le même temps, l'État-Parti et ses émanations s'efforçaient de définir les choses très précisément. Les mots étaient lourds de sens, il fallait les contrôler. Malgré cette tendance généralisée, la culture allusive ne s'avouait pas vaincue[1]. Dans le *Classique de la Voie et de la Vertu*, un des textes les plus connus du taoïsme, il est dit que « le nom qui a nom n'est pas le vrai Nom[2] ». Ce qui est implicite, ignoré, non-dit, pourrait être ce qui compte le plus. Ainsi, il faudrait chercher la vérité dans ce qui n'est pas dit : « On monte l'argile pour façonner les vases, il faut du vide pour qu'ils puissent contenir[3]. » En Chine plus que partout ailleurs, on entretient avec la psychothérapie une histoire d'amour aussi puissante que complexe. Le confort auquel elle donne accès à certains dans la première phase du traitement peut laisser place à un sentiment d'anxiété, de peur ou de solitude à l'idée que le seul fait de parler avec son thérapeute ne puisse pas tout résoudre et qu'il faudra impliquer ses proches. D'après le docteur Chen, maintenir des

1. Cette idée m'a été soufflée par le docteur Richard Wu, qui a abordé le sujet lors de la conférence de Shanghai.
2. *Le Lao-Tseu*, traduction et commentaires de Jean Levi, Albin Michel, 2009, p. 95.
3. *Ibid.*, p. 101.

relations harmonieuses était le principe central de la vie sociale en Chine. « J'ai parfois l'impression qu'il y a plus de chaos et de conflits sociaux chez nous et que c'est pour ça que l'harmonie nous importe autant. »

Or ce qui pouvait créer des vagues au sein d'une famille risquait de déclencher des tempêtes à l'extérieur de ce cadre-là. À première vue, la psychothérapie individuelle semble être l'outil rêvé pour un pouvoir autoritaire. Elle traite les traumatismes collectifs comme s'il s'agissait de troubles personnels à soigner par et pour le patient. Des disputes qui pourraient éclater en public ou prendre la forme de pétitions sont désamorcées dans l'intimité d'un cabinet. Mais le tabou entourant la révolution culturelle est tel que la simple prise en compte du récit est source de stress. Au-delà de la famille du patient, tous les cercles dans lesquels il évolue peuvent invalider ses déclarations. Lier passé et présent est en soi un sujet sensible. Le mystère de l'intégration d'une expérience vécue reste entier : pour comprendre ce qui s'est passé et ce que cela veut dire, il faut d'abord comprendre ce qui y a mené, même lorsque cela n'a rien à voir avec le traumatisme en tant que tel. Dans le cas qui nous occupe, la complexité des motifs des gardes rouges importe moins que l'énormité de leurs crimes.

En Chine, société et psychés présentent la même cicatrice. La révolution culturelle est autant un traumatisme national qu'une masse de traumatismes individuels : or, dans le cadre d'une traumatisation collective, il faut définir un sens collectif et fournir un effort commun pour dépasser les deuils et les humiliations. La vérité crue peut être douloureuse et clivante, mais les demi-vérités aussi. On ne peut pas guérir sans un minimum d'honnêteté. La Chine d'aujourd'hui ne permet pas ces vérités, que beaucoup de Chinois préfèrent d'ailleurs ne pas entendre. D'après la sinologue Susanne Weigelin-Schwiedrzik, « un "processus traumatique" n'a que faire de la vérité historique dans son sens usuel. Il s'agit d'un processus de construction sociale dont l'objectif est de trouver un moyen de "faire avec" à la portée du plus grand nombre de personnes concernées[1]. »

*

J'avais très envie d'assister à une des rencontres de la conférence, qui traitait des souffrances individuelles dans le contexte des récits nationaux. Je n'étais pas la seule : la salle était bondée et l'air déjà légèrement vicié lorsque le présentateur prit la parole. « L'histoire chinoise des deux derniers siècles est une histoire de traumatismes », lança-t-il de but en blanc.

Les psychothérapeutes s'étaient rendu compte que la plupart des rescapés étaient porteurs de traumatismes antérieurs à celui de la révolution culturelle. La méchanceté avec laquelle les membres d'une même famille se comportèrent les uns envers les autres

1. Susanne Weigelin-Schwiedrzik, « Coping with the Cultural Revolution: Contesting Interpretations ».

pendant ces années-là puisait sans doute à des relations préalablement problématiques voire violentes. Ces pathologies domestiques formaient un grand tout avec la série de catastrophes qui avaient frappé la Chine comme l'Égypte en son temps[1]. De ce fait, l'instabilité et la violence n'avaient plus rien d'aberrant, elles étaient inévitables. Avec la dislocation de cette grande civilisation, la guerre, les famines et les purges politiques avaient détruit familles et esprits. Le désir de retrouver la gloire d'antan avait même précipité certains de ces malheurs. La rébellion des Taiping et sa répression sanglante, l'invasion des puissances étrangères, le pays mis à feu et à sang par les seigneurs de la guerre, l'invasion japonaise, le Grand Bond en avant… Chaque fois que la Chine donnait l'impression de pouvoir souffler, de nouveaux décombres s'accumulaient sur les anciens. Jusqu'à la pire des catastrophes. Mais même après cela, le traumatisme fut transmis à la génération qui aurait dû en être libérée. Freud se considérait comme un archéologue de l'esprit, à la recherche de traces lui permettant de reconstruire ce qui avait été oublié et ce que cela voulait dire, « contraint de mettre à nu plusieurs couches de la psyché de son patient, avant de parvenir à ce qu'il y avait de plus précieux, mais qui était aussi le

1. Le roman *Vivre!* de Yu Hua (traduit du chinois par Yang Ping, Actes Sud, 2008) dresse un portrait vivant et déchirant d'une famille allant de désastre en désastre et revient sur les ravages causés par ces traumatismes.

plus profondément enfoui[1] ». En Chine, ses successeurs se débattaient avec des couches et des couches de ruines.

Après l'Holocauste, des médecins constatèrent que leurs patients jeunes étaient majoritairement des enfants de rescapés. Un individu dont le parent a été la victime d'événements douloureux a plus de risques de développer des troubles du stress post-traumatique face à des situations stressantes, et à les subir plus longtemps. Des experts mirent sur pied une théorie du traumatisme transgénérationnel et de la « post-mémoire », selon laquelle un individu peut entretenir une relation très réelle à une souffrance vécue par ses parents sans qu'elle ait nécessairement été abordée. Des preuves montrent que la troisième génération est elle aussi affectée. J'entendis des intervenants parler de parents qui s'en prenaient à eux-mêmes, de mères incapables de se sentir proches de leurs enfants ou de comprendre leurs besoins et se reposant involontairement sur eux pour soigner leurs traumatismes profonds, de pères qui s'adressaient à leurs enfants comme s'il s'agissait de leur femme assassinée ou qui se révélaient aussi insensibles qu'on l'avait été avec

1. « Mes souvenirs sur Sigmund Freud, par l'Homme aux loups » dans *L'Homme aux loups par ses psychanalystes et par lui-même*, textes réunis et présentés par Muriel Gardiner, traduit de l'allemand et de l'anglais par Luc Weibel, Gallimard, 1981, p. 158.

eux[1]. Ils présentèrent les cas d'enfants se battant pour que leurs parents aient confiance en eux ou soient fiers d'eux même quand ces parents, complètement dépassés, n'arrivaient guère qu'à les critiquer ou à les surprotéger. Comment aider son enfant à avoir confiance dans le monde et à trouver un sens à la vie quand ses propres expériences étaient la preuve que le monde était tout sauf sûr et que rien n'avait de sens ? Leur attitude, trop couvante pour une personne extérieure et complètement étouffante pour leurs enfants, était la seule mise en garde raisonnable – et essentielle – dont ils étaient capables.

L'hostilité et la fragilité des victimes post-Holocauste entravaient les recherches en la matière. En Chine, le tabou politique avait clos le sujet. Tous les intervenants étaient étrangers. Le public, lui, était chinois. Il prenait des notes et des photos de ce qui était projeté à l'écran. Un sentiment d'urgence était palpable, doublé d'un certain inconfort à côté duquel les experts ne pouvaient pas passer. Ils piochaient donc dans l'histoire européenne afin d'aborder le sujet de manière détournée. Le besoin de parler d'événements traumatiques, notamment de la révolution culturelle,

1. Voir par exemple le passage sur la relation entre un père et son fils juste après la fin du mouvement dans « The Cultural Revolution: A Traumatic Chinese Experience and Subsequent Transgenerational Transmission – Some Thoughts About Inter-Cultural Interpretation » de Friedrich Markert, *International Journal of Applied Psychoanalytic Studies*, vol. 8, n° 3, 2011.

était de plus en plus criant, déclara un intervenant. De plus en plus de patients essayaient de comprendre ce qui leur était arrivé à eux et à leurs familles. Je vis dans ses yeux qu'il hésitait ; était-il en train de dresser un parallèle ? « En Allemagne, il a fallu beaucoup de temps avant que les gens acceptent et soient capables de faire face aux horreurs de la Seconde Guerre mondiale auxquelles des populations entières, notamment les Juifs, ont été exposées, ajouta-t-il prudemment. Le silence a régné pendant très longtemps parce que tout le monde voulait oublier. »

La jeune femme assise à côté de moi s'agita sur son siège. « Qu'est-ce qu'ils ont à toujours parler de ça ? » lâcha-t-elle lorsqu'il revint sur la révolution culturelle. Je n'arrivais pas exactement à comprendre ce qu'elle lui reprochait : trouvait-elle son constat évident et se sentait-elle infantilisée ? Était-elle gênée à l'idée que des étrangers mettent le nez dans les affaires de son pays ? Ou ne voulait-elle pas réfléchir à tout ça alors même qu'elle était venue à cette conférence en sachant ce qui s'y dirait ? Parfois, mieux valait rester dans l'ignorance. Pour beaucoup, l'objectif était d'apprivoiser le sujet, de le traiter de manière froide et neutre. Mais il était à la fois tellement dense qu'il se refermait sur vous et tellement vaste qu'il était impossible d'y échapper. Quelqu'un qui savait précisément ce qu'il renfermait n'aurait sans doute pas tenté l'aventure.

*

Tout comme la jeune femme qui avait été ma voisine à la conférence, le docteur Meng avait la trentaine; les cheveux longs et brillants, elle était élégante et posée, ce qui n'était pas mon cas. J'avais passé la demi-heure précédente à courir partout en quête du café dans lequel elle m'avait donné rendez-vous, qui se trouvait finalement à une vingtaine de mètres de mon point de départ. Je m'en excusai mais elle attaqua sans attendre. Elle pensait avoir choisi son métier mais peut-être était-ce lui qui l'avait choisie. Elle pensait n'avoir aucun proche concerné par la révolution culturelle mais, en travaillant sur le sujet, elle avait pris conscience de l'ampleur du mouvement et avait questionné ses grands-parents.

« C'est là que j'ai découvert qu'il s'était passé quelque chose dans ma famille, me confia-t-elle en souriant. Et que j'ai compris pourquoi j'avais choisi de faire ça. J'avais besoin de faire quelque chose pour ma famille. Pour moi aussi, peut-être. Je me suis rendu compte que la révolution culturelle était là – elle appuya son doigt sur la table – et moi, ici – elle désigna un autre endroit. Et que je ne pouvais pas esquiver le sujet, il fallait que je le prenne à bras-le-corps. »

Ses parents ne s'y étaient pas intéressés ou s'en fichaient, c'était pour ça qu'elle avait choisi d'y faire face. La première et la deuxième générations n'avaient pas échappé au traumatisme, qui les avait anéanties. Elles existaient à l'intérieur de lui, et elles y étaient seules, en tout cas de leur point de vue. Il n'y avait personne et rien d'autre. En réalité, la troisième génération était elle aussi impliquée. « Sauf que nous, on peut faire quelque chose. Il n'y a pas que ce traumatisme dans nos vies. Nous existons en dehors de lui. Pour moi, pour ma génération, c'est du passé. J'ai ma vie à moi. » Elle avala délicatement une gorgée de son thé au chrysanthème et se mit à regarder par la fenêtre, presque timide tout à coup. Pour elle, sa profession servait le bien, mais comment en être sûre ? « Parfois, j'hésite, surtout avec un patient plus âgé. Parler fait du bien aux jeunes mais je ne sais pas si ça leur fait du bien à eux. Il ne leur reste plus beaucoup de temps pour régler ces questions. Je voulais vous demander – j'espère que vous comprendrez ce que je veux dire... » Elle déplia une serviette en papier et dessina des cercles pris les uns dans les autres. « À quoi ça sert au final, un traumatisme ? Il y en a toujours eu, c'est vrai. Ça me fait penser à une machine en mouvement perpétuel, lança-t-elle en trouant son papier. Un traumatisme n'en finit jamais, il repart à chaque nouvelle génération. Mais peut-être que, d'une certaine manière, il nous aide aussi à avancer. »

J'étais interloquée. Combien de vies les traumatismes dont on m'avait parlé avaient-ils brisées ou fait dévier ? Selon sa vision darwinienne, l'espèce était un tout qui devait aller de l'avant. D'un point de vue moral, les humains devaient évidemment prendre leurs responsabilités. Mais si toute cette souffrance, toute cette résistance faisaient partie d'un processus naturel grâce auquel les êtres humains progressaient ensemble, devenaient des êtres meilleurs, plus heureux, plus forts, peut-être son travail n'avait-il aucun sens. « Dans ce cas-là, nous n'aurions rien à faire ; il suffirait de suivre le cours naturel des choses ? » Je lus le doute dans ses yeux. Elle aurait aimé une réponse.

Quelques jours plus tard, de retour à Pékin, je pensai à elle. Je ne rentrai pas directement chez moi en sortant du travail : tentée par le portail ouvert du parc Ritan, je gravis les marches qui menaient au petit pavillon occupant son centre. Ce carré de verdure bienvenue, éclairé d'une lumière dorée, était entouré de gratte-ciel. Tout là-haut, un point en forme d'aigle volait dans le ciel ; à la faveur des dernières lueurs du jour, je vis la ficelle de cerf-volant qu'un vieil homme tenait entre ses mains. Des couples se prenaient en photo devant le soleil couchant et des enfants rigolaient en escaladant les rochers un peu plus bas. Plus loin, aux abords d'un lac trouble, un homme s'entraînait au saxophone avec plus d'application que de talent. Tous ces petits bonheurs, tous ces plaisirs personnels se côtoyaient tranquillement. C'étaient des petits riens, presque une anomalie dans une métropole de vingt millions d'habitants débordant de voitures, de fumées, d'un tourbillon d'activité et de bruit, des tout petits riens à l'échelle du naufrage sur lequel je travaillais. Peut-être ne s'agissait-il que d'une apparence, mais c'était déjà ça. La Chine était une terre de souffrances et de besoins dominée par des désirs qu'elle ne pouvait elle-même pas comprendre puisqu'elle ne pouvait pas parler de tout ce qui importait. J'étais sidérée par la résistance des Chinois. Le fait qu'ils puissent faire du cerf-volant, de la musique, rire, aimer et même avoir confiance relevait pour moi du miracle. Un homme qui avait vu son père se faire tuer pouvait être un parent attentionné ; un homme presque battu à mort pouvait quand même aspirer à vivre. Un pays déchiré pouvait se reposer et jouer. La vie continuait.

De leur côté, les psychothérapeutes continuaient à recueillir les murmures en marge du grand récit national. Ils ne savaient pas précisément ce qu'ils en feraient mais l'important était de ne pas les laisser disparaître. Ils se dépêchaient de sauver ces histoires avant qu'elles ne meurent avec leurs narrateurs ou avant qu'eux-mêmes, les collectionneurs, ne meurent. Eux qui avaient été formés à soigner et à aider reconnaissaient leur défaite. Ils exhumaient la vérité pour mieux la réenterrer, archéologues condamnés à réenfouir leur découverte. Mais ce réalisme n'entachait pas un optimisme profond, irrationnel, presque radical. Un jour, le terrain serait moins miné. Un jour, ces capsules temporelles referaient surface. « Dans cent ans, un inconnu les trouvera. Quelqu'un s'en saisira. »

Onze

En effet, malgré mes convictions,
pour ce qui était de l'espoir, je ne pouvais
pas en nier complètement la possibilité ;
parce que l'espoir se situe dans l'avenir...

Lu Xun[1]

Nous étions en 2015, pendant la période du nouvel an. J'adore ce nouveau départ annuel. Les gares bondées, l'excitation et le soulagement nerveux des dizaines de millions d'individus qui rentrent chez eux. Les repas de fête entre amis dans une ville déserte, avec en arrière-plan la soirée télévisée – un pot-pourri original de stars, de femmes en robe de soirée, d'humour burlesque et de dogme du Parti. Surtout, j'adore les feux d'artifice. La première fois que j'avais fêté le nouvel an lunaire à Pékin, j'avais à peine dormi, préférant contempler ces bouquets éphémères illuminer les gratte-ciel depuis mon vingt-septième étage. La nuit avait été une longue suite d'éclairs rouges,

1. Lu Xun, *Nouvelles et poèmes en prose*, *op. cit.*, p. 24.

dorés et verts. Les fusées qu'allumaient les voisins faisaient trembler mon appartement. Assourdie, aveuglée et émerveillée, je passai les jours suivants à tenter d'éviter les pétards que les gens faisaient crépiter dans les rues. Mais l'événement était chaque année un peu moins bruyant; si mes poumons et mes oreilles ne s'en plaignaient pas et si le nombre de blessés avait beaucoup diminué dans la capitale à cette époque, le Pékin un peu sauvage et plein d'énergie, de bruit et de couleurs, me manquait. Le nouvel an 2015 était le plus calme de tous ceux que j'avais connus, à croire que la ville doutait du printemps à venir. Mon départ approchait.

J'étais arrivée en 2008, à une époque où tout changeait tout le temps, où tout semblait possible. Lucide sur le fait que le marché, Internet ou la marche de l'Histoire ne déboucheraient pas comme par magie sur des réformes à grande échelle, j'avais malgré tout observé avec admiration et étonnement les Chinois se tailler une part du gâteau. En plus de sept ans, le développement matériel avait continué sa course folle : toujours plus d'argent, de gens, de voitures, de buildings. Il y avait quatre nouveaux milliardaires par semaine. Le pays comptait plus de ports, de routes, de voies ferrées que jamais, mais aussi de musées, d'avions et de navires de guerre – dont un porte-avions attendu depuis longtemps. La Chine ne prenait plus son temps. Elle construisait des îles artificielles dans des zones disputées en mer de Chine méridionale, œuvrait à l'établissement d'une base navale à Djibouti, d'un port au Sri Lanka pour un bail de quatre-vingt-dix-neuf ans et développait sa nouvelle route de la soie en s'implantant en Europe, en Asie centrale et en Afrique. Comme la Terre ne suffisait pas à ses ambitions, elle envoyait des taïkonautes dans l'espace à bord de ses propres vaisseaux spatiaux. Et pourtant, j'avais l'impression que le pays rapetissait, qu'il se densifiait, que l'air se raréfiait, un sentiment aussi difficile à définir que flagrant. L'endroit tapageur et inflammable qui m'avait tant plu s'était tu. L'État, sûr de lui, était conquérant; les gens, eux, paraissaient inquiets. Les activistes étaient plus nombreux à finir en prison, on ciblait les avocats des dissidents voire les avocats des avocats. Pour une journaliste comme moi, les responsables politiques avaient toujours été difficiles d'accès, mais la méfiance gagnait tout le monde. Il était rare qu'on me réponde au téléphone, fût-ce des contacts établis, et quand on le faisait on s'exprimait de manière si cryptique que les propos étaient inexploitables. Les personnes que je rencontrais pour la première fois s'exprimaient moins librement devant moi: la méfiance à l'égard des étrangers, qui n'avait jamais vraiment disparu, reprenait du service. Un jour que je m'arrêtais dans un marché pour recueillir des témoignages sur l'inflation, une vendeuse coupa court à mes questions sur le prix du chou: « Si on te répond, on risque de nous traiter d'espions à la solde des étrangers », me lança-t-elle d'un air sérieux.

Ce virage répressif, amorcé avant l'ascension de Xi, ne fut pas désavoué par le nouveau président, qui mit en place un contrôle encore plus restrictif en rognant sur les libertés durement acquises au cours des décennies précédentes. Son pouvoir personnel atteint aujourd'hui un niveau que peu de gens croyaient possible. En 2016, pour le cinquantième anniversaire de la révolution culturelle, il fut consacré « noyau dur » du Parti, ce qui renforça le constat que tout le monde avait déjà dressé, celui d'une concentration du pouvoir obéissant à une logique de cercles concentriques – emprise sur le Parti, donc sur la Chine et sur la puissance de la Chine dans le monde. Le règne technocratique et collectif de ses prédécesseurs, les « ingénieurs rouges », était arrivé à son terme[1]. Leur volonté de stabiliser le pouvoir politique et de s'assurer un renouvellement régulier des dirigeants fut abandonnée. En 2022, rompant avec la tradition, Xi Jinping s'offrit la possibilité d'être président à vie avec un troisième mandat et aucun successeur en vue. Quatre ans plus tôt, lorsqu'il avait aboli la limite fixée à deux mandats présidentiels, les médias officiels avaient souligné que cela ne voulait pas dire qu'il deviendrait président à vie[2]. Ils avaient malgré tout cité des experts avançant que le pays avait besoin d'un pouvoir « stable » jusqu'en, mettons, 2050. Xi aurait

1. Dans *Rise of the Red Engineers* (2009), Joel Andreas explore l'émergence des technocrates chinois et s'intéresse à la manière dont, pendant la révolution culturelle, les attaques de Mao visant l'élite instruite et les révolutionnaires paysans ont renforcé cette nouvelle classe.
2. Étonnamment, ces articles ont depuis disparu du site Global Times.

alors quatre-vingt-seize ans. Mao, lui, était mort à quatre-vingt-deux ans.

Dans les villages, les haut-parleurs s'étaient remis à faire entendre de la propagande communiste ; ici et là, des responsables locaux exhortaient leurs concitoyens chrétiens à remplacer les affiches de Jésus par des portraits de Xi. Pour Xi Jinping, la loyauté au Parti se comprend en termes de foi plutôt que de simple croyance ; l'amalgame avec le religieux est donc assez à propos. Personnage puissant autant que rassurant, il incarne à la fois une autorité lointaine et une présence agréable, souriante. Il sait mieux que personne – à part Mao – manipuler les émotions des masses, à qui il raconte toujours l'histoire qu'elles ont envie d'entendre et qu'il réussit à mobiliser sur de nouveaux objectifs. Les services de propagande ont ressorti les titres de « dirigeant du peuple » et de « timonier », jadis dévolus à Mao. Discours, chansons, actualités, textes publiés par le Parti, tous les canaux délivrent le même message : « Pourvu que cela dure toujours, toute une vie – voilà ce que clament les cœurs des gens du peuple. » « Tous les hommes devraient prendre exemple sur Xi Dada. » « Xi Jinping est visionnaire. » « Trouvez-vous un mari comme Xi Dada si vous voulez vous marier. » « Il a obtenu l'amour et le respect sincères du Parti, de l'armée et du peuple. » « Il est comme notre père et notre mère à la fois. » « Président Xi, secrétaire général des sentiments populaires. »

Les échos avec la révolution culturelle résonnaient de plus en plus fort. La Chine revendiquait à nouveau une position dominante sur la scène internationale. À l'intérieur de ses frontières, ni les magnats ni les vétérans du Parti n'étaient à l'abri. Les discussions entre amis étaient à nouveau surveillées. Les hommes d'affaires et les dissidents se faisaient convoquer pour des conversations qu'ils avaient eues en privé sur des réseaux sociaux. On ciblait à la fois celles témoignant d'un désaccord profond avec la situation et celles d'ordre intellectuel. Les minorités ethniques et leur culture attiraient de plus en plus les soupçons et l'on encourageait à nouveau les gens à dénoncer leurs voisins. Les églises souterraines, jadis tolérées, fermaient les unes après les autres et leurs prêtres ou pasteurs se faisaient arrêter[1]. Parce qu'ils avaient soutenu des travailleurs en grève, des étudiants marxistes s'étaient fait appréhender[2] ; d'autres en premier cycle universitaire avaient dénoncé des enseignants qui s'aventuraient au-delà des limites politiques[3]. Une historienne spécialiste de la révolution culturelle trouva un jour la porte de son bureau couverte d'accusations écrites, ce qui

1. Voir, par exemple, le procès du pasteur Wang Yi accusé d'avoir incité ses fidèles à la subversion : Ian Johnson et Paul Mozur, « China sentences Wang Yi, Christian pastor, to 9 years in prison », *New York Times*, 30 décembre 2019.
2. Yuan Yang, « Inside China's crackdown on young Marxists », *Financial Times*, 13 février 2019.
3. L'expérience de Peidong Sun, enseignante à l'université, est rapportée dans Alice Su, « Spied on. Fired. Publicly shamed. China's crackdown on professors reminds many of Mao era », *Los Angeles Times*, 27 juin 2020.

n'était pas sans rappeler les affiches en gros caractères. Peu de temps après, elle partit s'installer à l'étranger.

Mes amis chinois et occidentaux s'en allaient tous, vers l'Europe, les États-Unis ou d'autres coins d'Asie. Hong Kong n'était plus la terre d'accueil qu'elle avait été[1]. Les libertés qu'elle aurait dû conserver après la restitution se faisaient malmener puis violer les unes après les autres par un pouvoir impitoyable déterminé à faire taire des manifestants – un Hongkongais sur quatre, du jamais vu – cherchant à protéger une autonomie limitée. Les activistes pacifistes y étaient poursuivis pour sédition tandis que la police s'attaquait à certains médias en gelant leurs actifs et en arrêtant leurs employés. Les enseignants, les avocats et les juges étaient dans le viseur des médias pro-Pékin. La situation était encore plus grave dans le Xinjiang, où environ un million de résidents « peu fiables », quasiment tous issus de la minorité ouïghoure ou d'autres communautés musulmanes, étaient détenus dans des camps[2]. On avait beau les appeler « centres de formation professionnelle » et parler de « transformation par l'éducation », leurs barbelés et leurs miradors les

1. Pour en savoir plus sur les manifestations et sur la répression, voir *City on the Edge: Hong Kong Under Chinese Rule* de Ho-fung Hung (2022), *Indelible City: Dispossession and Defiance in Hong Kong* de Louisa Lim (2022) et *The Impossible City: A Hong Kong Memoir* de Karen Cheung (2022).
2. « Up to one million detained in China's mass "re-education" drive », Amnesty International, septembre 2018. (D'autres avancent un chiffre encore plus élevé.)

trahissaient : il s'agissait bel et bien de prisons remplies d'individus détenus sans inculpation ni jugement. Parfois, les enfants de ces détenus étaient placés dans des orphelinats de fait[1]. Dans les camps, les femmes étaient victimes de stérilisation forcée et de violences sexuelles[2]. Les mosquées et autres sites culturels étaient rasés[3]. Selon une organisation luttant pour les droits humains, ces abus étaient « d'une portée et d'une ampleur inédites en Chine depuis la révolution culturelle[4] ». Les camps avaient remplacé les étables mais c'étaient les mêmes crimes qui y menaient, comme le fait d'avoir de la famille à l'étranger ou d'avoir cité un verset religieux. La télévision d'État montrait des images de prisonniers – d'« élèves » selon le vocable – reconnaissants au Parti de leur avoir montré à quel point ils avaient tort. (Selon le bureau de l'éducation d'Urumqi, la capitale du Xinjiang, les enseignants étaient les « ingénieurs de l'âme humaine » – une expression que l'on doit à Staline mais que Xi Jinping avait récemment reprise et qui rappelle le mot d'ordre de la grande campagne voulue par Mao pour

1. Emily Feng, « Uighur children fall victim to China anti-terror drive », *Financial Times*, 10 juillet 2018.
2. « China cuts Uighur births with IUDs, abortion, sterilization », Associated Press, 29 juin 2020.
3. Helen Davidson, « Thousands of Xinjiang mosques destroyed or damaged », *The Guardian*, 25 septembre 2020.
4. « "Eradicating Ideological Viruses": China's Campaign of Repression Against Xinjiang's Muslims », Human Rights Watch, 9 septembre 2018.

remodeler les cœurs et les esprits de son peuple[1].) Lorsque ces camps d'internement fermaient, ils étaient remplacés par des centres de détention ou des prisons. Le Xinjiang était devenu un goulag numérique qui concentrait des volumes inouïs de données biométriques ainsi qu'une débauche de systèmes de reconnaissance faciale. À la porte de chaque foyer, on collait des QR codes donnant accès aux antécédents familiaux ; certains cadres s'installaient même chez l'habitant pour une surveillance accrue.

*

Et pourtant, Xi ne va pas aussi loin que Mao : on ne le verrait pas se vanter du « singe en lui ». (Donald Trump, qui aime tant prendre le contrepied et semer la discorde, est très doué lorsqu'il s'agit d'orienter le « ça » de l'opinion publique, ce en quoi il se rapproche de Mao.) En 1989, juste avant la répression des manifestants de la place Tian'anmen, Xi a déclaré à ses subordonnées du Fujian : « La "révolution culturelle" ne fut-elle pas la démonstration d'une "grande démocratie" ? Ce genre de "grande démocratie" n'est pas conforme aux données scientifiques ni au respect du droit, mais s'inscrit bien plutôt en cohérence avec la superstition et la stupidité, et le résultat est un énorme

1. Amy Qin, « In China's crackdown on Muslims, children have not been spared », *New York Times*, 28 décembre 2019.

chaos[1]. » À bien des égards, c'est comme s'il avait tenté d'éradiquer les conséquences de la révolution culturelle et de les remplacer par d'anciens systèmes fondés sur l'ordre et la discipline. Il s'est rendu sur le lieu de naissance de Confucius et a appelé à remettre au goût du jour la culture traditionnelle – dont le Parti a, selon ses dires, hérité. Ses idées (tout comme celles de Mao) empruntent davantage au légisme, une philosophie très hiérarchique qui se fonde sur une vision pessimiste de l'être humain selon laquelle les relations interpersonnelles ne sont pas régies par la vertu et un gouvernement doit s'établir sur des lois strictes et des sanctions sévères[2]. S'inspirant du passé, il a fondé son règne sur des structures de comportement, de pensée et d'obéissance qui, selon le Parti, auraient cinq mille ans d'histoire – et c'est cette même longévité qui justifierait leur existence passée, présente et à venir. Il se tourne aujourd'hui vers le futur pour les maintenir en place avec des moyens innovants et efficaces.

Au XXIe siècle, les outils dont l'État-Parti ne s'est jamais défait – comme s'immiscer dans la vie privée ou exercer des pressions par l'intermédiaire d'amis ou de membres de la famille – se sont modernisés. Il n'est plus question d'ouvrir des enveloppes pour savoir ce qui se dit entre amis et les vieilles dames

1. Joseph Torigian, « Legs historiques et visions du monde des dirigeants : histoire du Parti communiste et leçons retenues (ou non) par Xi », *art. cit.*

2. Pour une présentation du légisme, voir *Chinese Thought: From Confucius to Cook Ding* de Roel Sterckx (2019).

du quartier ne servent plus d'informatrices, même si elles ont encore leur utilité. La collecte et l'analyse de données sont de plus en plus faciles et économiques. La technologie de reconnaissance faciale permet aux policiers de suivre un suspect à la trace sans se déplacer. Un joyeux mélange de différents systèmes de crédit social attribue à chaque individu une note de « civisme », de la même manière qu'on pourrait noter les dépenses et les emprunts d'un ménage. Propager de fausses informations ou commettre des infractions au code de la route sont désormais des actions qui peuvent vous empêcher de réserver un billet de train ou une location ou encore d'acheter une voiture. Ce nouveau mode relationnel a beau être numérique, il rappelle l'organisation sociale de jadis, où chacun avait sa place ; il propose par ailleurs un simulacre de confiance particulièrement attrayant dans une société où elle a quasiment disparu. Plus besoin d'envoyer la police harceler un propriétaire louant son bien à un ancien garde rouge, les algorithmes ont pris la relève. Souvent, telle ou telle décision politique n'est rendue publique que lorsque les responsables concernés ont un intérêt à le faire. Et, comme partout, les gens se soumettent. À Pékin, les quartiers populaires ont été mis au pas, la vie est plus rangée. Dans les ruelles du centre, les fenêtres et les portes en mauvais état sont murées. Le béton efface les strates du passé : des murs vierges à perte de vue sans plus grand-chose du joyeux désordre que j'associe à cette ville. Partout, des messages de propagande interchangeables, dont celui-ci : *Le Parti communiste est bon – les gens sont heureux.*

Certains le sont – beaucoup sans doute, voire peut-être la majorité[1]. Avec la crise financière de 2008, l'ascension de Trump et les débuts de la pandémie, on comprend sans peine pourquoi les Chinois n'envient pas à l'Occident ses dirigeants élus. Xi puise à des sources de mécontentement importantes, comme la rage de la classe moyenne à l'égard d'une élite indécente. (Un jour que je passais à côté d'une Aston Martin encastrée dans une Audi, je croisai le regard d'un vieil homme, qui murmura : « On serait quand même mieux si tous les riches mouraient. ») Sa campagne contre la corruption est allée bien plus loin que les efforts symboliques consentis en ce sens par ses prédécesseurs, même si les familles politiques de haut rang restent intouchables, et fédère au-delà des rangs des néomaoïstes. Le moment venu, Xi a fait la promesse d'une « prospérité commune » et imposé aux grosses entreprises de reverser une part infime de leurs profits[2]. Son engagement à réduire les inégalités ne peut que plaire. Mais des mesures plus ambitieuses – garantissant par exemple des logements et des solutions de garde moins chers ou œuvrant à la création d'une taxe foncière – sont mises sous le

1. Voir les travaux du Ash Center de l'université de Harvard (mentionné plus haut).
2. Voir, par exemple, Ryan Hass, « Assessing China's "common prosperity" campaign », *Brookings*, 9 septembre 2021.

tapis au fur et à mesure que la croissance économique ralentit. L'ampleur de la redistribution à venir reste floue tandis que le contrôle de l'État sur l'économie et sur tous les autres aspects de la société chinoise va grandissant.

Mais Xi n'est pas Mao, et le peuple qu'il gouverne n'est pas celui que Mao gouvernait. Selon Xu Youyu, philosophe et activiste, « pendant la révolution culturelle, il n'y avait qu'un cerveau – celui de Mao Zedong – pour 800 millions de Chinois. Aujourd'hui, au moins la moitié de la population réfléchit par elle-même[1]. » En privé, on peut ainsi entendre quelques voix dissonantes[2]. Lorsqu'un intellectuel publie un texte à charge, il circule furtivement mais rapidement. « Les médias officiels se donnent beaucoup de mal pour créer une nouvelle idole, offrant au passage au reste du monde l'image d'une Chine qui incarne le totalitarisme moderne... Il nous faut nous demander pourquoi un pays aussi grand que le nôtre et qui a tant souffert du culte de la personnalité n'oppose aucune résistance à ce nouveau culte[3]. » L'auteur de ces lignes est resté une semaine en détention avant de se faire licencier et assigner à résidence à Pékin. L'espace public est plus réduit que jamais. La

---

1. Cao Yaxue, « An Interview with Xu Youyu: "The Worst Is Yet to Come" », *China Change*, 31 octobre 2018.
2. Pour en savoir plus sur les réactions au sein du Parti, voir *Xi Jinping: The Backlash* de Richard McGregor (2019).
3. Xu Zhangrun, « Imminent Fears, Immediate Hopes », traduit par Geremie R. Barmé, *China Heritage*, 1er août 2018.

répression va bientôt quitter ses sphères de prédilection – la religion, les milieux universitaires, le droit, la société civile, les minorités – pour en gagner d'autres, progressivement abandonnées par le Parti après Mao. Les nouvelles cibles seront la société et la culture dans leur ensemble et les entrepreneurs aussi bien que les artistes.

Les médias officiels n'ont fait aucune mention du cinquantenaire de la révolution culturelle. Mais dès le lendemain, le 17 mai donc, le *Quotidien du peuple* – le journal porte-parole du Parti – a publié un éditorial sur le sujet[1]. Les vingt-quatre heures écoulées rendaient la chose plus sûre et plus acceptable. Les ordres émis par les services de propagande ont beau être secret défense, la pensée qui les sous-tend est souvent aussi transparente qu'invraisemblable tant elle s'inscrit dans une logique absurde. Le texte n'abordait évidemment pas la question des persécutions, des séances de lutte et des assassinats. C'était comme si quelqu'un avait écrit un article portant sur le 11 Septembre et l'effondrement des Twin Towers sans jamais parler des morts ou des avions. Le mouvement était qualifié de « virage important dans la trajectoire du développement historique chinois » ; face aux erreurs commises, le Parti ne transigeait pas : « Premièrement, il faut les reconnaître. Deuxièmement, il faut les analyser correctement. Troisièmement, il faut les corriger avec

1. « Excerpt from *People's Daily* on the Cultural Revolution », *New York Times*, 18 mai 2016.

détermination. Voilà comment traiter ces erreurs pour que, conjuguées aux succès du Parti, le tout forme un précieux manuel d'histoire. »

Il ne peut donc pas y avoir d'échec. En digérant et en interprétant l'événement de cette manière, le Parti propulse la Chine vers l'avenir ; l'histoire ne peut qu'aller de l'avant. Ce récit lui-même, aussi succinct et fallacieux soit-il, accompagne la Chine vers la réalisation de son destin. Quant à savoir ce que le Parti reconnaissait exactement, le texte ne le précisait pas.

Juste avant le cinquantenaire, un ami me montra des photos du musée de Peng Qi'an à Shantou. Je mis du temps à reconnaître l'endroit. Les statues des victimes les plus connues étaient masquées par des échafaudages et des plaques de tôle – dont les pieds furent par la suite coulés dans du béton. Le bâtiment, qui semblait définitivement fermé, disparaissait derrière des banderoles de propagande. Sur des affiches d'un rouge criard tranchant avec les murs sombres du mémorial, on pouvait lire LE RÊVE CHINOIS en grands caractères dorés. Avec Xi, la promesse d'un avenir glorieux remplace le passé. À peu près au même moment, le blog de Yu Xiangzhen a disparu des quatre plateformes qui l'hébergeaient. Elle n'écrit plus sur sa jeunesse. Wang Xilin, le compositeur, s'est remarié et s'est installé en Allemagne. Xu Weixin, le peintre, s'est lancé dans une série de portraits de personnalités impliquées dans les réformes et l'ouverture, une époque du passé récent de la Chine moins sujette à caution sur le plan politique. Il ne reste en définitive pas tant de temps que ça.

En 2021, lors du centenaire du Parti, Xi a déclaré que celui-ci avait été « choisi par l'histoire et par le peuple ». Les diplomates et les médias officiels récitent tous la même litanie : la grande renaissance est « entrée dans un processus historique irréversible ». La vision de Xi est pourtant celle d'une Chine accédant à la gloire malgré de nouveaux dangers et une hostilité grandissante, grâce à une vigilance plus nécessaire que jamais : « Le passé est un miroir qui nous permet de réfléchir à l'essor et au déclin des nations. »

L'histoire dont il parle procède par effacement. Pour le sociologue Michel Bonnin, la mémoire chinoise non officielle est comme « un archipel dont les îlots sont menacés par le vaste océan d'oubli officiel qui les entoure[1] ». L'année du centenaire du Parti, les eaux ont à nouveau tout recouvert. Les autorités ont créé un site et une hotline dédiés et ont invité à signaler tout acte de nihilisme historique ; le régulateur d'Internet s'est bientôt félicité d'avoir veillé à la suppression de plus de deux millions de posts diffusant une vision « nuisible » de l'Histoire. Dans un ouvrage d'histoire publié par le Parti, la place occupée par la révolution culturelle s'est réduite comme

1. Michel Bonnin, « L'histoire de la révolution culturelle et la mémoire de la "génération perdue" sont-elles condamnées à l'oubli ? », *Perspectives chinoises* [En ligne], 2007/4, mis en ligne le 30 décembre 2010. Url : journals.openedition.org/perspectiveschinoises/2493.

peau de chagrin et plus aucune référence au verdict accablant de 1981 ne subsiste[1]. L'avertissement de Deng Xiaoping mettant en garde contre le règne d'un seul homme a lui aussi disparu. Calomnier les martyrs et les héros chinois est devenu un crime[2], ce qui a donné lieu à de nombreuses arrestations, accusations et à au moins une condamnation. Fin 2021, cinq jeunes maoïstes ont été emprisonnés au motif d'avoir fait circuler des articles critiquant Deng et d'autres dirigeants réformistes[3].

À la même époque, un plénum s'est tenu sous la présidence de Xi Jinping au cours duquel a été adoptée une résolution portant sur les réalisations majeures et le bilan historique des cent années de lutte du Parti. Xi n'est que le troisième dirigeant en un siècle à avoir imposé sa vision de l'histoire du Parti. Mao l'a fait en 1945 pour renforcer son pouvoir et souligner l'échec de ses opposants, Deng en 1981 pour remettre en cause la révolution culturelle, consolider sa position et assurer la survie du Parti en l'orientant dans une nouvelle direction. Xi a ainsi inscrit son nom au côté des leurs, prouvant par là qu'ils étaient de même

1. Patricia Thornton, « Party All the Time: The CCP in Comparative and Historical Perspective », *China Quarterly*, n° 248, novembre 2021.
2. Steven Lee Myers, « Shutting down historical debate, China makes it a crime to mock heroes », *New York Times*, 2 novembre 2021.
3. Guo Rui et William Cheng, « Five Mao fanatics jailed over articles "smearing former Chinese leaders" », *South China Morning Post*, 11 janvier 2022, scmp.com/news/china/politics/article/3162988/five-mao-fanatics-jailed-overarticles-smearing-former-chinese.

stature, qu'il était lui aussi capable de contrôler le récit national et qu'il était l'héritier naturel du Parti et de tout ce qu'il représente. On dit que, sous Mao, la Chine s'est levée, qu'elle s'est enrichie sous Deng et qu'elle est devenue plus forte sous Xi. Il est donc bien plus que le gardien d'une mission, il est l'aboutissement du périple du PCC. La résolution explicite notamment avec soin ce qu'il faut faire pour « préserver absolument la position centrale du camarade Xi Jinping ». Critiquer Xi n'a jamais été aussi dangereux : cela revient à critiquer le Parti.

L'héritage de la révolution culturelle a beau être plus visible – plus frappant – que jamais, ce livre ne pourrait pas voir le jour si je le commençais aujourd'hui. C'est comme si l'utilité et l'acceptabilité étaient des notions inversement proportionnelles, comme si les leçons tirées de cette époque étaient si importantes qu'elles en devenaient inadmissibles. Il était en définitive plus sûr de parler de la révolution culturelle du temps où, quand on ne la prenait pas pour une anomalie, elle était au moins perçue comme le point final du maoïsme. Aujourd'hui, les écoliers ont sur la couverture de leurs manuels le visage de Xi, ils étudient la pensée Xi Jinping et apprennent que « Papy Xi Jinping a toujours été très attentionné, il nous souhaite de bien travailler et de devenir de dignes héritiers et de bons constructeurs du socialisme ». Les histoires de la révolution culturelle appartiennent à un autre temps, non pas à celui de la décennie concernée mais à celui où il restait au moins quelques personnes résolues à les partager.

J'ai mis beaucoup de distance entre la Chine et moi en rentrant à Londres. J'ai dû me réhabituer à un autre étranger. Du temps où je travaillais à Pékin, mon premier retour en terre britannique m'avait fait un choc : sur le trajet depuis Heathrow, les maisons m'avaient paru très bizarres, comme si elles avaient rétréci en mon absence. C'était comme si tout chez moi était propret, de petite envergure. J'ai depuis eu le temps de constater des changements bien plus profonds et qui n'ont pas manqué de me surprendre, même si les logiques à l'œuvre derrière ces changements me sont étonnamment familières. L'histoire coloniale et l'esclavagisme sont par exemple devenus l'objet de luttes créées de toutes pièces : chacun hisse son drapeau, on dénonce juges et experts, l'opinion se divise – ce qui est l'objectif. Je me rends compte que je connais, que je reconnais cette langue : qui sont nos ennemis ? Qui sont nos amis ? Selon Mao, c'est la première question à se poser. En revanche, le fait que la pandémie ait bouleversé nos vies ne m'a pas tant surprise. J'ai eu du mal à croire mes amis – j'ai même parfois été en colère contre eux – lorsqu'ils m'ont dit, choqués, que le monde leur avait semblé plus solide, qu'ils ne pensaient pas que le pire pouvait arriver. Et pourtant, un instinct similaire m'habite, un sentiment que j'aimerais appeler espoir mais qui n'est peut-être rien d'autre que de l'incompréhension, de la complaisance entretenue par une vie épargnée par les catastrophes. Une croyance qui voudrait qu'un peu de patience et de force suffit à faire tenir jusqu'à l'arrivée de jours meilleurs.

Face à moi quand j'écris, il y a une affiche de la révolution culturelle. Il s'agit d'un original, une pièce difficile à trouver aujourd'hui à cause de sa valeur commerciale et du tabou entourant cette époque. Elle est très léchée, dans le plus pur style réaliste socialiste. Andreï Siniavski disait de l'équivalent soviétique de ce type d'œuvres qu'elles étaient « à moitié classiques, à moitié de l'art, pas trop socialistes et pas du tout réalistes ». Le côté flou, brumeux du dessin enveloppe la révolution culturelle d'un voile de douceur, comme s'il s'agissait tout au plus d'un dîner élégant et agréable. En bas, des caractères enjoignent à rester en forme pour le bien de la révolution. Il s'agit moins d'un ordre que d'une incitation : l'affiche pourrait servir de publicité pour du lait, du savon ou des vêtements de sport. Avec elle, on voit littéralement la vie en rose, on se croirait presque dans un rêve. Des enfants courent vers un avenir invisible, le rose pâle du ciel vanille-pêche dégoulinant sur eux. Ils portent leur brassard rouge sur des pulls rouge et violet vif. Leurs yeux sont fixés sur l'horizon.

L'optimisme et la croyance en une merveilleuse aube communiste auxquels elle renvoie n'avaient plus cours avant même qu'elle soit conçue. La brutalité de l'Août rouge, le chaos et les contradictions qui entourent la fin dramatique de Lin Biao et les dernières années du mouvement, à la fois stagnantes et abrutissantes, avaient eu raison d'eux. Cette affiche est un mensonge éhonté et repoussant ; et pourtant, involontairement, elle dit une vérité. Une date figure en bas : 1975. La révolution culturelle s'est terminée l'année suivante avec, en septembre, la mort de Mao suivie de la chute de la Bande des quatre. Entretemps, la camisole de force s'était un peu desserrée. Le pire était passé. Ces enfants représentés en pleine course sont jeunes, ils semblent avoir autour de treize ans, l'âge qu'a Yu Xiangzhen sur son portrait. Ils ne connaissent que ce monde-là mais j'aime à penser qu'ils sentent qu'autre chose les attend derrière l'horizon. Ils ne savent pas quoi, ils ne savent pas pourquoi c'est important, ils savent juste qu'il y a quelque chose et qu'il ne faut pas passer à côté. S'ils avaient vécu, ils seraient adultes aujourd'hui, auraient des enfants voire des petits-enfants. Mais ils sont figés dans leur jeunesse, figés en plein mouvement, le corps débordant d'énergie. La joie et la liberté courent dans leurs membres. Leurs jambes les emportent toujours plus loin.

Aucun ne regarde en arrière.

Remerciements

Je n'aurais pas pu écrire *Fantômes rouges* sans l'aide de très nombreuses personnes pendant mon séjour en Chine et après. Cet ouvrage est le résultat d'innombrables heures d'entretien avec des rescapés de la révolution culturelle. Je dois beaucoup à tous ceux et celles qui m'ont donné de leur temps, qui ont partagé leurs idées avec moi et qui m'ont confié leurs histoires. J'ai d'autant plus conscience de la responsabilité qui m'incombe que ce sujet est sensible; j'espère leur avoir fait honneur.

Dans la mesure où j'ai interviewé plusieurs fois les mêmes personnes, il m'est arrivé de condenser certaines conversations, par souci de clarté et pour éviter d'ennuyer mes lecteurs en les assommant de répétitions et de précisions dispensables. J'ai évidemment veillé à restituer le contexte pour chaque citation. Dans deux chapitres, celui sur les jeunes instruits et celui sur la psychothérapie, j'ai changé le nom de mes interlocuteurs et quelques petits détails qui auraient pu aider à les identifier quand on me l'a demandé.

Les écrits de certains m'ont également aidée. Ce livre n'aurait été rien sans des entretiens et des conversations avec une foule de gens que je ne cite pas forcément mais dont les expériences vécues et les connaissances se sont révélées très précieuses. J'ai également beaucoup puisé aux nombreux travaux menés sur cette époque par des chercheurs chinois suffisamment courageux et désintéressés, à qui leurs recherches apportent souvent bien peu de récompense ou de reconnaissance. Si vous souhaitez en savoir plus sur le sujet, les ouvrages et les articles sur lesquels je me suis appuyée sont passionnants. Les sources que je cite permettent de mieux comprendre ce qui s'est passé, la manière dont les gens ont survécu à cette époque et leurs tentatives actuelles de donner du sens à cette page-là de leur histoire.

*

Merci à Bill Bishop et à Carol Chow de m'avoir mis le pied à l'étrier. Sans nos discussions, ce livre ne serait pas. Si vous vous intéressez de près à la Chine actuelle, je vous conseille d'aller jeter un coup d'œil à la newsletter de Bill, *Sinocism*.

Merci à toutes celles et ceux qui m'ont aidée dans mes recherches, et notamment aux spécialistes et aux analystes en Chine et à l'étranger qui m'ont permis de mieux comprendre la Chine et la révolution culturelle.

Je n'aurais jamais pu faire le travail que *The Guardian* attendait de moi sur place sans le dévouement et le talent de mes fixeurs. Leur tâche est exigeante et difficile et leur contribution infiniment sous-estimée. Je dois notamment beaucoup à Chen Shi, Cecily Huang et Luna Lin, dont le savoir, la compréhension et l'amour de leur pays m'ont appris tellement de choses, et dont la bonne humeur et l'amitié ont été les bienvenues lors de voyages un peu longs ou de rencontres étranges.

Merci également à Sun Shuyun d'avoir été aussi généreuse face à l'ignare de la Chine que j'étais avant et juste après mon arrivée ; à Pingke, qui doit être une des personnes les plus cultivées que je connaisse, pour nos heures de conversation autour d'un café ; à Jo Lusby pour ses conseils ; à Yu Xiaodong pour m'avoir mise au défi ; à A pour quelques-unes des conversations les plus intéressantes qu'il m'ait été donné d'avoir pendant mes sept ans en Chine ; et à toutes celles et ceux, trop nombreux pour les nommer, qui m'ont considérée en amie et qui m'ont accueillie. Merci à mes collègues de Pékin et plus particulièrement à Lucy Hornby, Carrie Gracie, Tyra Dempster, Kim Jensen, Peh Shing Huei, Gady Epstein, Leo Lewis, Comino Tamura (membre honoraire du service de presse), Rob Schmitz et William Wan.

Jo Cooke, Maria Yacoob et Naga Munchetty m'ont autant parlé franc que soutenue ; qu'ils en soient remerciés. Amy Shapiro, un modèle de ténacité, m'a encouragée quand j'en avais le plus besoin. Merci à Rachel Corp, Laurence Lee, JJ et Matt Smith, un ami de Sheffield que j'ai retrouvé à Shenyang.

J'ai eu la chance d'avoir d'excellents enseignants : George Beeley, Clare Wenham, Tim Shakesby et Graham McCann (qui m'a fait connaître *De l'utilité et de l'inconvénient des études historiques pour la vie* de Nietzsche), sans oublier Song Laoshi et Zhang Laoshi ainsi que leur patience.

Merci à mes collègues de *The Guardian*, anciens et actuels : merci de m'avoir recrutée, corrigée, contredite, encouragée et inspirée. Mention spéciale à Katharine Viner, Alan Rusbridger, Rebecca Allison, Aditya Chakrabortty, Vikram Dodd, Emma Graham-Harrison, Joseph Harker, Charlotte Higgins, Martin Hodgson, Lily Kuo, Raekha Prasad, Randeep Ramesh, Mark Rice-Oxley, Judith Soal (dont les connaissances en psychanalyse m'ont été d'une grande aide), Jon Watts, Michael White et Jamie Wilson.

Je suis très reconnaissante aux ami·e·s qui ont eu la gentillesse de relire des passages de ce livre ; en revanche, j'assume l'entière responsabilité des erreurs et des omissions.

Cette aventure n'aurait pas été possible sans la foi de Karolina Sutton en ce projet ni sans ses conseils éclairés. Tout le monde m'a dit que j'avais beaucoup de chance d'avoir Laura Hassan comme éditrice, à raison. Merci à Sophie Portas, Josh Smith, Jess Kim, Anne Owen, Hannah Knowles et à toute l'équipe de Faber, ainsi qu'à Silvia Crompton pour sa relecture minutieuse. Je remercie de tout mon cœur Tina Bennett et Tom Mayer pour le soin qu'il a mis à éditer ce texte, et plus largement toute l'équipe de W. W. Norton.

Mes parents – des gens extraordinaires – ont toujours été une source inépuisable d'amour et de soutien, Holly et Alun aussi. Quelle chance de vous avoir dans ma vie et quelle chance que vous ayez agrandi la famille avec Stuart, Anne, Ariane, Rorie, Zara et Ivor. Un grand merci à Pe Ann, Pearl, Thiam, Charissa, Elizabeth et Andy de m'avoir aussi bien accueillie.

Pour finir, merci à Zan qui m'apporte tellement de joie et à Dan Chung pour tout ce qu'il m'a appris et pour toutes nos aventures. Tout est mieux avec toi.

Cet ouvrage a été composé
par Soft Office à Eybens (Isère)
et achevé d'imprimer en France
par CPI BUSSIÈRE (18200 Saint-Amand-Montrond)
pour le compte des Éditions Stock
21, rue du Montparnasse, 75006 Paris
en septembre 2024

PAPIER CERTIFIÉ

Stock s'engage pour l'environnement en réduisant l'empreinte carbone de ses livres. Celle de cet exemplaire est de :
850 g éq. CO_2
Rendez-vous sur www.editions-stock-durable.fr

Imprimé en France

Dépôt légal : septembre 2024
N° d'édition : 01 - N° d'impression : 2080148
39-07-4689/2